Susanne Gaschke

DIE VERKAUFTE KINDHEIT

Wie Kinderwünsche vermarktet werden und was Eltern dagegen tun können

Pantheon

MIX
Papier aus verantwortungsvollen Quellen
FSC® C014496

Verlagsgruppe Random House FSC-DEU-100
Das für dieses Buch verwendete FSC®-zertifizierte
Papier *Munken Pocket* liefert
Arctic Paper Munkedals AB, Schweden.

Der Pantheon Verlag ist ein Unternehmen der
Verlagsgruppe Random House GmbH.

Erste Auflage
August 2011

Umschlaggestaltung: Büro Jorge Schmidt, München,
Satz: Ditta Ahmadi, Berlin
Druck und Bindung: GGP Media GmbH, Pößneck
Printed in Germany
ISBN: 978-3-570-55172-1

www.pantheon-verlag.de

INHALT

VORWORT

Unser Haus hat einen Hinterhof. Er ist groß, grasbewachsen, es gibt dort verschiedene unterschiedlich struppige Gebüsche, zwischen denen man großartige Hütten bauen kann. Hier stehen Tannen, die mit ihren gut 20 Metern das Haus überragen. Eichhörnchen leben in dem Hof, springen mit todesverachtenden Sätzen von Baum zu Baum oder laufen, festgekrallt am Putz, senkrecht die Hauswände hinauf. Ein Elsternpaar treibt sich hier herum, und Tauben. Es ist ein idealer Platz zum Spielen und auf seine Weise eine Art Mini-Biotop.

Es dauerte ein wenig, bis die Kinder des Hauses den Hof eroberten. Am Anfang war wohl nicht ganz klar, ob seine Nutzung allein den Terrassenbesitzern der beiden Wohnungen im Erdgeschoss vorbehalten war. Aber selbst wenn diese Idee einmal existiert haben sollte, sie ließ sich offenbar nicht durchsetzen – und wer wollte wirklich Kinder in Wohnungen einsperren, wenn draußen eine so schöne, ruhige, sichere kleine Wildnis ruft? Die Erdgeschossbewohner anscheinend nicht. Immer häufiger sah man Kinder im Hof Ball spielen, irgendwelchen Matsch anrühren oder Hütten im Dickicht bauen. Manche ließen ein zahmes Kaninchen laufen. Wir begruben dort tränenreich zwei geliebte Meerschweinchen, weit weg von den Terrassen, versteht sich.

Dann begann eine junge Familie, den Hinterhof auszustatten. Es kamen: Ein Holzklettergerüst mit Plastikrutsche und Plastikabdeckung. Ein Plastikhaus für die Aufbewahrung des Sandspielzeugs. Ein buntes Reck. Ein Planschbecken. Ein Freigehege für Meerschweinchen und Kaninchen. Ein Stall. Eine große, mit Teerpappe gedeckte Holzhütte. Ein Trampolin von beeindruckenden Ausmaßen, mit Haltenetz. Eine Schaukel.

Ich will hier gar nicht ausbreiten, wie sehr ich mich darüber ärgerte, dass beispielsweise das Trampolin mit einem Vorhängeschloss gesichert wurde, damit nur die Kinder *dieser* Familie es benutzen konnten, obwohl es auf einer Spielfläche stand, die alle teilten. Dafür lässt sich sicher irgendeine Aufsichtspflicht- oder Versicherungsbegründung finden.

Nein, ich fand zwei andere Beobachtungen interessant. Die eine: Plastik wird wahnsinnig schnell hässlich. Es verträgt keine Witterungseinflüsse, es vermoost irgendwie, ohne dadurch romantisch auszusehen – seine Optik bewegt sich stetig in Richtung Sperrmüll.

Zweitens: Das waren zu viele *Sachen*. Nach anfänglicher Aufregung ließen die Kinder, auch die Kinder der Aufstellerfamilie, die neuen Spielgeräte immer schneller achtlos liegen. Über den Hof verteilt, machen sie mittlerweile den deprimierenden Eindruck von *ausgesetzten* Dingen. Und soweit ich es beobachten kann, sind die Kinder zwischen diesen ausgesetzten Dingen auch nicht zu anderen, improvisierten Spielen zurückgekehrt. Es wird jetzt einfach insgesamt weniger gespielt im Hof. Es sieht aus, als hätten die Sachen die Kinder vertrieben.

Der Hinterhof war ein Grund, mich einmal intensiver mit der Konsumkultur für Kinder zu beschäftigen – und mit der Frage nach dem Zuviel. Einen anderen Grund fand ich bei der Arbeit: Seit einigen Jahren bin ich als Redakteurin zuständig für junge Leser und betreue unter anderem die Kinderseite der Wochenzeitung *Die Zeit*. Dort versuchen wir, anspruchsvollen Journalismus für Kinder zu machen. Und sobald man so etwas tut, taucht man offenbar auf dem

Radarschirm all jener auf, die ihr Geld mit Kindermarketing verdienen: Man wird geradezu überschüttet mit E-Mails und Anrufen von Agenturen, die diese Lern-Software, jene neue Kinderkollektion, dieses herrliche Pop-Up-Elfenhaus, jene elektronische Plastikgitarre vorstellen wollen, auf dass man darüber berichte, freundlich natürlich. Das Büro quillt über von Büchern, die eine Glitzerfee oder ein Vampmädchen auf dem Cover haben, von billigen Plüschtieren und jubelnden Vorabmeldungen zu neuen Fernsehserien und witzigen USB-Sticks.

Vermutlich kann man von den Praktikantinnen, die in den Agenturen die Galeerensklaventelefonarbeit der Produkt-PR bewältigen müssen, nicht wirklich erwarten, dass sie wissen, dass wir praktisch *nie* über elektronische Plastikgitarren mit fünf automatischen Klangeffekten berichten. Aber spannend ist ihre naive Erwartung, dass ein Bericht – wenn es denn dazu käme – positiv ausfallen würde. In der Welt der Kindermedien herrscht, außer in den wenigen Qualitätsmagazinen, eine Kultur der Affirmation, ja des Anpreisens: Stars, Serien, Spielzeug, Software – das alles wird nicht kritisch hinterfragt, sondern vermarktet. Auf allen Kanälen. Dabei können die Dinge so schlecht und hässlich und peinlich und nutzlos sein, wie sie nur wollen: Vielleicht sind die Kinder (oder die Eltern) ja blöd genug, sie trotzdem zu kaufen.

Süßigkeiten, Sammelbildchen, Plastikindianer und Schlümpfe, die auf das Taschengeld zielten, gab es auch schon, als ich klein war, in den sechziger und siebziger Jahren des vergangenen Jahrhunderts. Aber seither hat sich etwas verändert: Die Kinder und Jugendlichen sind inzwischen systematisch als eigenständige und kaufkräftige Zielgruppe erkannt und vermessen worden. Jetzt werden sie angegriffen. Ein Kapitalismus, der es nicht schaffe, die existenziellen Bedürfnisse der armen Hälfte der Welt zu sichern, müsse zwangsläufig neue Bedürfnisse bei den Reichen schaffen, schreibt der amerikanische Politikwissenschaftler Benjamin Barber. Neue Bedürfnisse – und immer jüngere Kunden. Rund 20 Milliarden Euro haben die 6- bis 19-Jährigen in Deutschland jährlich zur Verfügung, und sie geben sie aus. Sicher, mehr als die Hälfte dieses Geldes stammt aus Ausbildungsvergütungen und Jobs. Aber gut sieben Milliarden sind Taschengeld und Geschenke. Man kann also gar nicht früh genug anfangen, die Kleinen anzusprechen. Zumal sie nicht nur ihr eigenes Geld ausgeben, sondern längst als Brückenköpfe in die Familien hineinwirken: Ihre – durch Werbung inspirierte – Meinung zu Automarken oder Shampoo wird durchaus gehört, auch weil immer mehr Eltern versuchen, einen konsensualen Erziehungsstil zu pflegen.

Die Verkäuferseite muss gleichzeitig damit rechnen, dass Eltern sich immer noch für das Wohlergehen ihrer Kinder verantwortlich fühlen, dass sie beispielsweise beim Fast-Food-Verzehr bremsen, weil sie um seine Folgen wissen, oder dass sie den Fernsehkonsum begrenzen, weil sie möchten, dass ihre Kinder genug Zeit haben, um ihre Hausaufgaben zu machen oder draußen zu spielen. Es besteht die Gefahr, dass Eltern die Impulskäufe von Kindern behindern, dass sie Dinge für überflüssig, hässlich oder zu teuer erklären. *Gleichzeitig* kann man bei den Eltern von heute riesige unterirdische Schuldvorkommen anzapfen: Die allermeisten von ihnen haben das Gefühl, zu wenig Zeit für ihre Kinder zu haben. Viele wissen, was sie ihnen durch eine Trennung antun. (Jede dritte Ehe wird geschieden.) Eine durch jahrzehntelange Massenarbeitslosigkeit und durch Wirtschaftskrisen verunsicherte Elterngeneration hat zudem große Sorgen um die Zukunft der eigenen Kinder: Wird sich der ewige Elternwunsch erfüllen, dass diese Kinder es einmal besser haben als man selbst? Oder sind sie dazu verdammt, prekär zu leben, von der Hand in den Mund? All diese Schuld und Sorge macht die Eltern anfällig für Kompensationskäufe (und für Frühförderangebote, die nicht alle gleichermaßen sinnvoll sind). Sie befinden sich in einer Zwickmühle: Einerseits wollen viele ihre Kinder vor einem Zuviel an Konsum sehr wohl schützen; andererseits häufen sie selbst, aus schlechtem Gewissen und hilfloser Zuneigung, noch mehr Dinge auf den Spielzeugberg im Kinderzimmer.

Kinder? Gibt es nicht mehr

Die Marketing-Strategen unterstützen die Verunsicherung und Zurückdrängung der Eltern durch einen Kunstgriff: Sie sprechen einfach gar nicht mehr von Kindern. Der Begriff »Kind« weckt bei den meisten von uns immer noch einen Beschützerinstinkt, den Gedanken an das Hilflose, Zarte, eben noch *Werdende*, an das leicht Verletzliche. »Der elementarste Sachverhalt von Verantwortung ist ein weinendes Kind«, hat der Philosoph Hans Jonas geschrieben, und diesen Satz versteht jeder sofort. Kinder können nicht alles allein, sie wissen noch nicht alles, sie sind spontan, sie leben im Augenblick – und auf erwachsene Weise Verantwortung für sie zu übernehmen, heißt vor allem, für sie vorauszudenken. Das aber sollen wir, wenn's nach den Werbeleuten geht, gerade nicht. Und darum muss der moralisch aufgeladene Begriff »Kind« aus dem Sprachgebrauch getilgt werden.

Die Experten von iconkids & youth, eines führenden deutschen Marktforschungsinstituts für junge Zielgruppen, reden von »Kids«, das sind sie Sechs- bis Neunjährigen, von Pre-Teens (neun bis zwölf Jahre) und »Teens« (13 bis

16 Jahre). Der international operierende Marketing-Guru Martin Lindstrom (von dem in diesem Buch häufig die Rede sein wird, weil er das Denken einer ganzen Branche verkörpert) nennt die die 9- bis 14-Jährigen »Tweens«, und beschreibt sie als die kompetenteste, schnellste, fortschrittsorientierteste Generation aller Zeiten. Ihr verbindendes Generationenmerkmal ist nicht mehr ein historisches Ereignis wie der Zweite Weltkrieg, wie 1968 oder wie 1989, sondern die technologische Entwicklung: Sie wurden, so Lindstrom, »mit der Maus in der Hand geboren«. Solche Zuschreibungen sollen die Erwachsenen gleichermaßen beruhigen (die *Kids* kommen schon zurecht) als auch in Ehrfurcht versetzen (die *Tweens* verstehen viel mehr von den neuen Medien als wir). Damit wird das bisher gültige Kinderbild auf den Kopf gestellt: Die Neuzeit hatte, im Gegensatz zum Mittelalter, die Kinder ja nicht mehr als kleine Erwachsene gesehen, sondern als noch unfertige Menschen, in denen zwar alle Möglichkeiten des Erwachsenen schon angelegt waren, sich aber erst entfalten mussten. Dafür bedurften die Kinder des besonderen Schutzes, der Pflege und Erziehung. Nun wird Kindheit wieder umgedeutet: Die Kinder seien die eigentliche Avantgarde des technischen Fortschritts, sagen die interessierten Sachverständigen.

Wer tatsächlich noch persönlich mit Neun- oder Elfjährigen zu tun hat, weiß natürlich, dass das Unfug ist: Sie können ein Videospiel *benutzen*, aber sie haben keine Ahnung, wie es *gemacht* wird. Sie können ein Video auf YouTube *finden*, aber sie haben keinen Schimmer, wer das Netz so geschaffen hat, wie es ist und wie man es verändern könnte. Oder wie man die widersprüchlichen, überwältigend vielfältigen Informationen, die das Internet bietet, ordnen und deuten kann. In Wirklichkeit haben wir es nicht mit *technikaffinen Tweens* zu tun, sondern mit Kindern, die auf Knöpfe drücken können. »Medienkompetenz« im Sprachgebrauch der Marktforscher meint immer nur die Fähigkeit zur Anwendung.

Während die Werbeleute den Kindern auf der einen Seite erwachsene Souveränität attestieren – sie durchschauen angeblich Werbung; sie wissen genau, was ihnen Marken bedeuten und was sie kaufen wollen; sie sind selbständige Nutzer der neuen Medien –, legen sie ihnen auf der anderen Seite eine Abgrenzung zu den Erwachsenen nahe. Ein Großteil der Kinder-Fernsehwerbung und der auf Kinder zielenden Fernsehserien porträtiert Eltern, Polizisten und andere Autoritätspersonen als spießig, spaßfeindlich, generell von gestern und dumm. Klassisch schlechtes Benehmen – etwa das Bespucken von Mitmenschen (oder Mitmonstern) – wird augenzwinkernd als akzeptabel abgebildet. Comicfiguren überfahren alte Damen mit ihrem Golfcart – ist doch ironisch gemeint! Ganze Serien widmen sich bösen, hässlichen Lehrerinnen. Die Welt der kinderkulturellen Kommerzprodukte ist eine Welt der Frechheit, Distanzlosigkeit, des Erwachsenenbashing. Kein Wunder, dass wenige Eltern Lust haben, sich diese Machwerke gemeinsam mit ihren Kindern anzuschauen.

Der ideale Gemütszustand, nach dem die Kinder dem Willen der Marketing-Experten zufolge streben sollen, ist nicht Neugier oder Begeisterung, sondern *Coolness*. Und Coolness in ihrer aktuellen Definition bedeutet: sich anderen überlegen fühlen, weil man die richtigen *Sachen* besitzt (und die andern nicht); sich älter benehmen, als man ist; Erwachsene hassen; rebellieren, Tabus brechen, meist im Bereich des guten Geschmacks. Die Spielwarenindustrie beklagt zwar den Trend, dass Kinder heute spätestens mit zehn Jahren für klassisches Spielzeug verloren sind und sich dem elektronischen Spielplatz zuwenden. Doch nahezu alle anderen, die an die Zielgruppe verkaufen wollen, legen den Kindern nahe, sich möglichst früh möglichst unkindlich zu verhalten.

Das Irre ist: Die Werber, die Kinderkulturschaffenden *predigen* Empowerment, aber sie *praktizieren* Kinderverachtung. Was für ein Kinderbild spiegelt sich denn in den rülpsenden, rotzenden Comicmonstern, in den nur auf ihr Aussehen fixierten Serien-Sternchen; in den Kindernahrungsmitteln, die man entweder nicht kauen muss oder mit denen man spielen soll? Es ist nicht das Bild eines verständigen, eifrigen, interessierten, potenziell vernünftigen Wesens, das die Welt erforschen will; es ist das Bild des *kindischen* Kindes, das nicht verlieren kann, alles sofort haben muss, keine Rücksicht auf andere zu nehmen gelernt hat und sich an der Supermarktkasse auf den Boden schmeißt, wenn es kein Überraschungsei bekommt. Es ist kein *nettes* Kinderbild, kein respektvolles Bild, es schmeichelt den Kindern vordergründig, indem es ihr Technikverständnis und ihre *Coolness* preist, aber eigentlich traut es ihnen nicht zu, dass sie erwachsen werden wollen. Sie sollen kaufen, konsumieren wie die Großen; aber mit der Impulsivität und Kritiklosigkeit des Kindes. Es ist einfach unfassbar, wie abgrundtief *schlecht* die meisten Magazine für Kinder sind, und Sie sollten sich die Lektüre von *Pokémon-* oder *Polly Pocket-*Heften durchaus einmal gönnen. Es ist unglaublich, wie grammatikfrei, unoriginell, langweilig und stereotyp die meisten Kinderbücher geschrieben sind. In den Spielzeuggeschäften türmen sich Dinge, vielfach teure Dinge, an denen das Interessanteste das Auspacken ist. Computerspiele kommandieren Ihre Kinder herum, wie Sie selbst als moderne Eltern es niemals wagen würden. Fernsehserien zerstückeln die schwachen Geschichten, die sie noch zu erzählen haben, in aufmerksamkeitstötende Mini-Häppchen. Spielzeug, Magazine, elektronische Spiele, Frühstücksflocken, Sammelbildchen und Serien sind einen teuflischen Pakt eingegangen, dessen Ziel lautet: Umzingelt die Kinder! Lasst ihnen keine Ausbruchmöglichkeit.

Und wenn Eltern über diesen Zustand klagen, über den Unfrieden, den der Konsumterror in ihre Familien trägt, dann sagen die Verantwortlichen nonchalant (und sie sagen es *alle*): Nun, natürlich müssen Eltern auch einmal nein sagen können. Schließlich sind sie für die Erziehung verantwortlich, nicht wahr?

Ich habe in diesem Buch versucht, die Argumente und die Motivation der Marketing-Fraktion zu schildern, weil ich glaube, dass es in manch einer Erziehungssituation hilft, wenn man sich den schreienden Zynismus dieser Leute vergegenwärtigt und die Vorstellung abschüttelt, ihnen lägen in irgendeiner Weise die Interessen der Kinder am Herzen. Falsch. Ihnen liegt am Umsatz.

Natürlich leben wir alle in einer Konsumgesellschaft, belohnen auch wir uns mit *Dingen*; tätigen wir Frustkäufe, wenn wir uns im Beruf machtlos fühlen (wenigstens die Verkäuferin muss tun, was wir wollen). Natürlich drücken auch wir über Kleidung, Autos und Accessoires unseren Status aus – und sind oft in der Versuchung, schon Babys in Strampelanzüge von Ralph Lauren zu stecken. Das ist zwar kein gewaltiges Problem. Aber Kinder lernen ihr Konsumverhalten von den Erwachsenen – und dessen Subtext auch. Es wäre schlimm, wenn sie sich nur als Ausstattungsprojekte der Erwachsenen fühlen dürften.

Es gibt ansehnliche Beispiele für eine Kinder-Freizeitkultur, die sich nicht an kommerziellen Interessen orientiert, sondern daran, was gut für Kinder ist, was sie stärkt, was ihren Horizont erweitert; was *mehr* Spaß macht als das siebzehnte Plastikmonster. Häufig, nicht immer, sind diese Projekte abhängig von öffentlicher Finanzierung. Für Jugendbauernhöfe, Museums- und Theaterinitiativen, Kinderkulturfestivals geht es dabei um vergleichsweise geringe Summen, mit denen die Initiatoren eine gewaltige Wirkung entfalten. Solche Projekte brauchen die Unterstützung der Medien: Das ist im Interesse der Eltern (und Kinder), die danach suchen, und es stellt eine gewisse Waffengleichheit her, denn die Jugendfarm hat nun einmal nicht den gleichen Werbeetat wie der Freizeitpark – und soll ihn auch nicht haben. Bei der Beurteilung von politischen Parteien und einzelnen Abgeordneten sollten wir darauf achten, ob sie derartige Projekte vor Mittelkürzungen bewahren oder gar stärken. Eine antikommerzielle Kinderkultur kommt ohne die Solidarität der Gesellschaft nicht aus.

Viele Eltern empfinden Erziehung heute als schwierig. Das liegt zum einen daran, dass der Zeitkonflikt gravierender geworden ist: Mehr Frauen sind berufstätig, das reduziert die gemeinsame Familienzeit und die Gelegenheit, nach eigenen Maßstäben zu erziehen. Die Damen und Herren vom Marketing sind nur zu gern bereit, in diese Bresche zu springen. Eine solidarische Gesellschaft muss deshalb die Betreuungs- und Erziehungsräume, in denen sich Kinder aufhalten – Schulen und Kindergärten – unbedingt kommerzfrei lassen, um es den Eltern nicht noch schwerer zu machen. Es gilt, unbedingt solche Fehler zu vermeiden, wie die Kultusbehörden sie in Österreich machten: Dort durfte Ronald McDonald, das Maskottchen der Fast-Food-Kette, in mehreren hundert Kindergärten für ausreichende Bewegung und sportliche Betätigung werben. Das Unternehmen zeigte sich »überrascht und verärgert«, dass Eltern und Abgeordnete Kritik an dieser altruistischen Absicht äußerten.

Zudem darf der nächste familienpolitische Schritt – nach dem Abbau der Hürden für weibliche Berufstätigkeit – nun sicher nicht sein, die Arbeitszeit für beide Elternteile weiter zu erhöhen. Vielmehr geht es darum, jungen Müttern *und* Vätern ausreichend Zeit mit ihren Kindern zu verschaffen.

Die größten Risiken für die gegenwärtige Kindergeneration sind Spielsachen, mit denen man nicht spielen kann, weil sie vollkommen überdeterminiert sind und der Fantasie keinen Raum lassen; sind elektronische Medien, die den Kindern die Zeit zum echten Spiel rauben; sind (selbst gut gemeinte) Förder-Terminpläne, die die ungeplante Begegnung mit anderen Kindern verhindern.

Das Spiel, glaubte der niederländische Kulturhistoriker Johan Huizinga, sei die Grundlage aller Kultur und Zivilisation. Wer spielt, probiert aus, experimentiert mit Veränderungen, reagiert flexibel und kreativ. Höher entwickelte Tiere, Affen und ganz besonders Menschen spielen länger und vielfältiger als primitivere Lebewesen. Hirnforscher sehen genau darin ihren Entwicklungsvorteil: ihr Gehirn, das genau dies schon im Spiel erprobt hat, erlaubt schnellere Anpassung an wechselnde Umstände. Spielen kann nur, wer sicher und satt ist und gerade nichts anderes zu tun hat. Das Spiel hört auf, ein Spiel zu sein, wenn es nicht um seiner selbst willen betrieben wird, sondern irgendwelchen *Zwecken* dient – also Vorsicht mit aufdringlichen Lernspielen.

Spielen heißt nicht, etwas bloß zu betrachten oder auf Befehle zu reagieren: Spielen ist Selbsttätigkeit und Selbsterfahrung. Alle Kinder durchlaufen verschiedene Spielphasen, wenn sie die Gelegenheit dazu haben: Babys schütteln die Rassel oder werfen Klötze zu Boden und freuen sich daran, dass sie etwas *bewirken*. Kleinkinder zwischen zwei und vier Jahren sind stolz, wenn es ihnen gelingt, im Konstruktionsspiel Bauklötze aufeinanderzustapeln. Gleichzeitig beginnen sie mit ungefähr zweieinhalb Jahren so zu tun als ob:

also zum Beispiel ihre Puppe mit einem Löffel zu füttern und sich dabei vorzustellen, dass die Puppe tatsächlich isst. Am Als-ob-Spiel zeigt sich das wachsende Abstraktionsvermögen des Kindes. Vierjährige beginnen mit Rollenspielen wie etwa Kaufen und Verkaufen. Dafür, ebenso wie für die etwas später aktuellen Regelspiele (Wettrennen, Ticker, Verstecken) brauchen sie Zeit – und andere Kinder.

Kulturwissenschaftler sehen im Kinderspiel die Vorstufe zu den späteren kulturellen Leistungen Erwachsener: Springen und Herumtollen werden zu Tanz und Sport, aus dem Bauklotzspiel erwachsen Kunst und Architektur, die Rollenspiele sind frühe Vorgänger von Theater und Oper.

Kinderpsychiater wie die Harvard-Professorin Susan Linn stellen die besorgte Frage, ob Kinder, denen die »mittlere Kindheit« abhanden kommt, noch die Kreativität und Problemlösekompetenz entwickeln können, die eine moderne, hochkomplexe Gesellschaft von ihren Bürgern, Arbeitnehmern, Unternehmern, Künstlern, Wissenschaftlern und Politikern erhoffen muss. Und die mittlere Kindheit, die Zeit des Als-ob- und des Rollenspiels, ist unter Druck: durch das Coolness-Mantra des Kinder-Marketings, durch die Zeitnot der Kinder und durch das Spielzeug, das unendlich viele Spielzeug, mit dem sich nichts anfangen lässt.

Wir sollten diese Sorge ausgesprochen ernst nehmen. In Deutschland gibt es immer weniger Kinder: Der Geburtsjahrgang 2010 war der kleinste seit Kriegsende. Auf diese wenigen Kinder stürzt alles ein: Die gut gemeinten Bemühungen von Eltern und Pädagogen, die interessengeleiteten Bemühungen der Verkäufer. Von diesen Kindern wird abhängen, ob es in der alternden Gesellschaft unseres Landes human zugeht oder inhuman. Ob wir den technischen Fortschritt noch begreifen und steuern – oder ob wir zu Sklaven der Maschinen werden. Es wird darauf ankommen, ob diese

Kinder kindisch bleiben – nur versehen mit den Konsumbedürfnissen und den Konsummöglichkeiten der Erwachsenen. Oder ob sie erwachsen werden, unabhängig, urteils- und kritikfähig. Ob sie in der Lage sein werden, Mitgefühl zu empfinden. Und die Kreativität besitzen, den Konsumkapitalismus weiterzuentwickeln: zu einer Wirtschaftsform, die auch die existenziellen Bedürfnisse der Armen deckt, statt die Kinder der Reichen mit noch einem weiteren drohend blinkenden Monster am Erwachsenwerden zu hindern.

WUNDERKINDER

Warum wir glauben sollen, dass unser Nachwuchs mehr kann, als er kann

Was genau soll wohl die Formulierung »kid on« bedeuten? Unter diesem Motto hat die Firma *Cobra Youth Communications* zu einem Kongress über junge Zielgruppen, sprich: Kinder, geladen. Mag sein, dass es sich nur um einen der in der Werbebranche nicht unüblichen Versuche handelt, angelsächsisch und damit weltläufig zu klingen. Dann ist vermutlich gemeint, dass Kinder – oder vielmehr *Kids*, denn das Wort Kinder vermeiden Werber, wie gesagt, tunlichst – auf dieser Veranstaltung im Mittelpunkt, im Rampenlicht stehen. Ironischerweise heißt »to kid« aber auch »foppen«, »aufziehen«, »hinters Licht führen«. »Veralbert die Leute weiter« – das wäre kein unpassender Name für eine Veranstaltung, bei der systematisch darüber nachgedacht wird, wie man Kindern Dinge verkauft, die sie nicht brauchen und die zum Teil schädlich für sie sind.

Etwa 100 Vertreter von Firmen wie Kelloggs oder Coca-Cola, Bertelsmann, Bofrost oder Lego, RTL Disney Fernsehen, der CineStar-Gruppe oder MTV Networks Germany haben ein paar hundert Euro pro Person bezahlt, um mehr über diese Wesen zu erfahren, denen sie ihre gezuckerten Limonaden, ihre elektronischen Traumwelten oder ihre internetfähigen Turnschuhe nahe bringen wollen. Erst gibt es Vorträge und dann die Gelegenheit, von echten, leibhaftigen Kindern zu erfahren, welche Marken sie schätzen und was sie »cool« finden. Cool ist definitiv das Wort, das an diesem Tag am häufigsten zu hören ist. Cool ist den Werbern extrem wichtig.

Der Gastgeber begrüßt zunächst die Teilnehmer und lädt dazu ein, sich gemeinsam den Herausforderungen der *Branded New World*, der »neuen Markenwelt«, zu stellen. Die Anspielung auf Aldous Huxleys berühmten Zukunftsroman *Brave New World* von 1932 ist gewollt: »Und wie Huxley wollen wir auch ein bisschen in die Zukunft schauen, in die Zukunft des Marketings für Kinder und Jugendliche.« Wenn dieser Bezug nicht vollkommen ahnungslos hergestellt wurde, dann ist er ultra-zynisch, denn Huxleys Dystopie richtet sich explizit *gegen* eine Massen-Konsumkultur, die den Menschen zum Verbraucher degradiert, ihn ruhigstellt und entmündigt und ihn schließlich routiniert entsorgt, wenn er aufhört, als Konsument zu funktionieren. Na gut, wahrscheinlich war es Ahnungslosigkeit.

Die Gäste werden aufgefordert, ordentlich zu »networken«. Und ihre Handys einzuschalten, denn sie sollen die Tagung »live« über den Internetdienst Twitter kommentieren – »gern auch kritisch!« Die Bemerkungen sind an der Rückseite des Sitzungssaales auf einer *Live Twitter Wall* zu lesen. Zur Einstimmung hat der Veranstalter schon ein paar Einträge vororganisiert, zum Beispiel: »Oh my god!!! Only 10 minutes to go! Wir sind ganz aufgeregt wie zwei junge wilde Maikäfer – jetzt geht's los!!!« Der Gastgeber freut sich sodann, zwei erfolgreiche Werbefachleute anzukündigen, die – total cool – in New York arbeiten, geniale Marken wie Nike oder Converse beworben haben und bekannt sind für »geile Kampagnen im Bereich *social media*«. Die beiden mögen zwischen 30 und 40 sein, und sie zeigen jede Menge jugendlichen Enthusiasmus, was in der Branche offenbar erwartet wird. Sie reden sehr schnell, und ihre Sprache ist grammatisch eigenwillig; auf jeden Fall kennen sie viele englische Fachausdrücke. Zu ihren größten Erfolgen zählen sie, dass es ihnen gelungen ist, einen Chip für Nike-Turnschuhe zu erfinden, der »das Laufverhalten trackt, das Laufverhalten kann man dann auf Facebook pushen, managen und dort auch sharen mit anderen«. Der Merksatz für künftigen Werbeerfolg laute: *Everything will be social.* »Jeder von euch«, flehen sie, »hat hoffentlich einen Facebook-Account, Twitter-Account, ihr müsst den ganzen Kram selbst leben, wie wollt ihr für eine Welt konzipieren, die ihr nicht nutzt? Fuck, hol dir einen Account auf Facebook, das ist besser als Vorträge darüber zu hören …«

Die Zielgruppe – wir sprechen von ab Zehnjährigen – sei »sooo savvy«, schwärmen die Experten. *Savvy*: Das bedeutet kompetent, in diesem Fall also kompetent im Umgang mit den neuen Medien, mit der Kommunikation über Twitter, mit dem Anlegen von »Profilen« im Internet (zum Beispiel auf Facebook), mit der Organisation von Freundeskreisen in einer virtuellen Welt, mit dem »Besuchen« von Lieblingsmarken im Netz. Das Kompetenzargument, auch auf noch kleinere Kinder angewandt, wird uns in der Auseinandersetzung mit Marketing-Strategien, die auf sehr junge Konsumenten zielen, wieder und wieder begegnen: Es gehört zu den wichtigsten Abwehrwaffen gegen elterliche Einmischung in die Konsum- (und Kommunikations-)Angelegenheiten des Nachwuchses.

Das Kind will nicht deshalb etwas haben oder tun, weil es verführt und manipuliert wird, sondern weil es seine eigenen tiefen Bedürfnisse kennt. Gerade im Zusammenhang mit den neuen Medien ist dieses Argument teuflisch, weil viele Eltern, die noch weitgehend elektronikfrei aufgewachsen sind oder den Computer hauptsächlich als Arbeitsgerät kennen, sich in Bezug auf das Online-Freizeitverhalten ihrer

Kinder wirklich unsicher fühlen: Sie wissen nicht genau, was ihre Kinder da eigentlich machen; sie können den Druck der *peer group* schwer einschätzen; sie lassen sich einreden, der Computer und das Internet seien Manifestationen der Wissensgesellschaft, die quasi automatisch Bildung in ihre Kinder hineinbeamen.

Auf der KidOn-Tagung käme niemand auf die Idee zu bezweifeln, dass die Kids *savvy* sind, und niemand würde fragen, ob es gut für sie ist, ihr »Laufverhalten« oder andere Erlebnisse in einer unendlichen Netzöffentlichkeit mit »Freunden« zu sharen, die allzu oft Fremde sind. Die Marketingwelt scheint entschlossen und unbeirrbar: Kinder sollen im Netz über Markenprodukte »kommunizieren«, und in der echten Welt sollen sie sie kaufen. Dabei habe es keinen Sinn, über eine Facebook-Kampagne nur zu reden, erläutern unsere Spezialisten: »Content is king! Mach etwas, was einfach supersupergeil ist, alles richtigrichtigrichtig supergeil. Welche Spannung kann dein Produkt haben?« Als gelungenes Beispiel nennen sie die amerikanische Firma Domino's Pizza: »Deren Pizza taugt nicht viel. Und was haben sie sich ausgedacht? Wir machen mediokre Pizza – aber *delivered fast!* Wenn unsere Pizza mittelmäßig ist, hilft es, die schnell zu delivern. Und es gibt einen *Pizza tracker*, du kannst also online gucken, in welchem Stadium deine Pizza gerade ist.« Natürlich ist das eine Anekdote, und ganz witzig; nichts, worüber man sich groß aufzuregen braucht: Nur drängt sich beim Zuhörer unweigerlich der Gedanke auf, dass es vielleicht schön wäre, wenn die Verantwortlichen bei Domino's Pizza ihre Energie in eine bessere Pizza steckten.

Nach dieser dynamischen Performance wirkt der Vertreter der Firma Fanta/Coca-Cola trotz seines rosafarbenen Schals geradezu nüchtern. Fanta ist es gelungen, den Flaschenabsatz in Deutschland von 85 Millionen Flaschen im Jahr 2009 auf 100 Millionen Flaschen im Jahr 2010 zu steigern – wohl nicht zuletzt dank einer Werbekampagne, die das Handy einbezieht. Fast die gesamte Zielgruppe der 12- bis 19-Jährigen besitzt ein Handy, zwei Drittel nehmen es zum Schlafen mit ins Bett. Fanta setzte an der ungeheuren Telefonier-Lust der Teenager an und verschenkte Freiminuten oder Gratis-SMS. Der Slogan lautete: »Handy leer – Fanta her!« Im Deckel jeder Fanta-Flasche fand sich während der Kampagne ein Code, mit dem man die zusätzliche Telefonzeit freischalten lassen konnte. 1,6 Millionen Codes wurden eingelöst – was übrigens auch kein schlechter Weg ist, um an die Handynummern der Jugendlichen zu kommen. SMS-Werbung wird in den kommenden Jahren gewiss nicht weniger werden.

Der Fanta-Manager spricht den zweiten Punkt an, der neben der Kompetenzunterstellung immer wieder auftaucht, wenn von der Ansprache junger Zielgruppen die Rede ist. Vermutet wird bei den Teenagern ein teils infantiler, teils etwas hämischer, auf jeden Fall aber anti-erwachsener Humor, den es zu bedienen gilt – ohne die Eltern (die ja, wie in diesem Fall, auch gern Fanta für ihre Kinder einkaufen sollen) völlig vor den Kopf zu stoßen. »Wir brauchen also total spitze crazy Sachen, die Teens klasse finden, Mütter aber verstörend«, sagt der Fanta-Mann: »Das ist ein Problem.« Fanta löste es mit einer Kampagne auf der Internet-Plattform Schüler-VZ (wo die 12- bis 19-Jährigen stärker vertreten sind als bei Facebook). Der Grundtenor der Aktion: Nichts ist peinlich, wenn man sich einen Spaß daraus macht! Nutzer konnten in einer Art von virtuellem Flaschendreh-Spiel Freunde herausfordern: »Sagen oder wagen!« Fanta bot vorformulierte Fragekarten zum Download an, die man an Bekannte versenden konnte. Die sollten dann ihre peinlichen Momente in eine lustige Geschichte kleiden. Die Reaktionen der Fanta-Fans fielen offenbar begeistert aus: »Voll peinlich, voll lustig!« Sicher, aber: Braucht die Welt tatsächlich noch ein Trainingsprogramm für jugendliche Peinlichkeiten im Netz? Und ist der spezifische Teen-Humor wirklich angeboren, eine notwendige Entwicklungsphase – oder wird er nicht in einer ganz bestimmten Absicht erzeugt und propagiert? Um nämlich die »Welt« der Teenager möglichst hart von der Erwachsenenwelt abzugrenzen?

»Hey Leute, wir wollen in die Schulen!«

Einen weiteren Trend im Marketing für Kinder und Jugendliche brachte eine Mitarbeiterin der Firma Daimler-Benz in den Kongress ein: den Angriff auf die werbefreie Zone Schule. Die Absichten des Autobauers klingen dabei gar nicht besonders finster, es geht darum, Kinder für technische und naturwissenschaftliche Berufe zu begeistern, weil es in Deutschland an Ingenieursnachwuchs fehlt. Um diesem Missstand abzuhelfen, gründete das Unternehmen das Projekt Genius, das eine Internetseite, Workshops in Schulen, ein Lehrbuch und Unterrichtseinheiten anbietet, die auch auf dem Bildungsserver des Landes Baden-Württemberg abgerufen werden können. »Wir wollen Wissen vermitteln, nicht Autos verkaufen«, erläutert die Daimler-Vertreterin die Genius-Strategie. Das mag tatsächlich stimmen, und gute Konzepte für den naturwissenschaftlich-technischen Unterricht dürften den Kultusbehörden willkommen sein. Trotzdem hat das Eindringen eines Unternehmens in den Schutzraum Schule eine Signalwirkung – das weiß auch die Daimler-Repräsentantin, und deshalb ist ihr der Segen, »die Inauguration« durch die baden-württembergische Kultusministerin so wichtig. Es gebe, sagt sie, durchaus eine Klientel, die »Hey Leute, wir wollen an die Schulen!« nicht für eine gute Botschaft halte: die Lehrer nämlich. Diesen Widerstand gelte es zu überwinden, insofern sei es ein Riesenfortschritt, dass die öffentliche Hand nicht länger darauf bestehe, den schulischen Bereich abgeschottet zu halten.

Kinderuniversitäten hätten sich zu einem »wichtigen Vertriebskanal für unsere Inhalte« entwickelt; jetzt sei eine Expansion in Richtung Grundschule und Kindergarten nötig. An der Twitter-Wand erscheint dazu der Kommentar »Cool, Lehrmittel und Workshops von Daimler … Das heißt, Schule wird überflüssig …« Dieser »Tweet« bringt eine Haltung der Werbeindustrie auf den Punkt, die in Schulen nur störende, reglementierende, spaßfreie Zonen zu erblicken vermag, in denen Kinder systematisch und über Stunden am Konsumieren gehindert werden. Ganz selbstverständlich geht man in dieser Gedankenwelt von der Annahme aus, dass Unternehmen bessere Unterrichtsmaterialien produzieren als etwa Lehrer oder die staatlich geleiteten Schulbuchkommissionen. Vollkommen klar erscheint, dass Daimler-Unterricht mehr Spaß machen muss als der (in der Praxis kaum noch existierende, aber immer wieder als Schreckensbild beschworene) »Frontalunterricht«. Und natürlich stehen Lernen und die mitunter mühsame Aneignung von Wissen und Verständnis für einen Modus des Bedürfnisaufschubs, der das Verkaufen nicht leichter macht.

Selbst wenn Unternehmen noch so ansprechende Unterrichtsinhalte entwickelten: Ist es eigentlich richtig, Bildung auf berufliche Verwertbarkeit zu reduzieren, und den Zugang zur Naturwissenschaft auf »Scientainment«? Kann es sein, dass die Anforderungen, die die Gesellschaft an einen gebildeten Ingenieur richtet, nicht unbedingt deckungsgleich mit jenen sind, die Daimler an ihn stellt? Und wie steht es mit Firmen, deren Produkte den kindlichen Interessen näher liegen als ein Mercedes? Nintendo versucht, Kultusministerien für Kooperationen im Bereich des Mathematikunterrichts zu gewinnen – aber Super Mario-Spiele verkauft das Unternehmen nun einmal auch. Microsoft drängt mit Lernsoftware in die Kindergärten. Wohin es führt, wenn die Schulen in Abhängigkeit von Sponsoren und Unternehmen geraten, lässt sich in Amerika beobachten, wo am Sponsorentag schon das Tragen eines Pepsi-Cola-T-Shirts zu einem befristeten Schulverweis führen kann – jedenfalls, wenn man eine Schule mit Coca-Cola-Ausschank-Lizenz besucht. Lehrern und Eltern, die sich eine werbefreie Schule und unabhängige Unterrichtsinhalte wünschen, stehen harte Zeiten bevor, und es lohnt sich, den Bestrebungen der Werbelobby von Anfang an Widerstand entgegenzusetzen. Deren Kampagnenkassen sind jedenfalls gut gefüllt. Und geschickt sind die Marketing-Strategien allemal: Oft sei es günstiger, für Kooperationen ein »neutrales Dach« zu finden, sagt die Daimler-Dame von Genius: Das komme bei den Lehrern viel besser an.

Krass! Echte Kinder

Irgendwann ist es so weit, und die Experten in eigener (Konsum-)Sache kommen zu Wort: In drei Fokusgruppen geben Kinder und Jugendliche darüber Auskunft, wie sie das

Web 2.0 nutzen; darüber, welche *benefits* ihnen Marken bieten müssen, damit sie sich mit ihnen vernetzen; darüber, warum sie Produkt A und nicht Produkt B »präferieren«. Um die Antwort auf die letztgenannte Frage zu erfahren, drängeln sich etwa 40 Erwachsene in ein Sitzungszimmer. Sie betrachten die fünf anwesenden Kinder (Alina (10), Paula (12), Tessa (12), Jonas (9), Tobias (12), die von einer »Projektleiterin«, die auch Praktikantin sein könnte, so unpräzise und gleichzeitig herablassend befragt werden – »Und, sind die cool, die singenden Früchte?« –, dass sich der Erkenntniswert der Runde in Grenzen hält: Adidas-Schuhe werden von den Kindern für bequemer gehalten als Nikes, die singenden Früchte von Punica sind aus dem Fernsehen bekannt, der winzige blonde Jonas hat schon mal Werbung in *Bravo* gesehen. Frust holt sich der Vertreter einer Möbelfirma ab: Auf seine Frage, ob sie denn alle schon eine Jugendzimmereinrichtung bekommen hätten und wo die, falls ja, gekauft worden sei, antwortet die ganze Kindergruppe wie aus einem Mund: Ikea. Hinterher erzählt Paula noch, dass jeder 30 Euro für seinen Auftritt bekäme und dass sie öfter bei solchen Gruppen mitmache. Und Tessa sagt, »cool« sage eigentlich kaum jemand in ihrer Schule. Was denn dann? »Krass.« Kann man so sagen.

Die KidOn-Tagung ist bei weitem nicht die einzige oder die wichtigste Veranstaltung dieser Art in Deutschland. Aber sie dürfte einigermaßen repräsentativ sein: in der bemühten Berufsjugendlichkeit ihrer Akteure. Im ungelenken und erstaunlich ungeübt wirkenden Umgang mit den tatsächlich anwesenden Kindern. In der Vermeidung des Wortes »Kind«. In der Kompetenzunterstellung, besonders in Bezug auf die Nutzung neuer Medien. In der Beschwörung einer überwiegend virtuellen Zukunft. In der Projektion eines ganz eigenen, erwachsenenfeindlichen Teen-Humors. In der

Denunziation der Schule als einer langweiligen, spaßfreien Institution mit unfähigen Mitarbeitern. Darin, dass auf einer ganztägigen Zusammenkunft von Fachleuten, die sich mit Kindern beschäftigen, nicht einer gefragt hat, ob das, was hier verhandelt werde, eigentlich *gut* sei für Kinder und förderlich.

Mehr Unterhaltung, mehr Kommunikation, mehr Marken

Leser dieses Buches, die sich aus privaten oder beruflichen Gründen für das Wohlergehen von Kindern interessieren, haben vermutlich eine gewisse Vorstellung von den Bedingungen, unter denen Kinder heute in westlichen Industrieländern und speziell bei uns in Deutschland aufwachsen. Manche dieser Bedingungen sind beruhigend und erfreulich: zum Beispiel die Tatsache, dass es weder in Schulen noch in Elternhäusern mehr einen blind-autoritären Erziehungsstil gibt und dass Kindern überwiegend mit Respekt begegnet wird. Als Altbundeskanzler Helmut Schmidt für die Kinderseite der *Zeit* ein Interview gab, in dem er vom Rohrstock und anderen rigiden Disziplinierungsmaßnahmen in seiner Grundschule berichtete, löste das bei den Drittklässlern, mit denen wir darüber diskutierten, eine Art schaudernde Faszination, auf jeden Fall aber vollkommenes Unverständnis aus: Solche Erwachsenen waren ihnen im Leben noch nicht begegnet, so war man mit ihnen nie umgegangen. Gut so.

Andere Aspekte unseres modernen Alltags erscheinen jenen, die genau hinschauen, hingegen problematisch: Zum Beispiel die überwältigende Rolle, die das Fernsehen und die elektronischen Medien im Leben von Kindern spielen. Die digitale Umzingelung auf Abstand zu halten, ist für Eltern heute eine enorme Herausforderung. Eine Herausforderung ausgerechnet für Menschen, die immer weniger Zeit zu haben scheinen: Weil Mutter und Vater arbeiten, aber auch, weil die Arbeit immer unbarmherziger in die freien Stunden der Ferien und Wochenenden einbricht. Wir haben uns auf die 24/7-Gesellschaft eingelassen: Wir wollen am Sonntag einkaufen; oder wenigstens unsere Online-Bestellung bearbeitet wissen. Das hat seinen Preis, auch für Familien. Ebenso haben natürlich die immer häufigeren Trennungen der Eltern für Kinder einen Preis, wie gut die Erwachsenen sie dabei auch im Einzelnen begleiten mögen. Es bleibt zudem nicht folgenlos, dass die Geburtenrate in Deutschland derart niedrig ist, dass Kinder ganz allgemein zu einer staunenswerten Besonderheit werden, auf die sich gelegentlich allzu viel erwachsene Energie konzentriert. Oder dass die Eltern, die jahrzehntelang selbst nach dem Diktat eines Jugendkults gelebt haben, nicht immer die manchmal doch notwendige erwachsene Abgrenzung zu ihren Kindern schaffen. Die Liste der Bedrängnisse, die einer unbeschwerten Kindheit im Wege stehen, ist jedenfalls lang genug und ließe sich fortsetzen.

Faszinierend – und aus meiner Sicht auch befremdlich – ist in dieser Situation das Verhalten von Marketing-Experten und kommerziellen Jugendforschern. Es ist keineswegs so, dass sie nicht um die Gefährdungen des Aufwachsens im 21. Jahrhundert wüssten – im Gegenteil, dank ihrer aufwendigen, gut finanzierten Forschung wissen sie fast alles über ihre jungen Zielgruppen. Aber genau das ist das Problem: Es sind für sie tatsächlich *Ziel*gruppen, Personen, deren Schwäche man angreift und ausnutzt – und nicht junge Menschen, die noch viele Entwicklungsschritte zu bewältigen haben und dabei die Hilfe von Erziehungsberechtigten und

Gesellschaft brauchen. Die kommerziellen Jugendforscher fördern viele Erkenntnisse zu Tage, die einen pädagogischen Aufschrei rechtfertigen würden. Aber sie schreien nicht. Sie geben Empfehlungen an Verkäufer.

Es gibt freilich Unterschiede in der Intonierung, in der Beschreibung der Kinder und Jugendlichen durch die Fachleute. Der bereits erwähnte Guru der internationalen Kinder-Marketingszene, der gebürtige Däne Martin Lindstrom, setzt voll und ganz auf die Kompetenzunterstellung, die auch den Kid-On-Kongress prägte: Wenn die Kids tatsächlich schon alles wissen, wenn sie wirklich souveräne Konsumenten sind, die jeden Marketing-Trick durchschauen, dann müssen ihre Eltern sie auch vor nichts beschützen. Im Gegenteil: Gerade in den Fragen des digitalen Lebens sollen die Erwachsenen von nun an von den Kindern lernen. An dieser Stelle findet ein ganz eigenartiger Perspektivenwechsel statt: Nicht die Eltern tragen die Verantwortung für die Zukunft der Kinder, sondern die Kinder, im Zusammenspiel mit der Technik, verkörpern sie – irgendwie – selbst.

Kids are Getting Older Younger

Lindstrom – er hat so populäre Firmen wie Disney, Mars, Pepsi und Lego beraten – kann sich für seine Empfehlungen auf eine breite Datengrundlage stützen. 600 Mitarbeiter der amerikanischen Agentur Millward Brown haben tausende von 9- bis 14-Jährigen aus Großstädten in acht Ländern (Indien, China, USA, Brasilien, Japan, Deutschland, Spanien, Dänemark) befragt. Zusätzlich wurden zahlreiche nationale Untersuchungen ausgewertet. Die daraus resultierende Studie *Brandchild* ist einige Jahre alt, wird aber fortgeschrieben und sucht bis heute in der Reichweite ihresgleichen. Trotzdem fragt man sich, was die Interviewer genau von den »Tweens« erfahren haben, damit Lindstrom am Ende zu dem folgenden Generationenporträt kommt: »Sie verbrauchen Geld und Zeit sorglos. Sie kaufen, was sie wollen und wann sie es wollen. Und dafür gibt es einen Grund: Dies ist die erste Generation, die mit echtem Verständnis für die Wirtschaft aufwächst. Sie spielen mit Aktien wie mit dem neuesten Computerspiel. Sie sprechen über die Börsenkurse, während sie Baseball- und Dragonball-Karten tauschen, und sie verfolgen die Wirtschaftsnachrichten, als wären sie eine nicht enden wollende Soap.« Beim besten Willen: Das klingt eher nach einem ideologisch motivierten Märchen als nach der Wirklichkeit auf deutschen (oder chinesischen) Schulhöfen. Es ist eine Art rhetorischer Amoklauf der Kompetenzthese.

Sehr viel plausibler – und nicht zuletzt durch Absatzzahlen der Spielwarenindustrie empirisch gestützt – ist Lindstroms zweite These: Die Kinder von heute altern früher. KGOY: *The Kids are Getting Older Younger*, nennen Werber dieses Phänomen. Und es stimmt: Offensichtlich wird es für Kinder immer früher *voll peinlich*, beim Spielen erwischt zu werden. Dass Dreizehn-, Vierzehnjährige sich noch vollkommen unpubertären Zirkus- oder Räuberspielen hingeben, wie zum Beispiel die Figuren aus den Romanen Astrid Lindgrens, ist heute fast unvorstellbar. Jenseits der Sieben-Jahres-Grenze wird es für die Firma Mattel schwierig, die Barbie ans Kind zu bringen. Ab etwa zehn Jahren telefoniert man, sieht fern, geht ins Kino oder Einkaufszentrum. Die »Tweens«, also Lindstroms 9- bis 14-Jährige, die vor 20 oder 30 Jahren noch echte Kinder waren, verhalten sich mehr oder weniger wie erwachsene Konsumenten. Und dieser Umstand verkehrt wiederum das Verhältnis von Kindern, von Schutzbefohlenen, die noch Entwicklungszeit und Erziehung brauchen, zu denen, die sie erziehen sollten: Die Vorstellung von menschlicher Weiterentwicklung als *Höherentwicklung* verschwindet.

Der moderne Kapitalismus unterscheidet Konsumenten mit viel oder wenig Geld, mit längerer oder kürzerer Lebenserfahrung, mit größerem oder geringerem Einfluss auf Kaufentscheidungen. Kinder sind nurmehr eine andere Zielgruppe als ihre Eltern, aber als Konsumenten haben sie gleichwertige Bedürfnisse und Interessen. Unter diesen Umständen wird es für Eltern, die einen respektvollen Erziehungsstil pflegen, immer schwieriger, »nein« zu sagen. Marketingleute wie Lindstrom wollen darin keinen Konflikt erkennen: Das Tween-Alter sei nun einmal eine komprimierte Zeit: »Sie wachsen eben schneller auf, sind besser vernetzt, besser informiert. Sie haben mehr persönlichen Einfluss, mehr Geld, und sie bekommen mehr Aufmerksamkeit als jede Generation vor ihnen.« Vor allem die Aufmerksamkeit von Werbefachleuten.

Eine der wichtigsten deutschen Studien über das Freizeitverhalten und die Konsumgewohnheiten von 6- bis 19-Jährigen ist die jährlich erscheinende Untersuchung *Trend Tracking Kids,* für die die Mitarbeiter des Instituts iconkids & youth jeweils 1500 repräsentativ ausgewählte Kinder und Jugendliche in Einzelinterviews befragen. Über Jahre bestätigt *Trend Tracking Kids* die Beschleunigung und Verdichtung der mittleren und späten Kindheit: sei es bei der Vorliebe für »erwachsene« Fernsehformate, bei der Computernutzung oder beim Ende der Spielzeug-Affinität. »Neunjährige heute sind weiter als Zwölfjährige vor ein paar Jahren«, sagt Ingo Barlovic, Projektleiter bei iconkids & youth, »und der Trend zieht an«.

Die Studie führt uns eine quasi gleichgeschaltete Kinderwelt vor Augen: Kinder essen am liebsten Pasta, Pizza, Pommes und Hamburger. (Und keineswegs das von Müttern und Kindergärtnerinnen liebevoll propagierte Rohkostgemüse.) Kinder lieben RTL, ProSieben und den Kindersender Super RTL – sehr viel mehr jedenfalls als den ambitionierten Kinderkanal KIKA von ARD und ZDF. Kinder lesen, wenn sie denn lesen, in Massen *Bravo, Micky Mouse, Bravo Girl, Wendy* – und nicht die anspruchsvollen Magazine *National Geographic, GEOlino* oder *Dein Spiegel.*

76 Prozent der Jungen und 52 Prozent der Mädchen haben Zugang zu einer Spielkonsole. 69 Prozent der Achtjährigen haben zu Hause regelmäßig Zugang zu einem Computer. Über Bücher sagt die Studie nichts.

Mit Ingo Barlovic treffe ich mich am Rande eines Didaktik-Kongresses in einem asiatischen Restaurant in Bremen. Er ist – wie übrigens viele, die sich mit Kinderprodukten beschäftigen – ein sympathischer Typ. Anders als Lindstrom überzieht er die Kompetenzvermutung für Kleinst-Konsumenten nicht und hat über die Zielgruppe, deren Vorlieben sein Institut erforscht, durchaus Kritisches zu sagen: »Die Acht- bis Neunjährigen sind die Schlimmsten. Sie sind laut, hektisch, schreien viel herum und haben keinerlei Respekt vor Erwachsenen.« Pampige Antworten erhalte man als Jugendforscher schon von Zweitklässlern. »Aber so ist das eben mit der kommerzialisierten Kindheit: Alles dreht sich um *mich*. Autonomie wird immer wichtiger.«

Sieben- oder Achtjährige sehen sich heute keine klassischen Kinderprogramme mehr an, sondern Sitcoms wie Disneys *Hannah Montana*. Darin wird das Leben des Teenager-Stars Miley Cyrus beschrieben, die im Prinzip wie eine Erwachsene auftritt – auch wenn die Macher sorgfältig darauf achten, dass die Heldin ihren Freund nicht küsst. Was sexuelle Anspielungen angeht, ist die Serie absolut sauber, und Gleiches gilt für Drogen und Alkohol. Aber selbstverständlich hat ein cooles Mädchen einen Freund zu *haben*.

Es sind *Kinder*, die mit Hannahs Hilfe in die Kommerzwelt der Popmusik abgeholt werden. Man muss das nicht schlimm finden – viele Eltern werden wenigstens die Musikrichtung für erträglich halten –, es scheint nur fahrlässig, solche Prozesse wie Naturereignisse über sich und seinen Nachwuchs ergehen zu lassen. Die Serienmacher und die Entwickler von Merchandising-Produkten zu *Hannah Montana* wissen jedenfalls genau, worauf sie zielen: Auf den Wunsch kleiner Mädchen, schneller »groß« zu werden. Wünschen ihre Eltern das auch? Und, falls sie es nicht täten: Haben sie überhaupt noch Chancen, den Prozess zu verlangsamen?

Es gibt ein deutsches Beispiel für die sinkende Altersgrenze: Die Schoko-Nachspeise »Paulas Pudding« von Dr. Oetker wird mit einem Kinder-Rap-Stück beworben und richtet sich an Sechs- bis Zehnjährige. »Die Paula ist ne Kuh, die macht nich einfach muh, die macht nen Pudding, der hat Flecken, den kannst du löffeln und auch schmecken. Vanille, Schoko, Schoko, Vanille, nur echt von Paula mit der Brille. Paulas Pudding Superstar, coole Flecken, alles klar?« Schon vielen Zehnjährigen ist das vermutlich zu kindisch. Dabei war Rap einmal die Musik für ziemlich ausgewachsene Ghetto-Jugendliche. Aber das hier ist tatsächlich Kindergarten.

Die Eltern sind schuld!

Was sind, aus Sicht der Marketing-Leute, die Gründe für die so stark verkürzte Kindheit? Und warum geben die Eltern den »Wünschen« ihrer Kinder immer häufiger nach, selbst wenn sie negative Folgen für deren Gesundheit oder geistige und soziale Entwicklung befürchten?

Die Werber und Vermarkter haben da ziemlich klare Ansichten. »Seit den achtziger Jahren machen die Eltern mehr oder weniger, was die Kinder wollen«, sagt Ingo Barlovic: Es herrsche eine unglaubliche Ratlosigkeit in der Kindererziehung. Manche Eltern hätten die Tendenz, es ihren Kindern so recht zu machen, dass sie die Erziehung darüber regelrecht vergäßen. Also eine Spätfolge von Achtundsechzig? Die Eltern wollen nicht länger autoritär auftreten, aber sie finden auch keinen vernünftigen Aushandlungsmodus für die zahllosen Konflikte über *McDonald's Happy Meals*, über *Power Rangers*-Bettwäsche oder den exzessiven Gebrauch der Spielkonsole. In diese Richtung denkt zumindest der amerikanische Marketing-Experte James U. McNeal, der ein berühmtes Handbuch des Kindermarketings geschrieben hat: »Kinder lernen ihr Konsumverhalten von zwei Parteien: den Eltern und den Werbeleuten. Eltern haben immer weniger Zeit, Werbeleute ein viel intensiveres Interesse an den Kindern«, heißt es dort. Wer sich in dieser Lage nicht auf autoritäre Verbote zurückziehen will, gibt die ewige Argumentiererei irgendwann aus Erschöpfung auf.

Ingo Barlovic nennt freilich noch einen weiteren Grund dafür, warum Eltern nicht selbstbewusster und nachhaltiger Einfluss auf das Konsumleben ihrer Kinder und auf deren Anspruchshaltung nehmen: »Es ist doch kein großes Wunder, dass sich die Kinder halbstark benehmen, wenn auch ihre Eltern halbstark sind«, sagt er: »Wir haben es mit einer

Elterngeneration zu tun, die sich permanent beweisen muss: Ich fühl' mich jung. Schauen Sie sich an, wo sich Erwachsene und Kinder inzwischen deckungsgleich verhalten: Beide tragen Jeans. Beide kaufen bei H&M, spielen mit der Wii, sehen die gleichen Dinge im Fernsehen – Heidi Klum und Stefan Raab –, gehen auf Parties ... Warum sollen die Kinder mit Holzspielzeug spielen, wenn ihre Eltern und sogar ihre Lehrer Barbie viel besser finden? Wenn ihre Väter selbst mit der Spielkonsole aufgewachsen sind?« Gerade Mütter definieren sich stark über die Ausstaffierung der Kinder. »Warum zieht denn das Quengelargument ›andere Kinder haben das auch‹?«, fragt der Trendforscher. »Das sagt doch viel mehr über die Erwachsenen als über die Kinder. Es wird doch niemand ernsthaft ausgegrenzt, weil er die falschen Klamotten trägt!« Natürlich, sagt Barlovic, hätten die Verbraucher jederzeit die Macht, eine Antiwelt zur modernen Konsumwelt zu erzwingen: »Aber wer 20, 30 Jahre lang lustvoll konsumiert hat – warum sollte der abschwören?« Im Übrigen sorge ja Konsum auch nicht dafür, dass *mehr* gegessen werde, sondern bestimme nur darüber, *wo* gegessen werde – ob bei McDonald's oder Burger King.

Die Bilanz unseres Mittagessens scheint mir etwas düster: Schuld an der zusammengestauchten Kindheitsphase und den vermehrten Konsumwünschen der Kinder sind keineswegs diejenigen, die ausgeklügelte, teuer bezahlte Werbestrategien für Kinderprodukte entwerfen. Sondern die erziehungsverunsicherten Eltern, die ihrerseits ein schlechtes, sprich: willfähriges Konsumentenvorbild abgeben. Ich gebe zu: Noch vor 10 Jahren hätte ich die Werber und die Erfinder kalorienreicher gefleckter Schokopuddings zwar nicht von jeder Mitverantwortung freigesprochen. Aber als ausschlaggebend hätte ich damals das Verhalten der Eltern bewertet. Ich bin mir inzwischen nicht mehr sicher. Sowohl an Barlovics These vom Jugendwahn der aktuellen Elterngeneration (also der, der ich angehöre) als auch an ihrer Rollenverunsicherung und ihrer Vorbildfunktion ist was Wahres dran. Ich möchte gern im folgenden Kapitel erläutern, warum mir die Privatisierung des Problems heute dennoch nicht mehr auszureichen scheint.

Aber schauen wir zunächst noch einmal, welche Gründe Martin Lindstrom, der noch internationaler orientierte Marketing-Mann, für das frühe Erwachsenwerden der Kinder anführt. In *Brandchild* schreibt er: »50 Prozent der Kinder von heute erleben die Scheidung ihrer Eltern ... Sie wachsen schneller auf, und ich denke, wir dürfen dabei den Einfluss von Furcht, Verunsicherung, enttäuschtem Vertrauen und Instabilität nicht unterschätzen, dem diese Generation mehr als jede andere ausgesetzt war ... Sie sind die ›Generation Jetzt!‹ und haben wenig Geduld – wenn überhaupt.« Dieser Umstand und die zunehmende zeitliche Beanspruchung führten bei vielen Eltern zu massiven Schuldgefühlen: »Guilt Money«, eine Art Ablassgeld, helfe ausgezeichnet dabei, die Rädchen eines sehr teilzeitigen Eltern-Kind-Verhältnisses zu schmieren. Auch hier beschleicht einen beim Lesen wieder das Gefühl, die Welt stehe auf dem Kopf: Es dürfte ja zutreffen, dass extremer Zeitmangel der Eltern und Schuldgefühle wegen etwaiger Trennungen die Erwachsenen dazu verleiten, sich freizukaufen – weil sie durchaus sehen, dass ihre Kinder leiden. Aber eigentlich sollte das – in einer vernünftigen Gesellschaft – zu einer familienpolitischen Debatte darüber führen, wie wir Druck von den Familien nehmen und vielleicht sogar mehr Beziehungen retten können.

Lindstrom hingegen sagt seinen Kunden von der Industrie an dieser traurigen Stelle sehr offen, wie sie ihre Zielgruppe angesichts solcher Herausforderungen psychologisch in den Griff bekommen. Er empfiehlt den Herstellern von Kinderprodukten – ganz gleich, ob es um Sammelkarten, Burger oder Fernsehsendungen geht –, bestimmte Gefühlsbereiche anzusprechen: Furcht; das Bedürfnis nach Kontrolle; die Sehnsucht nach Liebe und Stabilität; Fantasie.

Fast alle Kinder haben, den Ergebnissen von *Brandchild* zufolge, Angst vor Krieg und Terror, aber eben auch ganz besonders vor der Trennung ihrer Eltern. Besonders Jungen leben diese Angst im Umgang mit Monstern und Actionhelden aus. Auch das Kontrollbedürfnis ist offenbar eine eher männliche Regung, auf die die Spielwarenhersteller mit Sammelkarten oder Siegerlisten für ihre Playstation antworten können. »Wenn Sie eine Verbindung zu denen herstellen wollen, die sich gerade erst vom Schürzenband ihrer Mutter losgemacht haben, dann müssen Sie ihnen das Gefühl geben, das Kommando zu haben«, meint Lindstrom.

Mädchen tragen ihre Sehnsucht nach Liebe, Stabilität und Harmonie heute oft in rosarote Puppen- und Feenwelten. Die Leitvorstellung einer eher geschlechtsneutralen Erziehung (und Spielzeugwelt) ist vollkommen aus dem öffentlichen Bewusstsein verschwunden. Vielleicht war sie auch nie realistisch. Aber dass die Jungen heute gezielt dazu aufgefordert werden, ihre Kontroll- (und auch Gewalt-)Fantasien ungehindert auszuleben, während Mädchen suggeriert wird, es gebe den Prinzessinnen-Lebensweg ohne eigene Anstrengung, mutet zumindest nicht wie ein Fortschritt an. Über die Fantasie von Kindern hat Lindstrom zweierlei zu sagen: Zum einen seien sie tagsüber zwangsweise weggeschlossen in einem Klassenzimmer, aus dem sie eigentlich permanent flüchten wollten. Hier taucht er wieder auf, der Anti-Schul-Affekt der Werber: Wer lernt, vielleicht sogar gern lernt, wer Bedürfnisse aufschiebt und kritische Fähigkeiten erwirbt, wird aus ihrer Sicht kein besserer Mensch, sondern ein schlechterer Kunde. Zum anderen: »Manche Kulturkritiker haben bemängelt, dass heutige Tweens zunehmend durch Online-Unterhaltung absorbiert seien und dass insbesondere das Internet ihnen zur Flucht aus der Realität diene. Möglicherweise haben diese Kritiker sogar recht. Und genau das könnte ein Hinweis darauf sein, wie man in dieser Altersgruppe Marketing-Erfolge erzielt. Fang die Tween-Fantasie ein! Gib ihnen die Mittel, die sie brauchen, um ihre eigene eskapistische Welt zu bauen – und du hast gewonnen. Der Marktforscher selbst stellte einen Rückgang des herkömmlichen kreativen Spiels bei Kindern fest, als er Untersuchungen für die Firma Lego durchführte. Die Kinder, die er in seinen Tests beobachtete, bauten zwar die ihnen angebotenen Modelle brav zu Ende, doch dann stellten sie ihre Werke ins Regal und sahen sie nie wieder an. Sie hatten keine Lust, daran weiter- oder umzubauen. Ihnen fiel ganz offensichtlich keine spielerische *Erzählung* zu den fertigen Krankenhäusern oder Polizeistationen ein. Ich persönlich hätte daraus geschlossen, dass bereits Krankenhäuser für freies kreatives Spiel überdeterminiert sind und allzu sehr eine einzige Verwendung nahelegen, während man aus unmarkierten Basis-Steinen schlicht alles bauen kann. Lindstrom – und Lego – kamen aber zu einer anderen Interpretation, die sich ökonomisch als richtig erwies und das angeschlagene Unternehmen zurück auf Erfolgskurs brachte. Heute findet man in den Lego-Packungen »Träume, die die Tweens kennen und akzeptiert haben« – Winnie Puuh (die Disney-Version), Harry Potter, Star Wars, neuerdings Ninjas. Lego habe sich seinen künftigen Erfolg gesichert, sagt Martin Lindstrom, weil man dort eins begriffen habe: »Diese Kinder sind nicht länger aus sich heraus fantasiegetrieben – sie sind Fantasiekonsumenten.«

Fantasiekonsumenten – ist es wirklich das, wozu wir unsere Kinder erziehen wollen? Wozu wir sie von interessierten Unternehmen mit rein kommerziellen Zielen erziehen lassen wollen? Wer sich die Frage bewusst stellt, kann eigentlich nur mit nein antworten. Eine moderne Gesellschaft, die so oft beschworene *Wissensgesellschaft*, braucht doch wohl gerade Menschen, die wach und beweglich sind, neugierig und kreativ, kritisch und eigenständig? Die selbst Fantasie entwickeln, statt die Fantasien anderer Leute zur Flucht aus der Wirklichkeit nutzen. Kunst, Kultur, Politik sind undenkbar ohne Kreativität – und ebenso die Ingenieurskunst, die der Vertreterin von Daimler bei der Werber-Tagung so am Herzen lag. Wie man all diese wünschenswerten Erziehungsziele erreicht, steht auf einem anderen Blatt. Aber gewiss nicht, indem man Kinder bei der Identitätssuche in vorfabrizierten Fantasiewelten allein lässt.

Rebellion ist attraktiv

Eine wichtige Funktion hat in den Augen der Werber, wir haben es bereits gesehen, die Annahme, Teenager verfügten über einen ganz eigenen Humor, der sich hauptsächlich am Missgeschick der Erwachsenen ergötzt – während coole Tweens die Kontrolle behalten und verrückte Dinge tun, die ihre Spießer-Eltern auf die Palme bringen. Legionen von Filmen und Fernsehsendungen – *Shrek, Sponge Bob, I.N.K.* oder die *Superschurkenliga* – operieren auf der Grundlage dieser Humorvermutung, und dies durchaus mit Erfolg. Grüner

Schleim, mit dem man (wie in einem amerikanischen Extremfall) nach Aufforderung durch den Hersteller seine Lehrer bewirft, fällt in etwa in die gleiche Humorkategorie. Auch Hörspiele wie *Bibi Blocksberg* oder *Benjamin Blümchen* setzen auf die Bloßstellung tumber, tapsiger und im Zweifelsfalle korrupter Erwachsener. Alle diese Produkte sind beliebt und erfolgreich. Offen ist nur, ob sie eine notwendige Entwicklungsstufe der Heranwachsenden bedienen – oder ob sie die höhnische, misstrauische Haltung gegenüber Erwachsenenwelt und Schule erst hervorrufen (oder sie zumindest gewaltig verstärken).

Dass der Übergang vom Kindes- ins Jugendalter nach Abgrenzung von den Eltern und auch nach Konflikt verlangt, ist unstrittig. Und dass diese Konflikte den Fast-nicht-mehr-Kindern von Eltern, die lieber ihre Freunde als ihre Erzieher sein wollen, oftmals vorenthalten werden, ist ebenso klar. Dass der entwicklungspsychologisch wichtige Akt der Auflehnung aber dadurch erledigt sein soll, dass man sich in eine bestimmte Anti-Erwachsenen-Produktpalette einkauft, ist eine perverse Vorstellung. »Rebellion ist attraktiv«, rät der unverwüstliche Lindstrom seinen Kunden: »Tweens fühlen die Anziehung allmächtiger Heldenfiguren und bringen große Bewunderung für diejenigen auf, die sich über die ungeschriebenen Regeln der Gesellschaft hinwegsetzen.«

Fernsehsender und Spieleproduzenten, die in Bezug auf ihre Produkte unter Umständen mit Widerstand durch besorgte Eltern zu rechnen haben, lenken das Wasser der Rebellion gern auf ihre Mühlen: Mit dem Slogan *Kids Rule!* (Kinder bestimmen!) warb der Sender Nickelodeon. *Life's a Game!* trompetete Nintendo, wohl wissend, dass viele Erziehungsberechtigte das anders sehen. *Life is short, play more!*, so machte die Spielkonsole XBox auf sich aufmerksam. In

Consuming Kids (2004) berichtet Susan Linn von einer ganzen Reihe von McDonald's-Werbespots: Darin rettet der fröhliche Ronald McDonald-Clown frustrierte und gelangweilte Kinder aus Bibliotheken, klassischen Konzerten und Schulen, um sie in die fröhliche bunte Welt von Fritten und Burgern zu entführen. *The only books you'll need* – mit diesem Slogan trommelte Apple vor einigen Jahren für neue ibook-Laptops. Die Gefühle, die diese Werbebotschaften erzeugen, sind meist gegen Erwachsene gerichtet, und oft gegen traditionelle Bildungseinrichtungen und Kulturgüter. Die Werber haben ja auch nicht das Interesse der Kinder im Auge.

Das Gekrähe von Mini-Konsumenten

In den Kontext des spalterischen Tween-Humors passt die Marketing-Empfehlung, sich in der werblichen Ansprache keinesfalls zu den jungen Kunden hinabzubeugen, sondern im Gegenteil zu ihnen »hinaufzusprechen« – der Kunde ist eben König, egal, ob er das Geld, das er ausgibt, selbst verdient hat oder nicht. Und einer ideologischen Grundstimmung der Internet-Gemeinde folgend, rät Martin Lindstrom dazu, den Tweens »zuzuhören, sie zu verstehen und auf ihre Wünsche zu reagieren«. Die neue, internetgewöhnte Klientel wünsche sich »communities« um ihre Marken im Netz; sie wolle 24/7-Marken; also Netzangebote, die zu jeder Tages- und Nachtzeit präsent seien und die Vorschläge der Markenfans aufgriffen.

Mein Mitleid mit Mitarbeitern der Firma Nike, die nach dieser Philosophie bereitstehen müssten, um morgens um halb drei mit Heranwachsenden Verbesserungsvorschläge für ihre Turnschuhe zu diskutieren, hält sich in Grenzen (obwohl ich es aufbringen kann). Hinter den »reagierenden Marken« steht aber die pseudo-egalitäre Ideologie, jeder habe das Recht, mit jedem Unfug an jeder Stelle Tag und Nacht Gehör zu finden. Wenn nichtsnutzige Konsumartikelhersteller das für verkaufsförderlich halten, bitte sehr – dann müssen sie eben Leute für ihre Dauer-Ansprechbarkeit bezahlen. Hochproblematisch scheint mir hingegen die Rückwirkung auf die Kommunikationskultur in Politik, Öffentlichkeit, und ja: auch der Familie. Denn natürlich sind nicht alle Anliegen gleich klug, gleich wichtig und gleich eilig; natürlich muss die Bundeskanzlerin nicht sofort antworten, wo man von der besten Freundin schnell eine Reaktion erhofft. Und natürlich sollte auch in Familien das Wort derjenigen, die mehr Lebenserfahrung, mehr Vorausschau und vor allem mehr Verantwortung haben, schwerer wiegen als das Gekrähe von Mini-Konsumenten. Die Firmen erziehen, mit ihrer pseudo-unterwürfigen Geste, zum Gegenteil.

Die Konsumlaufbahn aller Kinder beginnt im Babyalter. Schon mit 18 Monaten können sie Marken erkennen – darauf wird auf einschlägigen Marketing-Kongressen und Werber-Zusammenkünften voller Stolz hingewiesen, während Eltern und Erzieher sich die Haare raufen. Der bereits erwähnte amerikanische Werbepapst James U. McNeal hat in herzerfrischender Offenheit beschrieben, wie es mit der Konsumkarriere weitergeht, sobald das neugierige Baby aufrecht im Einkaufswagen sitzen kann. Zunächst beobachtet es die Eltern nur, fasst interessiert ins Auge, was die Eltern aus den Regalen nehmen. In einem zweiten Schritt lernt das Kind, durch Zeigen Sachen zu verlangen, die es oft auch erhält – es begreift von nun an Einkaufen als legitimen Weg, um Dinge zu bekommen. In Stufe drei darf das Kind mit Erlaubnis der Eltern Produkte aussuchen. Vielleicht kann es bereits laufen, es lässt die Gitter des Wagens los und beschreitet allein und noch auf unsicheren Beinen seinen ersten Weg als Konsument. In der nächsten Stufe kauft das Kind, begleitet von den Eltern, mit eigenem Geld ein. Mit fünf bis sieben Jahren darf es wahrscheinlich zum Bäcker an der Ecke gehen und sich Kaugummi holen. Man begreift, was für eine enorme Rolle die Eltern in dem so zerlegten Prozess des Kaufen-Lernens spielen – als Vorbilder. Aber eben auch als Wächter, die das Kind kontrollieren und zurückhalten. Etwa ein Fünftel der amerikanischen Eltern seien »anti-shoppers«, schreibt McNeal, und die seien begreiflicherweise schwer zu beeinflussen. Kein Wunder, dass werblicherseits viel Wert darauf gelegt wird, Kinder recht früh ihre eigenen Entscheidungen treffen zu lassen. Um dieses Ziel zu erreichen, scheut man sich auch nicht, den Eltern Angst zu machen: Kinder, die von Werbung ferngehalten würden und keine Einkaufserfahrungen machen dürften, seien, wenn ihnen dann eines Tages doch die große wilde Konsumwelt offen stehe, notgedrungen überfordert und müssten am Leben scheitern.

McNeal scheint immerhin ein bisschen Mitleid für einkaufsfeindliche Eltern zu empfinden, wenn er die sieben Modi der Quengelei beschreibt, die im Supermarkt zu erwarten sind: Sie reichen von Betteln (Oh, bitte, bitte, biiitteee!) und eisern Durchhalten (wieder und wieder und wieder der gleiche Wunsch) über kraftvoll (Laut! Ich will es! Nichts kann mich stoppen!) und demonstrativ (sich steif machen, Luft anhalten, auf den Boden werfen) bis zu zuckrig (Wenn du's mir kaufst, werde ich dich ewig lieb haben …), drohend (Ich hasse dich für immer!) oder mitleidheischend (ALLE in meiner Klasse haben es, ALLE!). Die Eltern könnten hoffen, so der Experte, den unliebsamen Kauf aufzuschieben oder das Gewünschte durch etwas anderes zu ersetzen. Eine schlichte Verweigerung werde aber fast sicher in Geschrei,

Wutanfällen und Beschämung der Eltern enden – »und es ist gewiss möglich, dass Eltern-Kind-Beziehungen durch solche Erlebnisse belastet werden«. Man kann es nur immer wieder bewundernd anmerken: Die Marketing-Branche ist wirklich herzerwärmend ehrlich.

ECHOS DER VERGANGENHEIT

Kindheit bedeutet heute etwas radikal anderes als vor 30 Jahren. Aber Kind-Sein nicht

Heuchelei kann man der Verkäuferseite also kaum vorwerfen, sie sagt ja klar und deutlich, was sie will. Aber wie geht es uns dabei? Wie geht es uns Müttern, Vätern, Großeltern, Patentanten, Lieblingsonkeln, Lehrerinnen und Lehrern, Erzieherinnen, Bibliothekarinnen, Übungsleitern im Sportverein und Bademeistern, die wir ein gewisses Maß an Verantwortung empfinden gegenüber jenen 13 Millionen 6- bis 19-Jährigen, die hier in Deutschland die *Zielgruppe* bilden für die Herrschaften vom Marketing? Und wie geht es ihnen selbst, den Kindern und Jugendlichen im Konsumkapitalismus? Wie souverän, wie unbeschädigt, wie *glücklich* sind sie wirklich? Und wie gut gerüstet für eine Zukunft, die sie – aus Sicht der Werber – heute schon verkörpern?

Von dem britischen Romanautor L. P. Hartley stammt die Formulierung *The past is a foreign country*, die Vergangenheit ist ein fremdes Land. Die heute 30- bis 50-Jährigen, also ein Großteil der heutigen Elterngeneration, könne diese Wahrnehmung weiter zuspitzen, schreibt die britische Kindheits-Expertin Sue Palmer: Die Vergangenheit ist ein fremder *Planet*. Es macht einen Teil unseres heutigen Lebensirrsinns aus, dass wir kaum je innehalten und unsere eigene Kindheit mit derjenigen unserer Kinder vergleichen. Dass wir uns dem Ausmaß und dem Tempo der Veränderungen nicht wirklich stellen. Einige von uns sind noch ganz ohne

Fernsehen aufgewachsen, andere mit ein, zwei, drei öffentlich-rechtlichen Programmen, auf denen manchmal nichts gesendet wurde. Für viele kam das Privatfernsehen erst, als sie schon zur Schule gingen. Mit der Freundin telefonierte man vom einzigen Festnetzanschluss im Wohnungsflur aus, und wenn das die Eltern nervte, war Schluss. Niemand fuhr hunderte von Kilometern zur Arbeit. Wenige flogen in den Urlaub. Es war eine Zeit mit wenig Politikverdrossenheit – vielmehr schrieb Bundeskanzler Willy Brandt an die »lieben Fix- und Foxi-Leser« und bedankte sich für ihre Teilnahme an einer großen Umweltaktion des Verlages: »Wir wollen in einer gesunden und menschenwürdigen Umwelt leben. Wir wollen sauberes Wasser, saubere Luft, weniger Lärm. Eure Umweltaktion zeigt den Weg. Vielen Dank für Euer Interesse und Euren Einsatz.«

Auf Kinder zielende Werbung – zum Beispiel für den unwiderstehlichen Schuh »Tigerboy« mit einem Tigerkopf im Absatz – klang so: »Wichtig! Sagt Euren Muttis, dass es auf den Tigerkopf sechs Monate Garantie gibt, auf den ganzen Schuh!«

Cool als wichtigster Verhaltensmodus für Kinder war, trotz der wilden siebziger Jahre, noch nicht erfunden. »Marken«, gerade Kleidungsmarken, begannen erst in den achtziger Jahren auf Schulhöfen eine Rolle zu spielen. Kommunikation hatte überwiegend mit Sprechen zu tun. Puppen allerdings sprachen selten, und wenn doch, dann sagten sie allenfalls »Mama«, wenn man sie kippte. Sonntags konnte man nichts einkaufen. Sonntags mussten die meisten Leute auch nicht arbeiten. Während der Mahlzeiten wurde nicht telefoniert, schon gar nicht von mehreren Familienmitgliedern gleichzeitig. Es *gab* gemeinsame Mahlzeiten. Wenige Kinder gingen in den Kindergarten. Viele Kinder trafen sich nachmittags zwischen den Häusern zum Spielen. Wer etwas herausfinden musste, zum Beispiel für die Schule, schaute in das langsamste aller Medien: in ein Buch. Überhaupt war alles viel langsamer als heute, und auch ein bisschen leiser.

Wir alle wissen, was dann passiert ist: Der real existierende Sozialismus implodierte, und das Internet wurde massenfähig. Plötzlich fehlte die Systemalternative. Das hieß: Der Kapitalismus hatte sich durchgesetzt – und war nicht Kaufen so ziemlich das Wichtigste im Kapitalismus? So wurde Konsum zu einer neuen Bürgertugend. Wer Konsumverzicht übte, war ein bisschen verdächtig, wer nicht gern Geld ausgab oder keine Schulden machte, ebenfalls – die Amerikaner verstehen bis heute nicht, warum die Deutschen auf ihrer hohen Sparquote sitzen und ihr Geld horten. Eine Aufgabe von Marketing ist es, den Menschen das Sparen abzuerziehen.

Mit dem Auftauchen des Internets wurden Unmengen von Informationen zugänglich, Informationen aus der Nachbarschaft und aus entfernten Teilen der Erde, wahre Informationen und erfundene, auf Arabisch formulierte dschihadistische Drohbriefe und Anleitungen für das korrekte Stricken eines Zopfmusters. Weil es die Informationen gab, fühlten viele sich gezwungen, sie zur Kenntnis zu nehmen. Weil es so eine riesige Menge an Informationen war, wurde es schwieriger, zwischen wichtig und unwichtig zu unterscheiden. Weil der Tag nur 24 Stunden hat, begannen die Leute, sich noch gehetzter zu fühlen, als sie es durch Handy und E-Mail schon waren – Handy und E-Mail trugen nämlich die Arbeit vom Büro nach Hause, und das hieß: von der Arbeits- in die freie Zeit. Plötzlich fühlte sich kein Moment mehr frei an. Und dabei hilft alles nichts: Man muss ja trotzdem spätestens um 17 Uhr in der Kita sein, um den Kleinen abzuholen.

Unsere Generation hat diesen politisch-technischen Doppelumbruch ganz gut gemeistert, denke ich, auch wenn wir den Stress langsam spüren. Immerhin war unsere Kindheit lang, langsam, manchmal auch langweilig, und wir hatten die Chance, ein paar mentale Ressourcen – Konzentrationsfähigkeit, ein Gefühl für wichtig und unwichtig – in Ruhe aufzubauen.

Unsere Kinder haben diese Kindheit nicht. Sie werden in die Zeit der »elektrischen Geschwindigkeit«, wie der kanadische Medienwissenschaftler Marshall McLuhan sie vorausschauend genannt hat, hineingeworfen, und wir (und sie) müssen abwarten, wie ihnen das bekommt. Jedenfalls wächst jetzt eine Generation, eine *Zielgruppe* heran, die keine deutsche Teilung mehr kennt, keine Alternative zum Kapitalismus (und sei es eine schlechte), und kein Leben ohne Handy und Internet.

Niemand, kein Einzelner, hat diese Entwicklung willentlich herbeigeführt. Aber der kulturelle Umbruch kam so schnell und mit solcher Wucht, dass wir erst nach und nach beginnen können, die Kollateralschäden zu sichten. Von den Kollateralschäden einer immer gierigeren, immer zügelloseren Welt-Finanz-Ökonomie verstehe ich wenig. Von den Dingen, die Kinder und Jugendliche in ihrer Entwicklung schädigen, vielleicht ein wenig mehr.

Fest steht, dass der turbokapitalistische Lebensstil – mehr Arbeit, höherer Verdienst, mehr Konsum, höhere Ausgaben (oft sogar Schulden), mehr Arbeit – sich sogar für viele Erwachsene als Teufelskreis erweist. Fast 80 Prozent der erwachsenen Bevölkerung Amerikas leide an schweren Beeinträchtigungen, an Angst- und Schlafstörungen, an Alkoholismus oder Depression, am Borderline-Syndrom oder zwanghaftem Verhalten, schreibt der Kapitalismuskritiker Kalle Lasn in seinem Buch *Culture Jamming – Das Manifest der Antiwerbung*. Amerikanische Zahlen also, und womöglich recht zugespitzt interpretiert. Doch häufig lohnt es sich ja, auf Amerika zu blicken, weil gesellschaftliche Trends dort früher und deutlicher erkennbar werden als in Deutschland. Auch bei uns leidet ein Viertel der Bevölkerung unter Schlafstörungen; würde die Menge der verabreichten Anti-Depressiva ausreichen, um jeden Erwerbstätigen eine Woche im Jahr zu versorgen; breitet sich, zumal in der Mittelschicht, ein Gefühl des Ausgebranntseins und der Überforderung aus. Deshalb stellt der gebürtige Este Lasn, der heute von Kanada aus Kampagnen gegen übermächtige Konzerne (und ihre Werbefeldzüge) organisiert, die richtige Frage: »Könnte es sein, dass der Fluch unseres Wohlstands, die explosionsartige Vermehrung der Bilder um uns herum, die Datenüberflutung und das Dauergeräusch der Medien uns wahnsinnig machen? Wie viel ist genug?« Es stimmt jedenfalls, dass wir in der Welt der *elektrischen Geschwindigkeit* unter den Bedingungen eines sozialen Großversuchs leben: Wir wissen fast gar nichts. Wir wissen nicht genau, in welcher Weise zum Beispiel Mediengewalt Kinder beeinträchtigt – und diejenigen, die sich, wie der Hannoveraner Kriminologe und ehemalige niedersächsische Justizminister Christian Pfeiffer, mit großem Engagement um eine Klärung empirischer Zusammenhänge bemühen, werden von interessierter Seite angefeindet oder verächtlich gemacht. Das Haarsträubende dabei ist nicht die Diskussion über Pfeiffers Methoden und die Qualität seiner Daten, denn die muss jeder Wissenschaftler ertragen. Das wirklich Erschreckende ist, dass wir mit großer Selbstverständlichkeit die Haltung der Produzenten von Gewalt-Computerspielen und Gewaltvideos akzeptieren: Nämlich dass Kritiker die Gefährlichkeit dieser Dinge zu »beweisen« haben – und nicht die Hersteller ihre Ungefährlichkeit.

Worüber wir ebenfalls nichts wissen, ist die Frage, was

einer Kultur widerfährt, deren erwachsene (!) Bürger ihr halbes Leben in virtuellen Welten oder mit digitaler Selbstdarstellung verbringen.

Wie Kinder wachsen

Kinder jedenfalls haben objektive Entwicklungsbedürfnisse; Phasen, die sie durchlaufen *müssen*, um irgendwann erwachsen und selbständig zu werden – und die sich nicht auf *elektrische Geschwindigkeit* beschleunigen lassen. Kinder unter fünf Jahren denken noch sehr konkret: Sie können sich rote Autos und blaue Fische vorstellen, aber nicht »Röte« oder »Bläue«. Gleichzeitig objektiviert sich nach und nach ihr Weltbild: Sie halten unbelebte Gegenstände nicht länger für lebendig. Mit vier bis fünf Jahren kommen Kinder in das von vielen Eltern gefürchtete »Warum«-Fragealter, was bedeutet, dass sie ein Bewusstsein für den Zusammenhang von Ursache und Wirkung entfalten und nach Ursachen suchen. Bei allem Verständnis für die blank liegenden Nerven der Eltern oder Kindergärtnerinnen: Es reicht nicht aus, sie in diesem Alter vor einem Baby-Einstein-Video abzusetzen und zu hoffen, es würde gelegentlich eine richtige Antwort vorbeiflimmern. Die Kinder brauchen Antworten, sie brauchen echte (nicht elektronisch simulierte) Interaktivität, und sie brauchen das Gefühl, dass die Erwachsenen ihre Neugier und ihr neu erwachtes Interesse an der Umwelt ernst nehmen.

Altmodische Entwicklungspsychologen nannten die Zeit von vier bis etwa sieben Jahren (wir erinnern uns: Letzteres ist der Zeitpunkt, zu dem Mädchen heute beginnen, Barbies als uncool zu verschmähen) auch das »Märchenalter«. Es ist eine Zeit, in der die Kinder »magische Praktiken« entfalten, um die Teile des Alltags zu beherrschen, die ihnen, trotz ihrer objektiveren Haltung, unerklärlich oder gefährlich vorkommen. Diese Praktiken können zum Beispiel die Form von »Leistungszaubern« annehmen: Wenn ich nicht auf die Striche trete, dann gibt es heute Spaghetti. Auch das »Verrufen« ist in diesem Alter üblich. Es handelt sich um eine Art systematischen Zweckpessimismus: Wir wollen so gern an den Strand, aber sicher, sicher, sicher regnet es. Manche Kinder knüpfen ihr Wohlbefinden auch an Talismane, bestimmte Gegenstände, die sie bei sich haben *müssen*, damit dies oder jenes gut geht. Märchen kommen Kindern in der magischen Phase noch wahr vor: Obwohl sie die Lebendigkeit ihres Teddybären inzwischen in Zweifel ziehen, glauben sie absolut an die Existenz und Gemeingefährlichkeit der Hexe im Knusperhaus. Erst langsam schärft sich ihre Fähigkeit, die echte, unmagische Welt sauber von einer unerreichbaren Märchenwelt mit eigenen Regeln zu trennen – dann erst, etwa zu Beginn der Grundschulzeit, haben sie verstanden, was Fiktion ist. Aus älteren Untersuchungen weiß man, dass Kinder, die noch nicht in einer 360°-Medienumwelt aufwuchsen, auf Kinofilme oder Theateraufführungen mit Märcheninhalt oft verstört reagierten: Waren deren Figuren nun lebendig? Oder nicht? Und wenn ja, was taten sie nach der Aufführung? Es steht zu vermuten, dass die unglaubliche Dominanz von Bildern gegenüber bloß vorgestellten fiktiven Inhalten die psychologische Entwicklung beeinflusst – bloß wie? Wir wissen zu wenig darüber. Mit vier bis fünf Jahren erfahren Kinder geradezu einen Schub in der Entwicklung ihrer Konzentrationsfähigkeit: Sie sind in der Lage, alle Ablenkungen für eine begrenzte Zeit auszublenden und sich ganz und gar in eine Sache zu versenken. Schaut man derart versunkenen Kindern beim Spielen mit Bauklötzen zu, hat man fast das Gefühl, sie bei der Arbeit zu beobachten. Sie können jetzt auch länger und besser zuhören – vorausgesetzt, eine Geschichte fesselt sie. Die längere Aufmerksamkeitsspanne ist allerdings noch sehr stark an ihr Interesse geknüpft – was sie langweilt, lässt sie innerlich abschalten. Die Entwicklung der Konzentrationsfähigkeit ist entscheidend für den gesamten späteren Lebensweg eines Menschen, für Erfolg und Misserfolg in Schule und Beruf und damit in hohem Maße auch für Zufriedenheit und Glück.

Das Ziel des Marketings und, im Zusammenspiel damit des Fernsehens, ist es, die Aufmerksamkeit in schneller Folge immer wieder auf etwas Neues zu lenken. Insgesamt kann man sagen, dass sich in der Phase von etwa drei bis fünf Jahren alle grundlegenden geistigen Funktionen des Menschen deutlich herausbilden: das sprachliche Denken, die Erinnerung, die Fantasie; Wille, Konzentrationsfähigkeit, erstes Zahlenverständnis. Diese Fähigkeiten sind zum einen die ganz banalen Voraussetzungen für den Schulbesuch; aber vor allem kann man ohne sie in einer modernen, hochkomplexen und vernetzten Welt nicht zurechtkommen. Das spricht schon einmal sehr für eine Drosselung von Lärm, Reizüberflutung und Tempo im Leben von kleinen Kindern.

»Großkindalter« nannte man früher die Zeit zwischen sechs und elf, zwölf Jahren – doch die Werbeleute reden in manipulativer Absicht von Kids, Pre-Teens und Tweens: Denn selbst ein »Großkind« würden Erwachsene vor werblicher Beeinflussung und medialer Überforderung wohl noch zu schützen suchen – aber einen konsumkompetenten Pre-Teen?

Dabei ist die Phase des Übergangs vom Klein- zum Großkindalter noch einmal eine echte Krisenzeit: Viele Eltern, die die erste Trotzphase schon fast vergessen hatten, fragen sich entsetzt, was aus ihrem entzückenden Fünfjährigen geworden ist. Zwischen fünf und sechs Jahren erleben die Kinder einen körperlich-seelischen Umbau, der für sie dramatisch ist und sie ziemlich in Anspruch nimmt. Ihre Gestalt verändert sich – der große Kinderkopf erscheint plötzlich kleiner, Ärmchen und Beinchen strecken sich, der Babybauch verschwindet. Mit etwa sechs Jahren steht auch noch der Zahnwechsel an, die Milchzähne fallen aus. Die Kinder in diesem Alter, besonders die Jungen, entwickeln einen großen Bewegungsdrang, der sich aber mit Phasen von Schlappheit abwechselt. Offenbar bringt sie die rasante körperliche Entwicklung aus der seelischen Ruhe: Sie können sich nicht mehr so lange in ihre Kinderspiele vertiefen, sind unkonzentriert und immer wieder gelangweilt und schlecht gelaunt. Es scheint, als komme ihnen vorübergehend die Fähigkeit abhanden, einen *Flow* zu empfinden und sich, ganz im Einklang mit sich selbst, einer einzigen Sache zu widmen. Gleichzeitig wollen sie unabhängiger von ihren Eltern werden – typischerweise lehnen Sechsjährige es ab, noch länger an der Hand zu gehen.

Eltern und Gesellschaft können auf die Phase der entwicklungsbedingten Unzufriedenheit und Langeweile auf zwei Weisen reagieren: Indem sie das Interesse der Kinder an verschiedenen Dingen wecken, die langsam auch ein bisschen auf Schulbesuch und Lernen vorausweisen – oder indem sie das Unbehagen und die Quengelei auf Konsumwünsche lenken. Es ist nicht unwahrscheinlich, dass ein Konsumverhalten, das an dieser Stelle eingeübt wird, den Menschen ein Leben lang begleitet: Wann immer er sich unwohl, überfordert, gelangweilt fühlt, wird er reflexhaft zur Kreditkarte greifen. Insofern wäre den Eltern der schlecht gelaunten, Milchzähne verlierenden *Kids* im Gestaltwandel dringend zu raten, es mit Variante eins zu versuchen.

Ist die Phase der Unausgeglichenheit – die leider oft mit

dem Schulanfang zusammenfällt – vorbei, geht es den Sieben- bis Neunjährigen besser. Sie wenden sich mehr nach außen, sie sind extrem an ihrer Umwelt interessiert, sie lassen magische Praktiken und Märchengläubigkeit hinter sich; sie beginnen, realistischer zu zeichnen; sie können sehr genau beobachten; sie sehen ihre Mitmenschen nicht mehr mit weit aufgerissenen Kinderaugen an, sondern kneifen diese Augen eher kritisch zusammen. Sie lernen zu *zweifeln*. Ihr Wortschatz vergrößert sich deutlich. Ihr Gedächtnis ist ausgezeichnet, sie können endlos auswendig lernen – das war großartig zu beobachten etwa beim Boom um die unzähligen Pokémons, jene japanischen Zeichentrick-Monster, deren Namen vor einigen Jahren jeder ordentliche Achtjährige aus dem Stand herbeten konnte. Für den Lernerfolg in dieser Phase ist es allerdings wichtig, dass nicht allein mechanisch gelernt wird: Dauerhaft im Gedächtnis bleibt nur, was auch verstanden wurde.

Für die nachhaltige Stärkung der Konzentrationsfähigkeit und die Herausbildung einer Arbeitshaltung ist dies eine gute Zeit. Wobei »Arbeitshaltung« natürlich nichts anderes bedeutet, als dass man Aufgaben, auch wenn sie unangenehm, auch wenn sie *Schul*aufgaben sind, möglichst schnell und gut erledigt. Und hier gibt es einen *Clash of Civilizations*: Die Werbewelt des Konsumkapitalismus will keine Kinder, die sich gewissenhaft ihren Hausaufgaben widmen und mit Bedürfnisaufschub gut zurechtkommen. Sie will im Grunde nicht einmal Kleinkinder, sie will Babys behalten, die, symbolisch gesprochen, sofort alles in den Mund stecken, müssen. Alle elektronischen Medien sind ein latenter Angriff auf die Arbeitshaltung, und es verlangt den Kindern einiges ab, sich trotz dieser Verlockung an die *Arbeit* zu machen. Viele tun es nicht, oder nicht oft genug, und das hat seinen Preis. Aber den bezahlt nicht die Werbewirtschaft, nicht der Medienkonzern, nicht der Spielehersteller. Den bezahlt die Gesellschaft.

Im späten Kindesalter, der letzten Phase vor der Pubertät, sahen Pädagogen vergangener Jahrhunderte einmal die goldene »Lernzeit des Menschen«. Bevor die Krise des Erwachsenwerdens beginnt, nimmt die Abstraktionsfähigkeit noch einmal zu: Man versteht auf einmal komplexe Zusammenhänge, kann kausal denken, verliert die letzten Spuren magischen Denkens, ist der »Wirklichkeit« gegenüber aber auch nicht mehr so naiv wie die Jüngeren. Es ist die Zeit, in der man Selbstkritik lernt – und es war einmal die Zeit, in der sich die Geschlechterrollen klar ausprägten, Jungs nur mit Jungen, Mädchen nur mit Mädchen spielen wollten. Diese Ausdifferenzierung findet heute, nach allem, was sich in Grundschulen beobachten lässt, sehr viel früher statt – und es ist eine interessante Frage, ob die Geschlechterstereotypisierung in Medien und Spielwarenmarkt damit wirklich gar nichts zu tun hat.

Wer sagt, es werde alles schlechter, setzt sich dem Vorwurf des Kulturpessimismus aus, und das ist, zumindest unter Linksliberalen, ein Killervorwurf, der dafür sorgt, dass Argumente nicht mehr gehört werden. Eins stimmt auch gewiss: Womit will man heutige Verhältnisse vergleichen? Es gibt nur zwei vernünftige Maßstäbe: frühere Zeiten oder fremde Länder. Eine Kindheit im Mittelalter oder während der industriellen Revolution in England war so viel schlechter als alles, was Kinder heute bei uns erleben, dass man es kaum in Worte fassen kann. Und Kindheit anderswo? Es dürfte eine verschwindende Zahl von Ländern sein, wo die Freiheit für Kinder größer und der Wohlstand mit dem unsrigen vergleichbar ist, ohne dass es zugleich Konsumdruck gibt.

Trotzdem. Eltern von heute spüren, wie die Dinge zumindest schwieriger werden. Es ist ja gar nicht so, dass niemand mehr wüsste, was Kinder brauchen, vielmehr lässt sich das relativ einfach formulieren: Kinder brauchen menschliche Zuwendung, sonst überleben sie nicht. Sie brauchen ausreichend gesunde Nahrung. Sie brauchen Bewegungsmöglichkeiten und Zeit zum Spielen und frische Luft. Sie brauchen ausreichend Schlaf. Sie brauchen die Sicherheit, von ihren Erwachsenen geliebt zu werden. Sie brauchen Zeit, Aufmerksamkeit, Gespräche und ziemlich wahrscheinlich Bücher. Und wenn sie etwas älter sind, brauchen sie Freunde, gute Bildungsangebote in Kindergärten und Schulen und kulturelle Anregungen. Schwerer ist es nicht – eigentlich.

Unglücklicherweise stehen viele dieser Aspekte im Widerspruch zur konsumistischen Lebensweise. Fast Food und Süßigkeiten sabotieren die gesunde Ernährung, 24/7-Medien bedrohen den Schlaf und verschlingen die Zeit für familiäres Miteinander und Vorlese-Stunden. Bewegungsmöglichkeiten im Freien sind nicht nur durch den Straßenverkehr eingeschränkt, sondern auch durch die Angst vieler Eltern vor sexuellen Übergriffen auf ihre Kinder (obwohl die heute eher in Chatrooms als auf Spielplätzen stattfinden dürften). Die traditionelle Einverdiener-Familie ist aus einer Vielzahl von guten und einer gewissen Zahl von schlechten Gründen aus der Mode gekommen: Das erhöht den Stress zu Hause. Der aufwendige Lebensstil, in dem auch Markenklamotten und elektronisches Spielzeug der Kinder eine Rolle spielen, macht stärkeres berufliches Engagement nötig. Partnerschaften werden komplizierter und halten schlechter: Auch das bringt Stress, Zeitmangel und Schuldgefühle in die Familien.

In Amerika zeigen sich die negativen Folgen dieser Entwicklung dramatischer als bei uns, aber der Trend ist auch hierzulande unheilvoll: 25 Prozent, ein Viertel der amerikanischen Jugendlichen, sind übergewichtig oder fettleibig. In

Deutschland sind es 15 Prozent der Drei- bis Siebzehnjährigen: 1,7 Millionen Kinder sind übergewichtig, 750 000 fettleibig. 22 Prozent der 11- bis 17-Jährigen weisen irgendeine Form von Essstörung auf – Fettleibigkeit, aber auch Magersucht und Bulimie, denn die perverse Kehrseite der Fast-Food-Bewegung ist das irrwitzige Schlankheitsideal der Massenmedien.

Nach einer Untersuchung der *National Commission on Sleep Disorders* leidet ein Viertel der Amerikaner (70 Millionen!) an schwerem Schlafmangel. Das sieht in Deutschland vergleichbar aus, und vor allem schätzen Kinderärzte, dass bei uns auch etwa 25 Prozent der Kinder und Jugendlichen zu Schlafstörungen neigen. Die Weltgesundheitsorganisation WHO hat neben der Medienbeeinträchtigung vor allem Lärm als krankmachenden Faktor benannt, der Schlafstörungen hervorruft und Blutdruck und Verdauung schädigt. Wir müssen vielleicht öfter hineinhören in die ballernde, piepsende, blökende, von Verkehrslärm zusätzlich zugedröhnte Medienumwelt unserer Kinder. Zumindest, was Spielzeug angeht, ist Lärm schon lange kein Tabu mehr, im Gegenteil: Was nicht blinkt und klingelt, halten die Anbieter nicht für interessant.

Multitasking als Körperverletzung

Es ist eine pädagogische Binsenweisheit, dass ein festes Ritual und vor allem *kein* Fernsehen direkt vor dem Einschlafen die günstigsten Bedingungen für eine ungestörte kindliche Nachtruhe bilden. Aber was ist, wenn die Erwachsenen selbst spät und todmüde von der Arbeit kommen? Wenn sie einerseits von dem vagen Wunsch beseelt sind, noch »etwas von ihren Kindern zu haben«, und ihnen andererseits die Kraft fehlt, um etwas anderes zu tun, als vor dem Fernsehapparat auf dem Sofa zusammenzubrechen? Wer müde ist, bringt kein Kind ins Bett, schon gar nicht mit Ritual. Zudem könnte es sein, dass wir auf breiter Front verunsichert sind über die tatsächlichen Ausmaße des kindlichen Schlafbedürfnisses. Ich war jedenfalls erstaunt, als ich die Empfehlungen der amerikanischen *National Sleep Foundation* las: Danach sollen drei bis elf Monate alte Babys mindestens 14 bis 15 Stunden (!) schlafen, zwölf bis 35 Monate alte Kinder zwölf bis 14 Stunden, Drei- bis Sechsjährige elf bis 13 Stunden, Sieben- bis Elfjährige mindestens zehn bis elf Stunden. Besonders bei den Grundschulkindern wird dieser Richtwert deutlich unterschritten, und das von vielen Lehrern beschriebene Montagmorgen-Syndrom in den Klassenzimmern legt nahe, dass sie am Wochenende eher noch weniger Schlaf bekommen als während der Woche.

Kann es sein, dass der Schlaf bei uns in einer irrwitzigen Weise ins Zwielicht gerückt ist, im Sinne von: Wer schläft ist faul? Wir selbst gönnen uns in unseren gehetzten Arbeitswochen immer weniger Schlaf – aber sind wir nicht manchmal auch heimlich ein bisschen stolz darauf, wie sehr wir uns ins Zeug legen und wie unentbehrlich wir sind? Wenn dem so sein sollte, dann wäre es umso wichtiger zu unterscheiden: Kinder sind für die Rund-um-die-Uhr-Gesellschaft der Erwachsenen ausdrücklich nicht gemacht. Sie brauchen den Schlaf für ihre Entwicklung – und sie sind ausgeschlafen sehr viel leidlicher als übermüdet. Insofern lohnt sich der rituelle Kraftakt am Abend auf jeden Fall auch für die Eltern.

Schlafmangel und Bewegungsarmut müssen nicht zu psychischen Erkrankungen führen – aber dass sie ihnen *entgegenwirken,* ist auch nur schwer vorstellbar. In den USA leiden mehr als 20 Prozent aller Kinder an psychischen oder an Suchterkrankungen. In Deutschland bekommen hunderttausende von Kindern das amphetaminähnliche Medikament

Ritalin verschrieben; immerhin fünf Prozent leiden am Aufmerksamkeits-Defizit-Syndrom (ADS). Jedes zehnte Kind leidet nach dem Jugendgesundheits-Survey des Robert-Koch-Instituts an Angststörungen, jedes 20. an depressiven Verstimmungen. Ihnen allen dürfte ein ruhiges, auf wenig Unterbrechung und Ablenkung bedachtes Umfeld guttun.

In eigenartiger Weise hat sich allerdings auch die Arbeitswelt der Erwachsenen so gewandelt, dass ein normaler Tag im Büro nur mit einem gewissen Ausmaß an Aufmerksamkeits-Defizit zu überstehen ist – Frank Schirrmacher hat in seinem Buch *Payback* eindrucksvoll beschrieben, wie die Vielzahl der einander ausschließenden Anforderungen, die durch die elektronische Dauererreichbarkeit entstehen, uns langsam verrückt machen, und wie dringend wir Abwehrmechanismen brauchen. Wenn es stimmt, dass Multitasking schon für einen Erwachsenen im Grunde einer Art Körperverletzung gleichkommt – wie viel mehr müssen wir dann darauf achten, dass Kinder nicht gleichzeitig fernsehen, telefonieren und ihre Mathematik-Hausaufgaben machen?

Das Aufmerksamkeits-Defizit der Erwachsenen hat aber noch eine fatale Folge für die Kinder: Wie soll jemand, der bei Arbeit ständig auf dem Sprung sein, ständig reagieren, umdenken und neue Lösungen finden muss, sich zu Hause mühelos in den viel langsameren Rhythmus der Kinder begeben, woher soll seine Geduld mit ihren natürlichen Entwicklungsbedürfnissen kommen, wenn er (überwiegend er, aber zunehmend auch sie) praktisch zerbirst vor innerlicher Unruhe und Getriebenheit? Es mag unschön sein, zugeben zu müssen, dass man von der häuslichen Entschleunigung und der 15. Vorleserunde mit derselben »Magisches Baumhaus«-Geschichte angeödet ist, aber möglicherweise ist Ehrlichkeit ein notwendiger Schritt, um etwas an den Verhältnissen – auch im Beruf – zu ändern.

Schließlich sind es auch die Trennungen der Eltern, die sowohl das kindliche Zeitbudget als auch das Gefühl von Stabilität, Zuwendung und Geborgenheit beeinträchtigen – und auf der Elternseite jene Schuldgefühle auslösen, auf die die Marketing-Leute fröhlich ihre Laserkanonen richten. Vollkommen klar: Nicht jede Beziehung lässt sich retten. Aber die lange Zeit wohlfeiler Abwiegelung, eine schlechte Beziehung sei ja auch schlecht für die Kinder, verliert an Entlastungskraft: Es mag sein, dass sie schlecht für die Kinder ist, aber Trennungen haben eben auch ihren Preis. Jede dritte Ehe wird geschieden. 2008 lösten fast 100 000 Ehepaare mit Kindern ihre Verbindung; 150 000 Kinder waren davon betroffen. (Ein Geburtenjahrgang hat gegenwärtig rund 650 000 Kinder). Es ist gut möglich, dass es unter den heutigen Bedingungen sehr viel schwerer ist, eine Ehe zusammenzuhalten als noch vor 30 Jahren. Und es ist sicher zu begrüßen, dass mancher soziale Zwang weggefallen ist, der unsägliche Verhältnisse stabilisierte. Aber so manche Scheidung dürften Kindern auch den Eindruck vermitteln, dass man sogar Menschen konsumieren kann – und dass man sie ablegt, wenn sie einem nicht mehr gefallen.

Der elektronische Spielplatz

»Kinder und Medien sind ein zentrales Thema, wenn es um eine Standortbestimmung der Situation von Kindern geht«: So steht es in der Einleitung der KIM-Studie 2008 des Medienpädagogischen Forschungsverbundes Südwest, in dem mehrere deutsche Landesanstalten für Kommunikation zusammengeschlossen sind. Die Studie untersucht im Zwei-Jahres-Rhythmus das Medienverhalten von deutschen Kindern zwischen sechs und dreizehn Jahren.

Tatsächlich sind Medien entscheidend dafür verantwortlich, die *elektrische Geschwindigkeit* in das Leben der Kinder zu tragen; außerdem bestimmen sie nicht nur die Situation von Kindern, sondern ganz wesentlich auch die (Erziehungs-) Situation von Eltern. »Medien«, heißt es in der Einleitung weiter, »spielen sowohl in der Freizeit als auch in der Schule eine zentrale Rolle. Medien begleiten den gesamten Tagesablauf von Kindern: vom Aufwachen mit dem Radiowecker über die Nutzung von Lernprogrammen in der Schule, dem MP3-Player auf dem Nachhauseweg, dem Hausaufgabenmachen mit Hilfe des Computers, dem Verabreden zum Spielen per SMS mit dem Handy, dem Computerspielen mit Freunden und der täglichen Vorabendserie bis hin zu ein paar Seiten Harry Potter vor dem Schlafengehen.« Die Zahlen, die KIM 2008 präsentiert, belegen, dass die Autoren mit dieser Zusammenfassung ein sehr realistisches Bild zeichnen. Es fällt auf, dass bis auf Harry Potter (in Buchform) alle diese Medien Geräusche machen, und dass nur der sie nutzen kann, der Geld für teure technische Geräte ausgeben kann. Tatsächlich stehen die Geräte in einer überwältigenden Mehrzahl deutscher Haushalte zur Verfügung.

Das bedeutet, dass Eltern sich ein für alle Mal verabschieden können von der Vorstellung, sie seien weitgehend allein für die Erziehung ihrer Kinder zuständig und müssten höchstens gelegentlich Meinungsverschiedenheiten mit einem Lehrer klären oder mit den Eltern eines unfreundlichen Schulkameraden sprechen. Tatsächlich sind die Kinder den ganzen Tag auf Empfang, und die Medien senden ihnen eine eigenartige Doppelbotschaft: Erstens wird dafür geworben, all diese *Hardware* zu besitzen, ohne die man an einem normalen Kinderleben offenbar kaum noch teilnehmen kann. Zweitens laufen in den Programmen des Radios, des Netzes, des Handys, der Vorabendserie oder des Kinderfunks permanent die Werbebotschaften der Warenwelt: für die Pokémon-Sammelkarten und das Magazin und die Plastikfiguren und das Nintendo-Spiel zur Fernsehserie. Die Serien selbst sind gleichzeitig derart gebrochen, derartig frei von klassischen Spannungsbögen, dass sie die Episodenhaftigkeit der Werbung nachahmen – und einüben. Das Medium ist also wirklich, in der prophetischen Terminologie McLuhans, selbst die Botschaft – und zwar gleich doppelt, als Hard- und Software, als Form und Inhalt. »Es ist schon erschreckend, sich vorzustellen, dass viele Kinder mehr Zeit mit dem Fernsehapparat verbringen als mit ihren Eltern«, schreibt Marketing-Guru Lindstrom. Man kann sich allerdings nur schwer vorstellen, dass ihn dieser Umstand wirklich beunruhigt. Fernsehmacher, Musikproduzenten, Werbeleute, Webdesigner – sie gestalten das Leben unserer Kinder fast mehr als wir selbst. Das Problem ist nur, dass *sie* unsere Kinder gar nicht kennen. Und dass wir keineswegs davon ausgehen dürfen, sie wollten ihr Bestes. Sie wollen ihre Aufmerksamkeit. Ihr Geld. Und sie setzen dabei auf deren Quengelpotenzial.

Der Bildschirm als Fenster zur Welt

Lange Zeit wurde behauptet, es gäbe keinen Zusammenhang zwischen Fernsehkonsum einerseits und Schulleistungen und allgemeinem Wohlbefinden auf der anderen Seite. Es war ganz ähnlich wie bei der Diskussion über gewalthaltige Spiele und Filme: Die Kritiker sollten beweisen, dass sie mit ihren Befürchtungen recht hatten. In Bezug auf einen Zusammenhang zwischen überdurchschnittlichem Fernsehkonsum und Übergewicht scheint das inzwischen gelungen zu sein; und die deutschen Autoren der PISA-Studie 2010 nehmen ganz selbstverständlich eine Korrelation zwischen übermäßigem Fernsehen und schlechten Leistungen an: Hoher Fernsehkonsum gilt als sicherer Vorhersagefaktor für schwache Leseleistungen. Auch der Konsum von Computerspielen wirkt sich negativ auf die Lesekompetenz aus – aber sie ist die Voraussetzung für alles weitere Lernen. Wäre es angesichts dieser Erkenntnisse nicht langsam Zeit für eine Beweislastumkehr? Können wir nicht verlangen, dass diejenigen, die werbliche Inhalte um Kindersendungen herum platzieren, *nachweisen*, dass Kinder davon nicht beeinflusst werden? Oder dass sie wissenschaftlich absichern, dass die *Coolness*-Botschaft ihrer Sitcom die jungen Zuschauer nicht gegen die Eltern und Lehrer aufhetzt? Die Vermarkterseite würde an dieser Stelle zuverlässig erwidern, die Verantwortung läge schließlich bei den Eltern. Es geht auch nicht darum, ob so ein Nachweis tatsächlich praktikabel wäre, sondern darum, die Eltern mit dieser Verantwortung nicht länger allein zu lassen. Trotz des Siegeszuges des Internet nimmt das Fernsehen einstweilen noch eine weit größere Bedeutung im Leben der Kinder ein als die Netzaktivitäten. Das Gewicht verschiebt sich freilich, besonders durch die Beliebtheit der Online-Spiele bei Jungen und die zunehmende Aktivität immer jüngerer Kinder in Sozialen Netzwerken (KIM-Studie 2010). Verglichen mit ihren amerikanischen Altersgenossen, haben deutsche Kinder aber trotz allem immer noch erstaunlich behütende Eltern: Im Durchschnitt sehen sie 90 Minuten am Tag fern, die jungen Amerikaner hingegen dreieinhalb Stunden. Nur in 43 Prozent der deutschen Kinderzimmer gibt es ein eigenes Fernsehgerät – bei unseren britischen Nachbarn sind es 80 Prozent. 60 Prozent (!) der unter Zweijährigen sehen in den USA täglich fern. Mit speziell für die Kleinsten konzipierten, edukativ verpackten Programmen wie den *Teletubbies* oder *Baby Einstein* wird versucht, an den

Frühförderungsdrang der Eltern zu appellieren. Während junge Mütter bei uns im Krankenhaus mit Plastikwindeln und Milchpulver-Proben (und neuerdings, sinnvollerweise, oft mit Informationen zur Leseförderung) beschenkt werden, bekommen sie in den USA auch schon DVDs mit ersten *Teletubby*-Folgen.

Fernsehen, Videospiele und viele Online-Aktivitäten sind möglicherweise auch deshalb so problematisch für Kinder, deren Konzentrationsfähigkeit noch nicht entwickelt ist, weil sie Spannung durch Unterbrechung erzeugen. Jeder Schnitt, jeder Kameraschwenk, jeder Schuss gibt dem Zuschauer oder Spieler einen Ruck und zwingt ihn, die gezeigte Situation neu zu interpretieren. Die Zahl dieser bewusst herbeigeführten Erschütterungen des Schauenden nimmt Filmexperten zufolge beständig zu. Besonders hoch ist sie offenbar bei Musikvideos. Jeder plötzliche Griff nach der Aufmerksamkeit löst beim Betrachter eine ganz archaische Reaktion aus: Sein Körper prüft, ob er flüchten oder kämpfen sollte (wer MTV sieht, befindet sich also quasi im Dauer-Fluchtreflex). Mit dem Ruckprinzip arbeiten nicht nur moderne Filmemacher, sondern die kommerziellen Medien überhaupt: Je ruckartiger das Programm, desto besser für die Werbequote. Allerdings gibt es Überforderung: Oberhalb eines gewissen Ruck-Levels nimmt der Fluchtreflex offenbar eine Notabschaltung vor. Das ist der Punkt, wenn man sich nicht mehr vom Bildschirm losreißen kann, wenn eine Geschichte nicht mehr fesselt, sondern – lähmt. Es ist kaum vorstellbar, dass eine solche Über-Stimulierung Kindern guttut. Und es ist ein geradezu genialer Vorschlag des Kulturkritikers Kalle Lasn, in einer Art Öko-Index der mentalen Umwelt Fernsehprogramme mit hoher Ruckfrequenz negativ zu bewerten.

Wenn das Spielzeug nicht spielen will

In der UN-Kinderrechtskonvention (Übereinkommen über die Rechte des Kindes) heißt es in Artikel 31, Absatz 1: »Die Vertragsstaaten erkennen das Recht des Kindes auf Ruhe und Freizeit an, auf Spiel und altersgemäße aktive Erholung ...« Nun schützt die Konvention viele Rechte, die bei weitem nicht in allen Mitgliedsländern verwirklicht werden – ob Kinder in reichen westlichen Industrienationen genug und lange genug spielen, ist dabei gewiss nicht das wichtigste Umsetzungsproblem. Aber von großer Bedeutung ist das Spielen sehr wohl für die kindliche Entwicklung, und die Komprimierung der Kindheit, das KGOY-Phänomen (Kids are Getting Older Younger) bedroht diese wichtige Phase. Zum einen ideologisch: Weil den Kindern von Marketingseite permanent suggeriert wird, es sei cooler, sich an den Interessen der Älteren zu orientieren. Und dann zeitlich: Weil die zahlreichen neuen Medienaktivitäten schlicht Stunden verschlingen, die für anderes nicht mehr zur Verfügung stehen. Verschärft wird die Problematik durch wohlmeinende Eltern, die ihre Kinder mit rigorosen Förderprogrammen überziehen; und stellenweise durch das Ganztagsschulangebot, das dem Spielbedürfnis nicht immer genügend Rechnung trägt. Mit etwa zehn Jahren ist jedenfalls, sehr zum Leidwesen der Spielzeugindustrie, im Allgemeinen Schluss mit dem Interesse an konventionellen Spielwaren, dann spätestens beginnt die elektronische Phase (für Mädchen kommt großes Interesse an Mode und Kosmetik hinzu). »Echtes Spiel wird von der Mainstreamkultur nicht mehr gefördert, es wird geradezu sabotiert«, schreibt die Spielzeugkritikerin Linn. Ganz im Gegensatz zu Bauklötzen, Puppen oder auch Stöcken und sogar Küchenhandtüchern, die spielerisch ja universal einsetzbar sind, verweigern sich die meisten Spielsachen, die

die Sechs-, Sieben-, Achtjährigen heute benutzen, oft dem kreativen Umgang. Die Eltern werden zum Kaufen verleitet mit einer Vielzahl von »edukativen« Spielsachen, mit Lerncomputern, digitalen Musikinstrumenten, Rechenspielen. Die mögen ihren Sinn haben, aber eins erlauben sie nicht: freies kreatives Spiel, »so-tun-als-ob«.

Elektronik ist überall. Viele Puppen und Plüschtiere singen oder sprechen, sie sind in ihrer Rolle so festgelegt wie jenes pinkgewandete Püppchen, das auf einer kleinen Plastiktoilette sitzt und zu einem Spülgeräusch »Prima, ich hab' es geschafft« ruft. Das schränkt die Spielmöglichkeiten doch ganz erheblich ein. Gerade im Konstruktionsspielzeug gibt es einen Trend zu immer enger definierten Bausätzen, die im Grunde nur eine einzige Verwendung zulassen – fast hofft man, dass die Kinder all ihre Piraten-, Ritter-, Star Wars- und Power-Miners-Welten durcheinanderwerfen und etwas ganz Neues daraus entstehen lassen. Viele tun das sicher – aber sie müssen sozusagen gegen ein existierendes Script anspielen. Das gilt auch für die Vielzahl der Figuren, die mit Mediencharakteren verbunden sind. Natürlich kann man mit einer Harry-Potter-Figur theoretisch auch etwas anderes spielen als Harry Potter. Aber es liegt nicht nahe. Für fatal hält Susan Linn es besonders, wenn die Kinder, statt in Rollenspielen ihr Einfühlungsvermögen auszuprobieren, von ihren Spielsachen nur noch Anweisungen entgegennehmen. Wer sich einmal von den Spielen auf einer Nintendo DS hat herumkommandieren lassen, weiß, wovon ich spreche. »Die Großkindphase kann unglaublich fruchtbar für die intellektuelle und kreative Entwicklung sein«, schreibt Linn, »aber die Kinder verlieren heutzutage Jahre des kreativen Spiels, in denen sie ein Gefühl für ihre eigenen Fähigkeiten erlangen könnten, in denen sie ihre Unabhängigkeit ausprobieren, sich am konstruktiven Problemlösen versuchen oder üben könnten, den Dingen um sie herum eine Bedeutung zu verleihen.« Es sind die Jahre, die ein Mensch braucht, um ein reifer, urteilsfähiger Erwachsener zu werden. Und es ist in der Tat ein gesellschaftlicher Großversuch von bisher unabsehbaren Ausmaßen, wenn Kinder in diesen Jahren hauptsächlich die Befehle von Maschinen zu befolgen lernen.

Trotz all ihrer Pre-Teen-, Teen- und Tween-Spitzfindigkeiten werfen Werber vorpubertäre Kinder in einen Topf. Aber zwischen Sechs- und Elfjährigen liegen geradezu Welten an Entwicklungsunterschieden, sowohl was den Umgang mit Fiktionen als auch die Fähigkeit zum kritischen Denken angeht. Eine Elfjährige würde man durchaus allein ins nächste Einkaufszentrum gehen lassen, um sich ein T-Shirt zu kaufen – eine Sechsjährige jedoch auf keinen Fall. Es ist nicht positiv, wenn die Sechsjährige unter den permanenten Druck gerät, den Coolness-Faktor der Elfjährigen zu erreichen.

Bei Leserbefragungen für die Kinderseite der *Zeit* stellen wir gelegentlich fest, dass der Coolness-Imperativ auch für die Elf- und Zwölfjährigen ziemlich anstrengend ist. Auch unter ihnen gibt es etliche »heimliche Kinder«, die nicht unfroh sind, wenn sie, zum Beispiel unter dem altruistischen Vorwand, sich um ein kleines Geschwister zu kümmern, noch einmal Gelegenheit bekommen, richtig zu spielen. Aber zum angesagten Mainstream in ihrer Altersgruppe gehört solches Verhalten nicht.

Zwei Dinge darf man nicht verwechseln: echtes, aktives Spiel auf der einen Seite und die Ruhigstellung mit unbespielbaren Spielsachen und passiv zu konsumierenden Unterhaltungsprogrammen andererseits. Echtes Spiel, das bei völlig in die Sache vertieften Fünfjährigen manchmal fast wie Arbeit aussieht, hat eine wichtige Entwicklungsfunktion, und die *Freude,* der Spaß am Spiel entsteht durch die Eigenleistung, die Aktivität der Vorstellungskraft. Dafür braucht man nicht viel – jeder Stock kann ein Schwert sein. Aber mit Stöcken verdient niemand Geld. Also ist das Trachten der Spielzeuganbieter darauf gerichtet, eine bloße Illusion von Spaß zu erzeugen, die sich schnell verbraucht und durch etwas Neues ersetzt werden muss. So werden unsere Kinder zu Fantasiekonsumenten, wie sie sich nicht nur der Marketingexperte Lindstrom wünscht.

Die Schule als werbefreie Zone

Diese Fantasiekonsumenten-Haltung und nicht das Erlebnis des echten Spiels ist es, was mit den Ansprüchen der Schule kollidiert. Der Jugendforscher Ingo Barlovic sieht in der Existenz der Grundschule »einen Grund, warum es traditionelle Kindheit in Deutschland überhaupt noch gibt«. Die Schule ist eine werbe- und verkaufsfreie Zone, jedenfalls noch weitgehend – in Amerika sieht das ganz anders aus.

Die Schule verlangt naturgemäß andere Dinge von Kindern als die *We love to entertain you*-Gesellschaft; man kann sagen, dass die Schule im Widerspruch steht zu fast allem, was »draußen« gelehrt wird. In der Schule muss man konzentriert bleiben, auch wenn man an einer Sache nur mäßig interessiert ist; man muss Bedürfnisaufschub üben, Rücksicht nehmen, ja sogar gewisse Manieren an den Tag legen – Letzteres ein Wort, das in der Werbewarenwelt des Kindermarketings praktisch nie vorkommt. Der amerikanische Politikwissenschaftler Benjamin Barber kritisiert, dass die amerikanischen Schulen sich bereits im Rückzugsmodus befänden, dass sie mit Lernprogrammen und Computerausstattung den »elektronischen Spielplatz« in ihre ernsthafte Institution geholt hätten – und statt auf Unterricht immer stärker auf *edutainment* setzten.

In Deutschland sind Kultusministerien und Lehrer offenbar zurückhaltender: Laut KIM-Studie 2008 kommen nur 41 Prozent der 6- bis 13-Jährigen in der Schule mit Computern in Kontakt; in der Grundschule werden Computer kaum eingesetzt. Ein eigenes Nachrichten- und Werbeprogramm wie den amerikanischen Schulsender *Chanel One* gibt es in Deutschland nicht, und es wäre auch schwer vorstellbar, dass deutsche Eltern die Zwangsbeglückung ihrer Kinder mit kommerzieller Werbung in der Unterrichtszeit dulden würden.

Die Schule ist in Deutschland also noch ein weitgehend medienfreier Raum – was auf der Seite der Anbieter verständlicherweise Begehrlichkeiten weckt. Schon an Daimlers »Genius«-Beispiel wurde deutlich, welchen Aufwand die Unternehmen zu treiben bereit sind, um in die Schulen hineinzukommen. Gerade die, die mit elektronischen Medien, mit Hard- und Software ihr Geld verdienen, bekommen dabei häufig Unterstützung von politischer Seite – etliche Abgeordnete und Minister haben in den vergangenen Jahren begonnen, technische Ausstattung mehr und mehr mit gutem Unterricht, ja mit Fortschritt an sich gleichzusetzen. Das fällt auf fruchtbaren Boden in einer Gesellschaft, die ihre Lehrer zwar recht ordentlich bezahlt, sie aber geringschätzt und jeden selbsternannten Bildungsexperten einer Unternehmensstiftung für kompetenter hält. Der Bundestagsausschuss für Bildung, Forschung und Technologiefolgeabschätzung hat in einem Bericht zum Thema »E-Learning« (Bundestagsdrucksache 16/9528) ein typisches Bild dieser naiven Technikgläubigkeit geliefert: »E-Learning-Instrumente wie Lernsoftware für Kinder stellen einen beachtlichen eigenständigen Markt dar«, schreiben die Parlamentarier: »Hier ist eine Koppelung der Computernutzung insbesondere für Spiel-Zwecke mit informellen Lernprozessen erkennbar.«

Sorgen darüber, dass vor allem der »beachtliche Markt« die Lobbyisten des E-Learnings motivieren könnte, und nicht das Wohl der Kinder oder die Wirksamkeit des E-Unterrichts, machen sich die Autoren an keiner Stelle. Um Inhalte, um Bildungsziele geht es nirgends, nur um leer laufende *Anwendungen.* »Der Nutzen für die Lernenden wird in der flexiblen Nutzung gesehen, in der größeren Motivation, durch neue Lernszenarien und kommunikative, interaktive Betreuung zu lernen, in Möglichkeiten zur Simulation realer Situationen, in vielfältigen, auch kollaborativen Gestaltungsoptionen sowie der Möglichkeit, ergänzend Informationen oder Wissensbausteine zu nutzen.«

Interaktive Betreuung sollte ein Lehrer seinen Schülern allerdings auch im traditionellen Unterricht zukommen lassen. Die Formulierung »kollaborative Gestaltungsoptionen« bedeutet nichts anderes als elektronische Gruppenarbeit – bei der, wie immer, manche mehr leisten werden und andere weniger. Über messbare inhaltliche Erfolge des E-Learnings schweigt der Bericht. Erfolg wird in Ausstattungsgraden und der willfährigen Einstellung des Lehrpersonals zur neuen Technologie gemessen. Kritisch wird angemerkt, dass deutsche Lehrer im europäischen Vergleich den digitalen Medien besonders skeptisch gegenüberständen – so als sei das eine pädagogische Luxusattitüde, die unseren Wohlstand gefährdet. Genau das meint der Wiener Philosoph Konrad Paul Liessmann, wenn er von der »Unterwerfung des Wissens unter die Parameter einer kapitalistischen Ideologie« spricht, die »nur dort dem Wissen gegenüber freundlich agieren wird, wo dieses unmittelbar verwertet werden kann oder zumindest kostenneutral nicht weiter stört«. Man kann nur hoffen, dass die deutschen Lehrer noch ein wenig ausharren mit ihrer skeptischen Haltung – und dass sie wieder und wieder die Frage stellen, *was* sie den Kindern in Wahrheit beibringen sollen: die kritische Auseinandersetzung mit den neuen Medien? Oder ihren unkritischen Gebrauch? In Amerika jedenfalls, einem Land, das viel empirische Bildungsforschung betreibt, sind zahlreiche euphorisch begonnene und ausgesprochen teure technische Ausstattungsprojekte wieder eingestellt worden, nachdem sich ihr Erfolg schlicht nicht nachweisen ließ: Die Schüler konnten nichts besser als zuvor.

»Kein anderer Industriezweig hat es je geschafft, dass Gebrauchsanweisungen seiner Geräte zum Schulfach erhoben wurden und dass öffentliche Gelder nicht nur für die Lehrkräfte dieser Gebrauchsanweisungen (einschließlich deren Weiterbildung), sondern auch für die Geräte selbst bereitwillig und manchmal auch verschwenderisch ausgegeben werden«, schreibt der Hirnforscher und Kritiker elektronischer Medien, Manfred Spitzer. Die IT-Firmen, die in die Schulen drängen, versuchen mehr oder weniger alle, ihren polemischen Schnitt auf Kosten der Lehrer zu machen, denen sie »IT-Fitness« absprechen; die angeblich von ihren überlegenen Schülern lernen müssen, technologisch in der Steinzeit leben und sowieso langweiligen Unterricht geben. Das fügt sich wunderbar in den anti-autoritären Tenor der Vermarkter: »Eine Kinderkultur, auch eine subversive Kinderkultur ist etwas ganz anderes als eine unheilige Verbrüderung zwischen Kindern und den Kräften des internationalen Marketings«, schreibt der amerikanische Medienwissenschaftler Crispin Miller: »Zum Weltbild der Werber gehört, dass Eltern Gruselfiguren sind, Lehrer Idioten, Respektspersonen lächerlich – und dass niemand Kinder wirklich versteht, außer dem werbetreibenden Unternehmen.«

Es ist nicht in unserem Interesse, und es ist nicht im Interesse unserer Kinder, dass die Autorität von Lehrern, überhaupt von Erwachsenen, permanent untergraben wird. Es geht der anti-erwachsenen Fraktion ja nicht um die Befreiung der Kinder aus wirklich autoritären, repressiven Verhältnissen, auch wenn sie mit diesem Gestus auftritt. Die Werber knüpfen an die anti-autoritären Erziehungsvorstellungen der sechziger Jahre an und tun dabei so, als hätten sich Familien und Schulen in den vergangenen 40 Jahren nicht grundlegend geändert – so grundlegend, dass es vielen Kindern heute manchmal an elterlichem Halt und an Orientierung zu mangeln scheint. Die Werber wollen nicht mehr Freiheit für die Kinder, sondern mehr *Konsumfreiheit*, und dabei stören Lehrer, die kritisches Nachfragen lehren, und Eltern, die den Nutzen der 250. Bakugan-Kugel in Zweifel ziehen. Wir müssen freilich auch unsere eigene Haltung kritisch überdenken: Es gibt fast keine natürliche, vertrauensvolle Allianz zwischen Eltern und Lehrern mehr – wir wären bereit, unser Kind jederzeit mit Klauen und Zähnen (und Rechtsanwälten) gegen eine Lehrerentscheidung (die selbstverständlich eine Fehlentscheidung sein muss) zu verteidigen. Vielleicht müssen wir die Lehrer wieder ein wenig vorbehaltloser unterstützen.

Die Tatsache, dass in unserer alternden Gesellschaft mit seiner niedrigen Geburtenrate die Kinder so rar werden, verstärkt womöglich eine Haltung bei Eltern, ihren Nachwuchs machen zu lassen, was er will, und gereizt zu reagieren, wenn sich andere Erwachsene beschweren. Man fühlt sich so edel darin, dass man diese Schrumpfgesellschaft durch seine Kinder erhält, dass jede Kritik an der eigenen Erziehungsleistung als unzulässig empfunden wird. Soll aber das Zusammenleben von sehr vielen älteren und alten Menschen mit wenigen, heftig umworbenen jungen Menschen funktionieren, dann brauchen wir womöglich doch wieder mehr (vernünftige) Solidarität zwischen Erwachsenen. Und einen Konsens über gutes Benehmen, über Manieren, die nicht steif und sinnlos sind, sondern das Miteinander angenehm und konfliktfrei machen. Dabei wird es Regeln für die Älteren geben müssen – zum Beispiel, wenn sie nach dem Arbeitsleben noch einmal Universitäten besuchen –, aber auch Regeln für die Jüngeren. Letztlich geht es bei Benimm ja nur darum, den anderen entspannen zu lassen; Missverständnisse zu vermeiden; einander Respekt zu zeigen. Dass dieses Anliegen quer läuft zur Bemühung der Jugendwerbewirtschaft, normale Abgrenzungs- und Rebellionsbestrebungen auf Rebellion als Produkt- oder Lifestyleentscheidung umzulenken, ist verständlich – aber wir müssen dieses Streben deshalb nicht dulden oder gar akzeptieren.

Wie wenig sich Vermarkter mitunter um die Wünsche der Eltern scheren, lässt sich an einem kleineren neuen Trend zeigen, dem *eatertainment*. Hier geht es um »Unterhaltung durch Essen«, Produkte wie Pommes mit Schokogeschmack, Joghurt mit Kuhfellmuster, grüner Ketchup oder Lollies mit batteriebetriebenem Griff. Alles harmlos (vielleicht abgesehen vom Nährwert), aber ein direkter Widerspruch zu einem so einfachen wie mühsam zu erreichenden Erziehungsziel: dass man im Allgemeinen mit Essen nicht spielt, weil auch das zivilisierte Essen für Mitmenschen eine Entlastung bedeutet.

Die Unternehmen und ihre Marketing-Strategen erfinden von morgens bis abends Produkte, für die sie bei Kindern und Jugendlichen einen Bedarf erzeugen müssen – und sie tun dies mit Milliardenbudgets, mit guter Kenntnis der kindlichen Psyche und multimedialen Werbeoffensiven. Trotzdem stößt man bei ihnen fast einstimmig auf die Haltung: »Am Ende sind die Eltern dafür verantwortlich, was sie ihren Kindern kaufen.«

Formal stimmt das natürlich. Aber so einfach ist es nicht. Im alternativlosen Konsumkapitalismus hat sich auf breiter Front die Auffassung durchgesetzt, Auswahl sei ein Grundrecht, auch ein Grundrecht der Kinder. Viele Eltern haben das Gefühl, sie verletzten ein Recht ihres Kindes, wenn sie ihm die Wahl nicht lassen – und jede Botschaft der Werbetreibenden unterstützt dieses Gefühl. (Im Übrigen erleben ja auch viele Erwachsene mit einem frustrierenden Berufsleben voller Abhängigkeiten und Unfreiheiten Shopping als eines der wenigen Erlebnisse, bei dem sie sich als wirklich souverän erleben.)

»Eltern verlieren nicht die Kontrolle, sie geben sie auf«, hat ein Spitzenmanager des Spielwarenkonzerns Brio einmal gesagt: »Wenn Ihr Kind quengelt und verlangt, mitten auf der Autobahn zu spielen, geben Sie ihm dann nach? Die Verantwortung für jede Kaufentscheidung liegt beim Erwachsenen. Ja, vielleicht werden Sie 72 mal am Tag gefragt: Kann ich das haben? Kann ich das haben? Aber wenn die Antworten vier Wochen lang 72 mal am Tag ›nein‹ lautet, werden die Kinder aufhören zu fragen.« Die Psychiaterin Linn bemerkt dazu trocken, sie finde es keine sonderlich schöne Vorstellung, 2160 mal »nein« zu einem Kind zu sagen, das sie lieb habe – das sei wirklich genug, um jeden Elternteil in den Wahnsinn zu treiben.

Die Firmen tragen den »Darf ich das haben«-Konflikt in die Familien und leugnen dann ihre Verantwortung, während sie gleichzeitig die Autorität der Eltern unterminieren. Wie viele Schlachten sollen Mütter und Väter eigentlich schlagen? Die Schlacht um gewalthaltige Spiele und Filme? Die Schlacht um Gerülpse und sprachliche Entgleisungen in Cartoon-Serien? Die Schlacht um Süßigkeiten, um Markenklamotten, um abendliche Fernsehstunden? Um die Frage, wie viele Aktivitäten man gleichzeitig betreiben kann? Es geht eben nicht um einen einzigen Konflikt, es geht um den konsumistischen Lebensstil. Die Last, aus diesem Lebensstil auszusteigen, ist allein dem Konsumenten aufgebürdet worden, und das macht jede Schlacht zu einer Auseinandersetzung zwischen David und Goliath. Hinzu kommt, dass die meisten Menschen ja gar nicht komplett aus der modernen Welt aussteigen wollen. Sie wollen nur nicht, dass man ihre Kinder kolonialisiert.

TOY STORY

Spielzeug, das uns das Fürchten lehrt

In der Vorweihnachtszeit ist beim Spielwarengroßhändler Toys'R'Us besonders viel los – kein Wunder, denn die Branche lebt vom Weihnachtsumsatz, und der Löwenanteil dieses Umsatzes wird in der letzten Woche vor Weihnachten erzielt.

Ich war also bei meinem vorweihnachtlichen Besuch im Spielzeugmarkt ein wenig besorgt, dass ich den ohnehin gestressten Mitarbeitern auf die Nerven gehen könnte. Die aber hatten genug damit zu tun, die auf allerlei Spielfahrzeugen herumflitzenden Kunden-Kinder im Zaum zu halten. In Amerika nennt Toys'R'Us seine Kunden übrigens nicht mehr »Kunden«, sondern »Gäste«, vielleicht ist es also erwartbar, dass sie sich dermaßen zu Hause fühlen.

Ich setzte mich auf den Fußboden vor dem Regal mit den Action-Figuren, weil ich mich einmal in Ruhe mit ihnen unterhalten wollte. Spielzeug sagt ja eine Menge über das Bild, das eine Gesellschaft von ihren Kindern hat. In der Kaiserzeit gab man kleinen Jungen Zinnsoldaten, Steckenpferde und Spielzeuggewehre, damit sie sich auf ein soldatisches Leben vorbereiten konnten. Kleine Mädchen bekamen Puppen und Puppenküchen, damit sie spielen konnten, was sie später sein würden: Mütter und Hausfrauen.

Lässt man sich ernsthaft auf das *heutige* Spielzeugangebot ein, dann erscheinen die Berufe »Soldat« oder »Hausfrau« allerdings einigermaßen vernünftig, und sie kommen in der Erwachsenenwelt immerhin vor. Unsere Kinder hingegen werden offenbar darauf vorbereitet, sehr, sehr außergewöhnlich aussehende Außerirdische zu bekämpfen – soweit sich das per Knopfdruck bewerkstelligen lässt.

»Megatron« zum Beispiel gehört zu einer Gattung von Maschinenwesen, die sich *Transformers* nennen und bei Fünf-, Sechsjährigen hoch im Kurs stehen. Auf dem fernen Planeten Cybertron hat Megatron einen schrecklichen Bürgerkrieg angezettelt, der im Verlauf der verworrenen Geschichte auch die Erde erreicht. Der Böse ist etwa 30 Zentimeter groß. Drückt man seinen »interaktiven« Knopf, dann ertönt erst einmal Maschinengewehrfeuer. Die Augen des Guerillaführers flackern rot. Das Wesen ist einigermaßen wortkarg: »Rrrr – Uh – hähä – rara – rumsklirr – Uaah – Megatron! – uähäh – rumsklirr«, mehr sagt es nicht. Da ist sein Gegenspieler, der in diesem Szenario folglich das Gute verkörpert, schon artikulierter: »My name is Optimus Prime«, sagt Optimus Prime: »Let's go.« Maschinengewehrfeuer. »Roll out. Haha!« Eine Gestalt namens Bulkhead bemerkt dazu: »Sorry, mother!« – Maschinengewehrfeuer.

Viele der Action-Figuren sprechen nur Englisch. Sind sie auch des Deutschen mächtig, wird das durch einen Aufkleber auf der Packung extra hervorgehoben. Neben dem G-Force-Blaster-Mission-Meerschweinchen, das zwei Maschinengewehre abfeuert, finde ich auch einen Star Wars-Plastikhelm, der den ganzen Kopf eines Kindes umhüllt. Wenn ein Fünfjähriger ihn aufsetzt, sieht er aus wie ein vermummter Miniatur-Amokläufer. Der Helm sagt Sätze wie »You call me ›Captain‹ or ›Sir‹!« oder »Hands above your head!« oder »Destroy the ships we must! Left behind no one will be!« Selbst wenn die Kinder in dieser bildungsbeflissenen Zeit noch nicht genug Kindergarten- oder Grundschulenglisch gelernt haben sollten, um ihren eigenen Helm zu verstehen, so werden Lautstärke und Intonation der Stimme ihnen einen Hinweis geben: Es geht um Befehle. Es geht um Gewalt. Und es geht um Himmels willen nicht darum, sich irgendetwas selbst ausdenken zu müssen.

Die Regale sind voll, voll, übervoll mit röhrenden Dinosauriern, stampfenden Monstern, krakelenden Plastikvulkanen (die Matchbox-Autos verschlingen) und den Superstars der *Ruthless Aggression Ring Rage* Serie von *World Wrestling Entertainment* (Letztere sind tätowiert und zum Teil schwer bewaffnet, aber immerhin schweigen sie.) Es ist eine Kinderwelt des Hässlichen, des Verzerrten, des Lauten und Gewalttätigen, in der kein Raum ist für kindliche Fantasie, denn sie ist ja schon bevölkert mit der plastikgewordenen Fantasie irgendeines Spielzeugmachers. Wobei die Bezeichnung »Spielzeugmacher« für den Erfinder des Megatron irgendwie seltsam klingt.

Donnerstag und Freitag und Robinson

In einem Kinderbuch von 1924 hat Marie Hamsun, die Ehefrau des norwegischen Literaturnobelpreisträgers Knut Hamsun, eine Spielwelt beschrieben, die in keinem stärkeren Widerspruch zu der vorweihnachtlichen Szene bei Toys'R'Us stehen könnte. Hamsun erzählt von den *Langerudkindern*, die in einer vergleichsweise armen Bauernfamilie im ländlichen Norwegen aufwachsen. Einer der Lieblinge der Autorin ist Ola, der älteste, zehnjährige Junge in einer vierköpfigen Geschwisterschar. Ola ist ein fantasievolles Kind, und von der Bibel bis zum Kochbuch hat er die spärlichen Bücherbestände seiner Eltern bereits mal um mal verschlungen. Sein Lieblingsplatz zum Spielen ist das Dach des Schweinestalls: »Es war ein Reich, ein Märchenreich. Es gehörte nur ihm, und niemand anderer verstand sich darauf. Auf diesem Dach gab es alten, dicken Torf, und darauf wuchsen alle möglichen Flechten und Moose und verschiedene braune vertrocknete Grasbüschel mit langen steifen Halmen.

Einige von den Moosen waren grün, und andere waren hellgrau, und wenn er so dalag und sie anschaute, dann war es ein richtiger Zwergenwald. Die Moose waren grüne und braune Bäume mit den wunderschönsten feinsten Ästen.

An einer Stelle war eine kleine Vertiefung in dem Torf, dort war das Moos besonders fein und hoch – das war der Hain Mamre. Hier im Hain Mamre hatte Ola winzige Zelte aufgestellt, und hier hatte er eine prächtige Viehherde aus lauter kleinen, runden, weißen Steinen; es hatte endlose Zeit gekostet, sie zu sammeln. Und er zählte sie jeden Tag und ließ sie sich bewegen und ein wenig miteinander kämpfen. (...) An einer anderen Stelle des Daches war ein großes Grasbüschel mit langen wehenden Halmen. Das war Robinsons Insel. Die Halme waren teils Palmen und teils Brotbäume. Hier gingen Lamas umher, die er aus Holz geschnitzt hatte, das größte war sorgfältig an einen der Brotbäume gebunden, er wollte nicht Gefahr laufen, dass es ihm durchbrannte.

Und er selbst war gleichzeitig Donnerstag und Freitag und Robinson, und wenn es notwendig war, konnte er gut auch noch ein anderer sein.«

Erstens ist es schwer vorstellbar, dass Ola auf seinem Schweinestalldach mit ein paar *Transformer*-Figuren ebenso gut hätte spielen können wie mit seinen kleinen weißen Steinen. Zweitens ist es unwahrscheinlich, dass ein Kind, welches zeit seines Lebens sprechende Star Wars-Helme getragen hat, in der Lage wäre, aus so Wenigem wie Ola entsprechende Spielszenarien zu entwickeln. Drittens: Welche Spielwelt würde man sich für das eigene Kind wünschen?

An Olas Beispiel wird deutlich, wie sehr sich Kindheit in den vergangenen hundert Jahren verändert hat. Zum einen gibt es einen Rückzug des Spielens ins Haus. Das hat durchaus positive Effekte: Spätestens nach dem Zweiten Weltkrieg setzte sich in den westlichen Industrienationen die Auffassung durch, dass Kinder ein eigenes Kinderzimmer brauchen – und Ola, der gern für sich ist und unter der drangvollen Enge im elterlichen Hof oft leidet, würde *diese* Entwicklung sicher begrüßt haben. Durch zunehmenden Verkehr und Verstädterung wird aber gleichzeitig der Freiraum zum sicheren Draußen-Spielen immer mehr eingeschränkt, so dass die Kinderzimmer nicht nur eine Errungenschaft sind, sondern auch schlicht eine Notwendigkeit werden: »Die Fülle der zum oder im Spiel verfügbaren Welt ist ersetzt worden durch eine (Über-)Fülle an Spiel(zeug)-Ersatzwelten, die in und neben der außerspielerischen Welt existieren«, schreiben Antje und Matthias Ernst vom Norddeutschen Spielzeugmuseum in Soltau: Die beiden Spielzeugexperten sehen darin die Gefahr der »Ghettoisierung und Ruhigstellung« der Kinder.

Pädagogen unterscheiden zwischen drei verschiedenen Klassen von Spielzeug: dem primären, dem sekundären und dem zufälligen Spielzeug. Primäres Spielzeug – vom Steckenpferd bis zum Optimus Prime Leader – ist explizit als Spielzeug angefertigt worden. Sekundäres Spielzeug ist der Kochtopf, den man sich als Helm aufsetzt, und der Spazierstock, den man statt eines Schwertes schwingt. Zufälliges Spielzeug sind Gegenstände, die man in der Natur findet – Kastanien, Stöcke, Olas kleine weiße Steine.

Seit der Spielwarenmarkt ein Massenmarkt mit industrieller Fertigung und professioneller Vermarktung der Produkte geworden ist, nehmen das sekundäre und das zufällige Spielzeug im Leben von Kindern an Bedeutung ab – und wie gut oder schlecht das für die Erfindungsgabe und Fantasie der Kinder ist, ist ungeklärt. Aber es ist offensichtlich, dass die Kräfte des Marktes kein gesteigertes Interesse an kleinen weißen Steinen haben können – es sei denn, man könnte sie künstlich herstellen, zum Sammeln nummerieren, mit einer fadenscheinigen Story ausstatten und sie nebst Sammelkarten und Fanmagazin im Kinderfernsehen bewerben.

Etwa 50 Milliarden Euro Umsatz bringt der globale Spielzeugmarkt seinen Akteuren. Die Gruppe der 6- bis 19-jährigen Kinder und Jugendlichen in Deutschland verfügt über finanzielle Mittel (Taschengeld, Geldgeschenke, Lohn für Gelegenheitsjobs, Ausbildungsvergütungen) von rund 20 Milliarden Euro. Die Hersteller von traditionellem Spielzeug müssen sich, wie wir gesehen haben, anstrengen, denn die Kindheitsphase hat sich immer weiter verkürzt, und jenseits der Zehn-Jahre-Grenze ist mit »Spielzeug« im klassischen Sinne nichts mehr zu erreichen. Etwa 2,3 Milliarden Euro werden in Deutschland jährlich für Bauklötze, Barbies und Transformers ausgegeben; dazu kommen noch einmal etwa 1,3 Milliarden Euro für Computer- und Videospiele. Etwa eine Million Produkte werden jährlich auf der Spielwarenmesse in Nürnberg vorgestellt, darunter jeweils etwa 70 000 Neuheiten. Der Markt, beziehungsweise der Einzelhandel, giert nach dem Neuen – pädagogisch ist auch das fragwürdig, denn schließlich fängt jedes Kind in seiner Entwicklung bei null an und braucht strukturell die gleichen Spielsachen (und Entwicklungsschritte) wie seine Vorgänger-Generationen. Gleichwohl erzielt die Spielwarenindustrie mehr als die Hälfte ihres jährlichen Umsatzes mit Artikeln, die es im Vorjahr noch nicht gab. Ein Spielzeug, das es auf zwei bis vier Jahre Verkaufszeit bringt, gilt in der Branche schon als Klassiker.

Dieser Umstand, in Kombination mit einem eigenwilligen Kinderbild (das nicht mehr auf Höherentwicklung und aufs Erwachsenwerden zielt, sondern die kindischen, impulsiven Regungen des kleinen Kunden perpetuieren möchte), bringen immer wieder Produktideen hervor wie *Baby Alive*, eines der »Hot Toys« des Jahres 2008 von der Firma Hasbro. Diese Puppe kann nicht nur ihre Windeln vollpinkeln, sie gibt auch – Verzeihung – Plastikkacke von sich. Das sei Teil ihres »Wow«-Faktors, sagte die zuständige Produktmanagerin in einem Zeitungsinterview: »Für uns ist dieses Pinkeln und Kacken einfach magisch. Sicher, als Erwachsene mögen wir einen gewissen Widerwillen empfinden. Aber es ist so magisch und so lustig und so herzergreifend albern für die kleinen Mädchen.« Es ist ja wirklich ein Vorteil, dass die Windelentwöhnung von Babys heute freundlich, unverklemmt und ohne Dressur stattfindet. Aber es bleibt doch ein Ziel, Kindern beizubringen, dass man mit den eigenen Ausscheidungen in der Regel nicht spielt. Dass sie den Menschen peinlich wurden und dass man Mitmenschen nicht mit ihnen belästigte, war ein zivilisatorischer Fortschritt. Was ist gewonnen, wenn ein Spielzeug diese Peinlichkeitsschwelle unterwandert? Soll das wiederum die Botschaft vermitteln: Für die spießigen Erwachsenen gelten andere Maßstäbe? In eine ähnliche Kategorie wie Baby Alive fällt das Spiel »Kackel Dackel«, das sogar für einen deutschen Spielzeugpreis nominiert wurde: In diesem Spiel gilt es, die Hinterlassenschaften eines Plastikdackels zu beseitigen. »Knuddel ihn, füttere ihn und geh mit ihm spazieren«, feuert die Werbung an, »und sammle seine Häufchen auf, ohne dich zu genieren.« Aber Sich-genieren-Lernen ist eigentlich etwas Gutes, ein Empfindungsmodus, der das Zusammenleben leichter macht.

Im Zentrum der Spielzeugmacht

In der Europazentrale von Toys'R'Us spreche ich mit Wolfgang Link, dem Europachef des Konzerns, über Spielen und Spielzeug. Wir sitzen in der Kölner Unternehmenszentrale, die sich in einem Gewerbegebiet hinter einer Coca-Cola-Abfüllfabrik befindet. Es ist ein vergleichsweise seelenloses Gebäude aus Glas und Beton, hier und da sind Spielzeuge ausgestellt, auch das Giraffen-Maskottchen des Unternehmens, doch insgesamt ist der Eindruck nüchtern. Dies ist nicht die zauberhafte Werkstatt eines Spielzeugmachers, in der die Dinge nachts zum Leben erwachen könnten, hier geht es um Businesspläne, Bilanzen und Verkaufsstrategien.

Gleichwohl wirkt Wolfgang Link, Vater eines Sohnes und einer Tochter, nicht unbedingt wie jemand, der gewalthaltiges Spielzeug gutheißt oder den kindlichen Geschmack korrumpieren will. Wie viele Profis des Spielzeug- und Kinder-Unterhaltungsbereichs macht er einen sympathischen Eindruck und weist vorsorglich darauf hin, dass *seine* Kinder ganz friedlich aufwüchsen. Das beliebteste Toys'R'Us-Produkt bei ihm zu Hause sei ein Ball für 99 Cent. Seine Tochter sei eine richtige Leseratte. Und ansonsten sei es natürlich die Aufgabe der Eltern, für einen förderlichen Mix im Kinderspiel – Spaß, Anregung der Fantasie, Verlieren lernen, Motorik und Bewegung – zu sorgen. Beide Argumentationsfiguren – *meine* Kinder sind okay, und was gekauft wird, bestimmen die Eltern – ziehen sich wie ein roter Faden durch die Gespräche mit denen, die an Kinder verkaufen wollen. Es ist eine Immunisierung gegen Vorwürfe. Gegen den Vorwurf, dass viele Kinder eben *nicht* okay sind und dass vielen Familien die Kraft fehlt, sich gegen die ausgeklügelten Strategien der Bedürfniserzeugung zu wehren.

Wie blicken Sie auf die Zukunft Ihrer Branche, Herr Link? Was haben wir zu erwarten? Echte Revolutionen im Spielzeugbereich seien selten, antwortet der Toys'R'Us-Europachef, und deshalb würden vermutlich vier Dinge passieren: Erstens würden klassische Spielwaren wieder und wieder variiert werden – Carrera-Bahn digital statt analog, Barbie im neuen Gewand, Playmobil-Pyramide statt -Piratenschiff. Zweitens werde die elektronische Welle weiterhin in die Kinderzimmer schwappen, die allgemeine Entwicklung der Gesellschaft gehe in diese Richtung, und die Kinder hätten eine natürliche Nähe zur Technik. Drittens würden edukative Spielsachen an Boden gewinnen, weil Eltern sich anscheinend mehr Gedanken über frühkindliche Förderung machten. Viertens werde der Markt immer stärker getrieben sein von Lizenzthemen. Der Erfolg künftiger Spielsachen werde davon abhängen, dass es einen Film dazu gibt, ein Buch, Produkte wie Bettwäsche oder Sammelkarten oder Zeitschriften. Besonders erfolgversprechend seien Trends, die über den Pausenhof verbreitet würden, die man, wie zum Beispiel die Pokémon-Produkte, sammeln oder tauschen könne.

Noch ist dieses »virale Marketing«, das direkt über Einflussagenten in der Zielgruppe funktioniert, hierzulande weniger weit verbreitet als beispielsweise in den USA. Und deutsche Eltern scheinen immer noch recht skeptisch zu sein, wenn es ums *cross merchandising* geht, um die Umzingelung des Kindes mit Spielwaren und deren medialen Ablegern. Die USA seien da weiter als wir, sagt Wolfgang Link. In

Amerika machen Lizenzprodukte schon 25 Prozent des verkauften Spielzeugs aus, in Deutschland sind es nurmehr 17 Prozent.

Aber dagegen kann ja etwas getan werden. Mit Filmproduzenten wie Lucas Films (Star Wars) oder Disney (zum Beispiel, wenn es um das populäre Sitcom-Popsternchen Hannah Montana geht) sitzen Manager wie Link mehr als ein Jahr vor dem Start eines Films zusammen. Mit den Fernsehprogrammchefs und Redakteuren von Kindermagazinen beraten sie, welche Produkte zum Film gut laufen, wie Werbebeilagen und Verkaufsaktionen für den Handel aussehen könnten.

Was aber ist, wenn Eltern ihre Kinder vor dieser multimedialen Belagerung beschützen wollen? Kann Wolfgang Link sich eine spielzeugrebellische Gegenbewegung vorstellen, eine Kinder-Konsum-Verweigerungsfront? Möglich sei das, meint er, aber es sei schwer zu sagen, wie groß sie wäre. Heutzutage müsse man jedenfalls eine Art Aussteiger sein, um dem Angebot gänzlich zu entgehen.

Siebenmal Shoppen mit Barbie

Schauen wir uns die vier Trends, die der Spielzeugfachmann genannt hat, im Einzelnen an. Für die thematische Variation bereits bekannter Spielwelten lässt sich leicht ein unfreundlicheres Wort finden: programmierte Überflüssigkeit. Wenn es stimmt, dass ein gutes Spielzeug zu 90 Prozent Kind und nur zu zehn Prozent Spielzeug ist, dann bilden die thematischen Neuerungen lediglich einen Kaufanreiz; der Akt des Auspackens beginnt das eigentliche Spiel zu ersetzen. Es ist nicht ungewöhnlich für kleine Jungen, ihren Freunden stolz im Lego-Katalog zu zeigen, welche Spielsets – von Star Wars über die Power Miners bis zu Atlantis oder den Ninjas – sie schon besitzen, welche sie sich noch wünschen. Der Firma Mattel gelang es, so berichtet eine amerikanische Zeitung, im Jahr 2003 sage und schreibe sieben Barbie-Sets mit einem Verkaufs-Thema auf den amerikanischen Markt zu bringen: »Let's Grocery Shop«-Barbie; »Toy Store«-Barbie; »Sweet Shopping«-Barbie; »Shop & Style Fashion«-Barbie; »Beauty Parlour«-Barbie; »Chic Shoe Store«-Barbie und »Donut Shop«-Barbie. Muss man die nun alle besitzen, um »Einkaufen« spielen zu können? Bringen alle Mädchen ihre Sets mit zur Verabredung und spielen »Einkaufszentrum«?

Oder könnte, wenn tatsächlich noch richtig gespielt würde, eine, sagen wir: »Malibu Surf Club«-Barbie ebenso gut einkaufen gehen und (um beim bereits eingeführten Beispiel zu bleiben) kleine weiße Kieselsteine erwerben, etwa als Edelsteine? Das würde nicht gut funktionieren. Es gehört zur psychologischen Eigenart der diversen Spielesets, dass sie schlecht kombinierbar sind und dass ihre Besitzer nach Perfektion und Vollendung streben – dazu jedenfalls werden sie von der Werbung ermutigt. Kindheitsforscher wie Susan Linn beschreiben immer wieder, wie Kinder sich den »Scripten« unterwerfen, die den Sets eingeschrieben sind, und große Schwierigkeiten haben, zum Beispiel anders zu bauen, als auf der Packung vorgeschlagen wird. Zudem vermittelt das Sammelmotiv den Zwang zur Vollständigkeit – und damit eine unterschwellige Botschaft: Sei nie zufrieden mit nur einem von seiner Sorte! Wenn »Chic Shoe Store«-Barbie langweilig geworden ist (vermutlich etwa in dem Moment, in dem man ihre High Heels alle paarweise geordnet hat), muss die Donut-Barbie her.

Fast prophetisch vorhergesehen hat diese Entwicklung der Kinderbuchautor Michael Ende. Die berühmte Szene aus *Momo* (1973), in der die Heldin des Romans auf »Bibigirl, die vollkommene Puppe« trifft, ist oft zitiert worden, aber es lohnt sich, sie noch einmal genauer zu betrachten. *Momo* ist eine dystopische Erzählung für Kinder, das Schreckensbild einer kapitalistischen Gesellschaft, die nicht Demokratie und menschenwürdige Lebensverhältnisse verwirklichen will, sondern einem blinden, seelenlosen Effizienzglauben anhängt. Es ist schwer, sich die Vorzeichen eines solchen Klimas in den Zeiten von Sozialstaatsoptimismus und Willy-Brandt-Euphorie vorzustellen, aber dreißig Jahre später kommt einem die Stimmung bedrohlich vertraut vor.

Die Träger der »Wachstum-um-jeden-Preis«-Ideologie in *Momo* sind die *grauen Herren*, die den Menschen die Zeit stehlen und sie, um materieller Belohnung willen, in ein immer engeres Korsett von Arbeit und Gefügigkeit zwängen. Auf dem Weg zur 24-Stunden-Arbeitsgesellschaft sind ihnen Kinder mit ihrer Spontaneität und ihren unstrukturierten Spielbedürfnissen im Weg – und ganz besonders Momo, die den Entwurf eines menschlich-zugewandten, nicht-materialistischen Lebensstils verkörpert. Also muss Momo Zielgruppe werden! Wenn sie geknackt ist, kann der Fortschritt seinen Lauf nehmen. Deshalb traktieren die grauen Herren Momo mit »Bibigirl«, einer überdimensionalen, barbieartigen Sprechpuppe, die genau drei Sätze sagen kann, erstens: »Ich bin Bibigirl, die vollkommene Puppe.« Zweitens: »Alle beneiden dich um mich.« Drittens: »Ich möchte noch mehr Sachen haben.« Momo versucht, auf dieses »interaktive« Spielangebot einzugehen, sie bietet Bibigirl eine bunte Feder an, einen schön gemaserten Stein, ein Stückchen buntes Glas, eine rosafarbene Muschel. Aber die Puppe wiederholt nur immerzu ihren Text – sie kann ja nichts anderes. »Momo versuchte es mit einem anderen Spiel, und als auch das misslang, noch mit einem anderen und noch einem und noch einem. Aber es wurde einfach nichts daraus. Ja, wenn die Puppe gar nichts gesagt hätte, dann hätte Momo an ihrer Stelle antworten können, und es hätte sich die schönste Unterhaltung ergeben. Aber so verhinderte Bibigirl gerade dadurch, dass sie redete, jedes Gespräch. Nach einer Weile überkam Momo ein Gefühl, das sie noch nie zuvor empfunden hatte. Und weil es ihr ganz neu war, dauerte es eine Weile, bis sie begriff, dass es die Langeweile war.«

Der graue Herr, der am Rande des Geschehens lauert, erklärt Momo mit der Freimütigkeit eines realen Marketing-Experten, wie sie diese Langeweile zu füllen hat: nämlich indem sie Bibigirl mehr und mehr und mehr Sachen verschafft. Nerzmäntel, Skianzüge, Nachthemden, Golfschläger, Parfümfläschchen, Badesalz, Körperspray, ein kleines Scheckbuch ... Und natürlich brauchen Bibigirls Freunde, die auch zu ihrem Zubehör gehören, eine vergleichbar aufwendige Ausstattung.

Es ist eine Szene der Versuchung, aber für Momo, die Menschen und Geschichten liebt, hat die tote Warenwelt keinen Reiz. Es ist auch eine Szene der Bedrängnis: »Momo fühlte dunkel, dass ihr ein Kampf bevorstand, ja dass sie schon mittendrin war. Aber sie wusste nicht, worum dieser Kampf ging und nicht gegen wen.« Tatsächlich ist es ein Kampf um ihre Unabhängigkeit, um ihre Fantasie, um ihre Fähigkeit, mit einer bunten Feder zu spielen. Ende lässt Momo durchhalten, an dieser Stelle einmal optimistisch: Sie lehnt die Puppe und all ihre Sachen ab. »›Was denn, was denn?‹, sagte der graue Herr und zog die Augenbrauen hoch. ›Du bist immer noch nicht zufrieden? Ihr heutigen Kinder seid aber wirklich anspruchsvoll.‹« Auch dieses Zitat könnte aus der aktuellen, wirklichen Diskussion mit Spielwarenvermarktern stammen: Erst schafft man mit aller Macht sinnlose Bedürfnisse, dann spricht man von Kundenwünschen.

Bibigirl ist ganz offensichtlich Barbie, aber sie ist auch Prinzessin Lillifee, die Diddl-Maus, sie ist Pokémon und Hannah Montana und die Bakugan Battle Brawlers und Star Wars und alles, was seine Funktion in der Sammelbarkeit erschöpft.

Spielzeug austricksen

Das heißt nicht, dass man nicht auch mit den geplant überflüssigen Spielwaren kreativ spielen könnte. Ich beobachtete einen Sechsjährigen, der zunächst sehr mechanisch (und für Erwachsene nervtötend) mit seiner Bakugan-Kugel umging: Er warf sie zu Boden, sie transformierte sich in ein Monster, er klappte das Monster wieder zur Kugel zusammen, die er zu Boden warf ... Die Battle Brawlers haben eine – wenig intelligente – Funktion und Geschichte: transformieren und kämpfen. Kinder befolgen zunächst die offizielle – langweilige – Spielanleitung, aber natürlich kann man die Absichten des Herstellers unterlaufen. Ich fragte nach dem Namen des Untiers, bekam zunächst die offizielle Bezeichnung genannt, die die beiliegende Sammelkarte vorschrieb (beides stammte aus einer »Wundertüte« mit verschiedenen Spielsachen). Wenig später aber hatte sich der Junge schon selbst einen neuen Namen für das Ungetüm ausgedacht. Wir überlegten, was so ein Wesen wohl essen würde und wo es schlafe. Am Abend sah ich, dass das Monster liebevoll ins Bett gebracht worden war und dass sein Besitzer es behutsam in ein Taschentuch gewickelt hatte. Das entsprach nun nicht mehr ganz der überwiegend kampforientierten Story der Battle Brawlers. Gut! Aber ich glaube, dass Kinder bei der Überwindung der vorgegebenen Spiele-Skripte oft die aktive Hilfe von Erwachsenen brauchen – und dass sie diese zu selten bekommen. Zum einen, weil den meisten von uns die Zeit fehlt, um viele Stunden lang alternative Monster-Szenarien zu entwerfen. Und zum anderen, weil die künstlichen Spielwelten, gerade durch ihre häufig groteske, pseudokindgerechte Anmutung, den Grundsatz »kids only« nahelegen: Achtung, hier ist etwas, womit sich Erwachsene nicht beschäftigen sollten! Aber in dem Maße, in dem sich die Normspielsachen nicht aus dem Leben unserer Kinder heraushalten lassen, sollten Erwachsene genau das eben doch tun.

Lernt, was das Zeug hält

Der Trend zum elektronischen und der Trend zum edukativen Spielzeug muss man im Grunde zusammen betrachten. In beiden Bereichen wird großer Wert auf das Stichwort »Interaktivität« gelegt. Mein schaurigstes elektronisches, interaktives, womöglich sogar edukativ gemeintes Spielzeug der vergangenen Jahre war ein »Beschütze-mich-Engelchen« im Vertrieb der Firma smARToys. Es handelt sich um einen knienden Plüschbären mit Flügelchen, Heiligenschein, geschlossenen Augen und gefalteten Pfoten. Der Werbetext lautet: »Falte die magischen Hände des freundlichen Beschütze-mich-Engelchens, dann spricht es mit süßer Kinderstimme abwechselnd ein Morgen- und ein Abendgebet. Zusätzlich kannst du immer wieder deine ganz persönliche Botschaft aufnehmen und beliebig oft abspielen. Das Herzchen und der Engelchenschein speichern Lampen- und Tageslicht und leuchten im Dunkeln. Es ist aus weichem, glitzerndem Nikiplüsch. Batteriebetrieben. 22 cm goß.«

Auf seine naive (oder zynische?) Art illustriert das Engelchen einen Mega-Trend des elektronischen Spielzeugs: Es vereinzelt. Es ersetzt andere Kinder, aber auch immer mehr gehetzte Eltern. Nun scheint es mir einigermaßen unglaublich, dass Eltern, denen dieses religiöse Ritual wichtig ist, nicht gemeinsam mit ihren Kindern beten, sondern diese Aufgabe an ein programmiertes Plüschtier delegieren. Man kann nur hoffen, dass wenigstens Gott die Bänder abhört. Tatsächlich ist der Bär genauso wenig interaktiv wie Bibigirl, denn das Kind kann zwar seine Gebetsbotschaft aufsprechen, aber es bekommt keine Antwort, es spricht ins Leere. Und darin liegt auch die große, mutwillige Falschaussage der meisten »interaktiven« Spielzeuge: der kindliche Spracherwerb funktioniert nicht allein übers Hören und (verständnislose) Nachsprechen. Der Akt des Sprechens kann nicht von der Bedeutung der Worte getrennt werden, und diese Bedeutung erschließt sich aus dem Kontext, aus Mimik und Gestik eines lebendigen Menschen, der wirklich auf das reagiert, was das Kind zum Ausdruck bringt. Die meisten »interaktiven« Spielsachen tun etwas – und zwingen das Kind in eine reaktive Haltung. So lassen sich aber keine kreativen Sprechakte provozieren – ebenso wenig, wie ein Kind allein durchs Zuschauen lernt. Kinder lernen die grundsätzlichsten Dinge des Lebens durchs Selbst-Tun: Sie lernen, dass ein Bauklotz hinunterfällt, wenn man ihn loslässt. Sie lernen, dass ein Glas umkippt, wenn man es stößt. Sie begreifen, dass ein Erwachsener, der hinter einem Kissen verborgen ist, deshalb nicht verschwunden ist. Kein Bildschirm kann ihnen diese Erfahrung liefern.

Gleichwohl ist es den Herstellern elektronischer Produkte der unterschiedlichsten Art – von Badewannenfischen mit blinkenden Flossen bis hin zu Konsolenspielen – auf faszinierende Weise gelungen, ihre Waren mit dem Nimbus des Fortschrittlichen und Förderlichen zu umgeben. In der Wissensgesellschaft, so das von Bildungspolitikern oft wissentlich oder unwissentlich unterstützte Credo, ist praktisch jeder Bildschirm ein Lernort, ist eLiteracy eine »Zukunftsfähigkeit« und sind die jungen Leute, die eine Internet-Petition anklicken, die Vorboten einer neuen Demokratieform. Der Digitalismus ist eine eigenartige Idee, die sich wenig um Inhalte oder tatsächliche Lernerfolge kümmert, sich gleichzeitig aber gewiss ist, ohne »neue Medien« könne in der Zukunft niemand bestehen. Das ist ohne Zweifel richtig, nur stellt sich die Frage, ob Eltern und Schule den kritisch-distanzierten, technisch-souveränen Umgang mit diesen Medien lehren sollen – oder nur ihre Bedienung.

Die Präsenz vieler technischer Geräte – Elektroherd, Fernsehapparat, Radio, Kühlschrank – im Haushalt stellt für Kinder ohnehin ein Lernproblem dar: Während ein Holzfeuer im Küchenherd oder Eisklötze im Kühlkeller relativ konkret und einfach als Hitze- oder Kältequellen zu begreifen waren, werden die Maschinen, die uns heute umgeben, immer abstrakter. Warum kann man denn nun mit einem Elektroherd kochen? Wie funktioniert ein CD-Player? Wer nicht gerade Elektrotechnik studiert hat, wird sich schwertun, diese Frage seiner Kinder zu beantworten. Insofern kann es natürlich auch nicht das Lernziel von Computerunterricht sein, die Google-Suchmaschine zu bedienen oder eine Webseite zu gestalten – vielmehr müsste es darum gehen zu erfahren, wie man *programmiert*, um eine Webseite *gestaltbar* zu machen. Und wie es das googlesche Rechenverfahren (der Algorithmus) anstellt, genau die für mich persönlich interessanten Antworten auf eine Suchanfrage zu geben.

Doch das ist einstweilen Spezialistenwissen, das mit dem elektronisch-edukativen Alltag wenig zu tun hat. In dem geht es meist um bloße Anwendungen und Lernprogramme, die irgendetwas anderes trainieren sollen – Englisch, Mathematik, Rechtschreibung. Darunter mögen im Einzelfall didaktisch durchdachte Übungen sein, die die Interaktion zwischen Schüler und Lehrer oder unter Schülern sinnvoll ergänzen. Aber um sie gewinnbringend nutzen zu können, ja um überhaupt irgendeiner Art von Unterricht zu folgen, muss ein Kind schon sehr viel gelernt haben – und für nichts davon braucht es elektronische Unterstützung.

Die Propaganda der Elektroniklobby war allerdings so erfolgreich, dass viele Eltern glauben, ihre Kinder vom frühsten Alter an mit Bildschirmen umgeben zu müssen. Den bisherigen Tiefpunkt dieser Entwicklung stellt womöglich der (bei uns bisher nur im Internet angebotene) *Magic Moments Learning Seat* der Firma Leapfrog dar – ein Babywipper mit eingebautem Bildschirm, vor dem das Kind festgeschnallt wird. Haut es, absichtlich oder zufällig, mit seinen Fäustchen auf große Plastikknöpfe, dann erklingen Geräusche, und es erscheinen Bilder auf dem Schirm. Effektiver kann man keinen Schleier zwischen Kind und Welt einziehen. Zudem entwickeln Kinder, denen stets auf Knopfdruck ein Reiz geboten wird, keinerlei Strategien, um sich zur Not auch für kurze Zeit selbst beschäftigen zu können: Was also vielleicht kurzfristig nach Bequemlichkeit aussah (wenn man schon das Frühfördergesäusel nicht glaubte), rächt sich nachher in Form eines zappeligen, unkonzentrierten, ständig auf »Empfang« eingestellten Kleinkindes. So erzieht man Menschen schon früh zu »Fantasie«- vielleicht auch nur noch zu Reizkonsumenten.

Die tanzende Musikkugel

Besonders bunt treibt es die deutsche Firma Vtech aus Filderstadt mit ihren edukativ-elektronischen Spielsachen. Sie will die besorgten Mittelschichtseltern ansprechen, die glauben, ihr Kind von Geburt an auf Weltmarkt-Konkurrenzfähigkeit trimmen zu müssen. Die Kommunikationsagentur fischerAppelt, die diese Zielgruppe gut kennt, hat Vtech einen Werbeprospekt gestaltet, der Allgemeinplätze der kindlichen Entwicklung als »wissenschaftlich erwiesen« anpreist – um dann das richtige Vtech-Lernspielzeug zu empfehlen. Dort heißt es zum Beispiel: »Die ersten Monate im Leben Ihres Kindes gleichen einem Wunder: Mit seinen kleinen Händchen ertastet es neugierig seine Umwelt. Neugeborene besitzen einen Greifreflex. Erst ab dem vierten Monat lernen sie, etwas bewusst in die Hand zu nehmen und festzuhalten. Das ist die Voraussetzung, um gegen Ende des ersten Jahres nach kleineren und feineren Gegenständen greifen zu können.« Richtig. Und was heißt das nun für Sie als Eltern: Sollen Sie Ihrem Kind rauen Frotteestoff und weiches Leder zu greifen geben, einen glatten Plastikball und hölzerne Kochlöffel, eine Gummibürste und später vielleicht einen Topfdeckel, mit dem es auch noch Krach machen kann? Oh nein. Die optimale Förderung der Motorik erreichen Sie mit der tanzenden Musikkugel: »Die tanzende Musikkugel hilft Ihrem Kind dabei, seine Fingerfertigkeit und Koordination zu verbessern … Durch den eingebauten Motor bewegt sie sich von selbst. Mit ihrer tanzenden Bewegung wird sie die Aufmerksamkeit der Kleinen sofort auf sich ziehen. Einmal in den Händen, gibt es viel zu entdecken. Die bunten und blinkenden Tier- und Formentasten regen ihr Kind dazu an, sie zu drücken oder zu schieben. Damit trainiert es, mit den Augen wahrzunehmen und seine Handbewegungen darauf abzustimmen. Fröhliche Kinderlieder und Melodien schulen zugleich das musikalische Gehör.«

Nun gut, Eltern könnten wahrscheinlich auch selbst etwas singen und einen Ball vor ihren Babys auf- und abrollen. Aber vermutlich fiele ihnen das Blinken schwer. 52 Artikel bietet allein der Vtech-Baby-Katalog, darunter ein Bärchen Gute Nacht Licht (»begleitet mit vielen beruhigenden Geräuschen das Einschlafen. Mit Deckenprojektion«) über das Kuschel-Fon pink (»aus weichem Material. Spricht Tiernamen, Zahlen und Farben«) bis zum Spiel- und Laufwagen (»mit Musiktasten und Elementen zum Drehen und Drücken«). Nichts soll in dieser Welt mehr in der Stille stattfinden, nicht einmal das Einschlafen. Alles klingelt, blinkt, spricht und singt – aber auch das Kind? Vermutlich ohne es beabsichtigt zu haben, bilden die Produktentwickler von Vtech die Kindheit als wahre Medienhölle ab: Da gibt es den »ersten Laptop« (ab 12 Monaten); das Singspaß Mikrofon (mit dem 18 Monate alte Kinder – *Anderthalbjährige!* – mutmaßlich so herumhüpfen sollen wie ihre eigenen Mütter vor Singstar), und natürlich all die Lernrasseln, Mobiles und Lernspaß-Center, die Mediencharaktere wie Hello Kitty oder Disneys Winnie Puuh zum Thema haben. »Mit allen Sinnen lernen«, lautet der Slogan der Firma.

Lustmomente und Belohnung

Ans Edukative sippen sich auch gern die Hersteller von elektronischem Spielzeug für Ältere an. Als ich die deutsche Nintendo-Pressestelle in Frankfurt besuche, schwärmt die (übrigens reizende) Pressesprecherin von Nintendos intelligenzförderndem Programm »Gehirnjogging«. Über dessen segensreichen Einsatz im Mathematikunterricht einer hessischen Hauptschule berichtet auch die Nintendo-Broschüre *Lernen mit einem Lächeln*. Dieses Werbemittel ist durchdrungen von einer Haltung, die uns schon begegnet ist und die überspitzt so ausgedrück werden könnte: Die Schule, so wie sie ist, entspricht den Kindern nicht; und Lernen könnte ersetzt werden durch irgendeinen anderen angenehmeren Vorgang, der keine Anstrengung bedeutet. Das ganze Magazin wirbt für den Einsatz von Spielkonsolen im Unterricht: »Bis heute gibt es nur wenig Studien und Forschungsergebnisse zu dem Thema. Noch weniger Darstellungen existieren über den konkreten Einsatz von Videospielen im schulischen Umfeld. Dennoch unterstreichen Analysen von Pädagogen und Psychologen, dass das Lernen mit digitalen Spielen eindeutig positivere Einstellungen zum Lernen hervorruft als das Lernen auf konventionelle Weise. Beispielsweise erfahren Schüler eine gesteigerte Motivation beim ›spielgestützten‹ Lernen durch das Erleben von Lustmomenten und Belohnung.«

Nun ist die »Einstellung zum Lernen« noch nicht das Gleiche wie der tatsächliche Lernerfolg – aber ich bin zuversichtlich, dass Nintendo »Psychologen und Pädagogen« auftreiben wird, die auch Letzteren herausforschen können. Die Pressesprecherin schenkt mir eine Nintendo DS-Konsole und viele Spiele, für die Kinder (und schenkende Erwachsene) im Laden viel Geld ausgeben müssten. »*Playing is believing*« zitiert sie einen Slogan des Konzerns: Erst im Selbst-Spielen erschließt sich die Schönheit der Produkte. Ich mache mich also über »Style Boutique« her – denn noch ist es wohl so, dass Nintendo in freier Wildbahn mehr Geld mit echten Spielen als mit Lernmitteln verdient.

Style Boutique ist ein Spiel, das sich explizit an Mädchen wendet. Man bastelt seinen Charakter zusammen (allerdings sind keine fetten Mädchen im Angebot). Danach geht man von seiner Einzimmerwohnung in die Style Boutique, wo man als Aushilfsverkäuferin anheuert. Zunächst bekommt man ein paar Erklärungen von der (potenziell strengen) Chefin des Ladens, dann erhält man eine erste, leichte Aufgabe: Für eine Kundin soll man eine Jeans oder einen Rock aussuchen. In der Warenkategorie steht nicht viel zur Verfügung, man kann praktisch nichts falsch machen. Die Kundin geht in die Umkleidekabine, zieht – ritsch – den Vorhang zu, dann kommt sie wieder heraus, dreht sich im Kreis, sagt schwärmerisch: »Oh, das gefällt mit ausgezeichnet! Das nehme ich«, zieht sich wieder um, tätigt den Kauf (der unser Konto mit Kommission füllt) und verlässt den Laden. Man wird von der Chefin gelobt, eine neue Kundin betritt den Laden, man soll für sie ein Kleid zum Ausgehen aussuchen, auch das gelingt, Lob von der Kundin, Cash auf dem Konto, Lob von der Chefin.

Nach einiger Zeit wird eine strategische Komponente eingeführt: Ab und zu muss man zur Messehalle, um neue, stylische Artikel zu ordern – sonst kann es einem passieren, dass das Lager leer ist. Dann gibt es kein Lob von der Kundin und kein Lob von der Chefin. Und Lob gibt es auch dann nicht, wenn man falsch berät, etwa weil man einen modischen Fachbegriff nicht kennt: Dann wird eine kleine Lektion zum Auswendiglernen eingeschoben. Faszinierend ist die Vorstellung, dass Mädchen, die sich im wirklichen Leben immer weniger sagen lassen, es offenbar klaglos erdulden, dass ein Spiel ihnen pausenlos in barschem Ton Befehle erteilt – und dass es ihnen »Lustmoment und Belohnung« genug ist, nach jeder Einzelaktion ein schematisches Lob zu bekommen.

Als ähnlich autoritär empfand ich auch die Professor-Layton-Spiele, die man mir bei Nintendo als »spannend« und pädagogisch wertvoll ans Herz gelegt hatte. Professor Layton und sein Assistent machen sich, im Stile eines klassischen Detektiv-und-Assistenten-Paares, auf den Weg, um das Geheimnis des Dorfes Saint-Mystère zu erkunden. Auf ihrem Weg müssen sie, um voranzukommen, zahlreiche Rätsel lösen – Denksport- und Logikaufgaben, die mit der Geschichte rein gar nichts zu tun haben. Eine kreative Betätigung ist in einem solchen Spiel einfach nicht möglich, es ist eine reine Frage von Befehl und Gehorsam und hat etwas von Dressur: Aber zweifelsohne lernt man auch dabei etwas. Gleichzeitig »funktionieren« diese Spiele durchaus – man empfindet ausgesprochene Unlust dabei, eine Aufgabe nicht zu erfüllen oder vorzeitig abzubrechen. Ganz offensichtlich üben die Spiele einen Zauber aus – vielleicht weil der Spieler in einen eigenartigen Zustand zwischen Konzentration und Leere schwebt.

Was sagen Spielzeugexperten zum Thema Elektronik im Kinderzimmer ? Unter anderem, dass sie deshalb attraktiv sei, weil man damit auf sehr geringem Raum – etwa wartend am Flughafen – spielen könne: »Traditionelles Spielzeug ist statisch, man braucht Fantasie dazu. Nintendo hört man, sieht man, das macht den Reiz aus.« Nach meinem mehrstündigen Selbstversuch kann ich dem zustimmen (und sehr viel reizvoller muss es sein, wenn man die, was Schnelligkeit und Konzentration angeht, weit anspruchsvolleren Spiele wie Pokémon Platin beherrscht). Aber letztlich bewegt man sich in einer vorfabrizierten Reiz-Reaktions-Welt, in der selbst mögliche Umwege berechnet und vorgeplant sein müssen.

Seid ihr die Guten? Ein Besuch bei Lego

Wohin wendet man sich auf der Suche nach Alternativen? Auf der Suche nach Spielzeug, das die Fantasie nicht einengt, sondern befreit und mit dem die meisten Eltern in Deutschland ein freundliches Kinderbild verbinden dürften? Ich fahre zur Firma Lego nach Billund im dänischen Jütland. Billund liegt etwa anderthalb Autostunden hinter der Grenze, inmitten einer sanft gewellten Agrarlandschaft. Hier stehen die modernen, weitgehend automatisierten Produktionshallen des fünftgrößten Spielzeugherstellers der Welt – drei riesige Lego Duplo-Steine weisen den Weg zum Werkseingang. Viele Milliarden Legosteine haben die Dänen seit 1947 weltweit verkauft; 12 Milliarden Kronen Umsatz machte das Unternehmen 2010.

Billund ist ein recht verschlafener kleiner Ort mit 6000 Einwohnern, der naturgemäß von dem Spielzeugriesen und größten lokalen Arbeitgeber dominiert wird. In der Innenstadt findet man das frühere Haus des Tischlers und Firmengründers Ole Kirk Christiansen. Es ist jetzt ein privates Museum für die Gäste des Konzerns. Dort sind ausschließlich Lego-Spielzeuge ausgestellt, und diese dokumentieren geradezu paradigmatisch die Entwicklung von Spielzeug und Spielzeugproduktion, von Christiansens frühen Holzenten auf Rollen, seinen Jojos und Treckern, die in einem kleinen Handwerksbetrieb hergestellt wurden, zu den hochtechnisierten »Mindstorm«-Sets aus heutiger industrieller Fertigung. Wer durch das Museum wandert, trifft viele Bekannte aus der eigenen Kinderzeit: die klassischen Duplo-Steine. Die batteriebetriebene Legoeisenbahn mit blauen Schienen. Die ersten kleinen Legomännchen noch völlig ohne Rolle, dann Piraten, Polizisten und Bauarbeiter. Allmählich gelangt man in die Themenwelten: zu Disney, Star Wars, Harry Potter, zu den Power Miners, nach Atlantis. Lego produziert etliche Themen in Lizenz, arbeitet aber, wie bei den Power Miners, die unter der Erde nach wertvollen Kristallen forschen und dabei von Monstern bedroht werden, auch oft mit eigenen Geschichten. Am Ende der Entwicklung stehen die bereits erwähnten Mindstorm-Produkte – programmierbare Roboter, die höchst komplizierte Dinge tun können und ihren Konstrukteuren einiges abverlangen. Lego organisiert jährliche Mindstorm-Meisterschaften. Außerdem versucht das Unternehmen, mit Lego-Themen auch in den Markt der digitalen und der Online-Spiele einzudringen. In einem Nebenraum des Museums, einer Art begehbarem Giftschrank, zeigen die Ausstellungsmacher zahlreiche internationale, vor allem asiatische Plagiate ihrer Produkte. Kein Zweifel, Lego ist eine weltweit angesehene Spielzeugmarke, ein Qualitätsprodukt. Aber hat Lego nicht, seit der Erfindung des ersten Steins (die tatsächlich eine der seltenen Revolutionen in der Spielzeugwelt darstellte) einen ganz ähnlichen Weg genommen wie so viele andere, weniger angesehene Vertreter der Spielzeugwelt? Vom einfachen, beliebig kombinierbaren Systembaustein, mit dem Kinder Paläste und Hochhäuser, Zoos und Burgen ganz frei erdenken und bauen konnten, über die hoch determinierten Themenwelten (deren Skripte schon viel schwieriger abzuwandeln sind) bis hin zum elektronisch hochgerüsteten Schnickschnack? Wie verträgt sich das mit den zehn Geboten des Firmengründers, die im Museum aushängen und unter anderem fordern, mit Lego müsse ein Kind »endlose Stunden lang« spielen können, Lego wolle das »gesunde und stille Spiel« fördern, und die »Fantasie, Kreativität und Entwicklung der Kinder«?

Wie sich das verträgt, erklärt Niels Sandahl, Marketing-Direktor bei Lego. Woran liegt es nur, dass man Dänen immer sofort vertraut? Sandahl wirkt offen, geradeheraus, unkompliziert. Wir sitzen in einem lichtdurchfluteten Konferenz- und Verwaltungsgebäude des Konzerns, an einem hellen Holztisch. Es gibt Obst. Überall sind Lego-Modelle ausgestellt. Man möchte gern glauben, dass hier gesundes, förderliches Spielzeug erdacht wird. Wie steht es also um die Zehn Gebote, Herr Sandahl? Er lächelt dänisch-entwaffnend. »Die Zehn Gebote sind natürlich so etwas wie erwachsenes Wunschdenken«, sagt Sandahl, »so sollte es in einer idealen Welt sein.« Die reale Welt hingegen ist bestimmt von Tempo und Innovationswahn. »Im Geschäft hat Ihr Produkt höchstens fünf Sekunden Kontakt mit dem schweifenden Blick des Kunden.« Da müsse man in der Botschaft schon sehr klar und pointiert sein, sagt Sandahl, »und alles, was blinkt, nimmt nun einmal die Aufmerksamkeit gefangen«.

Muss Lego sich also auch dem Trend zur blinkenden Pseudo-Interaktivität anschließen? »Wir machen es nur, wenn es dem Spielzeug echten zusätzlichen Nutzen verleiht«, versichert Sandahl: »Elektronik ist wahnsinnig teuer, Sie können sich gar nicht vorstellen, was es kostet, einen Legostein als Ton- oder Lichtelement zu produzieren.« Der Einzelhandel werfe Lego durchaus vor, in dieser Hinsicht nicht offensiv genug zu sein. »Und der Einzelhandel ist ein hartes Umfeld. Die Händler wissen genau, was ihnen jeder einzelne Regalmeter einbringt. Wenn der Einzelhandel nicht an Sie glaubt, können Sie nicht gewinnen.«

Das Herz der Einzelhändler öffne man mit dem Stichwort »neu«, sagt Sandahl: Kaum ein anderer Markt dürste derart nach neuen Produkten und wolle dreimal im Jahr von der absoluten Einzigartigkeit einer Idee überzeugt werden. Die Kunden hingegen seien vergesslich, deshalb kauften sie auch wieder und wieder unbespielbares Elektronik-Spielzeug, mit dem die Kinder nicht recht etwas anfangen könnten. In dieser Konkurrenz muss Lego sich behaupten. »Das Problem ist auch, dass die Kinder keine Zeit mehr haben, um stundenlang zu bauen«, sagt Sandahl, »dieser Zeitnot müssen wir unsere Produkte schon ein Stück weit anpassen. Wir müssen ja nicht die Kinder überzeugen, die schon Lego besitzen und wissen, wie gern sie damit spielen, sondern diejenigen, die diese Erfahrung noch nicht gemacht haben.« Dieser Einschätzung verdanken vermutlich Kreaturen wie die »Bionicles« ihre Existenz, Geschöpfe, die sich aus vergleichsweise wenigen Steinen schnell zusammenbauen lassen und im Taschengeldbereich angeboten werden – wenn sie fertig sind, sind sie eben fertig und Monster, der Spiel- und Abwandlungswert ist begrenzt.

»Kulturelle Räume unterscheiden sich«, sagt Sandahl, »im angelsächsischen Sprachraum und in vielen asiatischen Ländern ist es üblich, dass Kinder sich nur kurz mit einer Sache beschäftigen und dann zur nächsten Aktivität driften. Es sind die Zentraleuropäer und besonders die Deutschen, die so viel Wert auf konzentriertes Spiel legen.« Die »deutsche Mum« sei praktisch der genialste Lobbyist für Lego, sagt Sandahl: »Sie ist für Konstruktionsspielzeug, sie ist für die soziale Aktivität des gemeinsamen Bauens. Lego entspricht ihrem Idealbild von Kindheit.«

Aber warum dann nicht beim Konstruktionsspielzeug bleiben? Warum all die Star Wars- und Harry Potter-Spielsets? »Kinder von heute wollen ein gutes Spielszenario«, sagt Sandahl: »Ihnen kommt es auf den inneren Film an. Ihre Fantasie ist eine großartige Sache. Hogwarts Castle, aber meinetwegen auch eine programmierte Sprechpuppe sind für sie nur ein Ausgangspunkt – und dann spielen sie weiter.«

Tun sie das wirklich? Oder spielen sie bloß Rollen nach, die die Drehbuchschreiber für sie festgelegt haben? Geht es beim Spielen nicht vor allem anderen darum, so zu tun als ob, darum, im Stock das Schwert sehen zu können? Sandahl glaubt das nicht: »Es geht doch nicht um den Stock im Schwert«, sagt er, »es geht um die Fantasiewelt, in der das Kind mit seiner Rolle experimentiert, mit Gewalt, mit Ungerechtigkeit.« Da werden wir uns nicht ganz einig.

Immerhin: Lego ist mit der elektronischen Ausstattung seiner Produkte tatsächlich vergleichsweise sparsam, und wo sie vorkommt, wie etwa bei den Mindstorm-Bausätzen, fördern sie das technische Verständnis, die Kinder programmieren ihre Konstruktionen selbst. Richtig ist, dass Lego immer neue Themenwelten entwirft – aber im Gegensatz zu den Anfangszeiten verkauft die Firma heute nicht mehr nur gemischte Sortimente oder Bausätze, sondern – in den Legoländern in Billund und im bayrischen Günzburg, in den Lego-Shops und per Internet-Bestellung – auch genau die unmarkierten Steine, die man haben möchte. Wer am liebsten mit roten Achtern spielt, der kann sie bekommen, ohne magische Kristalle, Bauarbeiter oder Clone-Krieger dazu nehmen zu müssen.

An Lego zeigt sich eine Entwicklung wie auf dem Spielzeugmarkt insgesamt: Der Elektroniktrend hat die traditionellen Spielsachen bedrängt, aber nicht verdrängt, der Markt ist schlicht gewachsen, fast doppelt so groß geworden wie zuvor. Ob es sinnvoll ist, dass sich jetzt doppelt so viele Dinge in den Kinderzimmerregalen stapeln, ist eine andere Frage. Aber wenn die Kunden den roten Achter von Lego verlangen, werden sie ihn weiterhin bekommen. Das ist wenigstens etwas.

Puppen allein zu Haus

Es ist ein vielfach variiertes literarisches Motiv, sich vorzustellen, Spielzeug sei lebendig. Das hat Hans-Christian Andersen mit seinem *Standhaften Zinnsoldaten* getan, E.T.A. Hoffmann mit den skurrilen Geschöpfen des Paten Drosselmeier in *Nussknacker und Mausekönig,* Pauline Clark mit den Spielzeugsoldaten der Geschwister Brontë in *Die zwölf vom Dachboden* und natürlich A.A. Milne mit seinem unsterblichen *Winnie Puuh.* Astrid Lindgren lässt in ihren Märchen die Puppe Mirabell lebendig werden, und in *Im Wald sind keine Räuber* kämpft Peter an der Seite von Puppe Mimi gegen die Belagerung des Puppenhauses durch – Räuber.

J.K. Rowling beschreibt die kleinen, wie lebendigen Drachenmodelle, die in *Harry Potter und der Feuerkelch* dazu dienen, die Gegnerpaare für einen Wettkampf auszulosen – und sofort wünscht man sich als Leser auch so einen kleinen Drachen, der gähnt, die Flügel zusammenfaltet und sich auf dem Nachttisch zusammenrollt.

Aber ist es generell eine angenehme Vorstellung, sich das Spielzeug von heute lebendig zu denken? Bei den vier Milliarden Lego-Mini-Figuren, die weltweit verkauft wurden, mag das noch erträglich erscheinen (denn auch wenn etliche Darth Vaders darunter sein müssen, so sind sie doch sehr klein). Doch was ist mit den Kackel-Dackeln, den pinkelnden Puppen, den Transformer-Monstern, den sprechenden Vulkanen, den brutalen Ringern, den bösartigen Pokémons? Was ist mit den Figuren aus Videospielen, für die so geworben wird: »Erst wenn es schmerzt, fängt der Spaß so richtig an! Keine Regeln, kein Erbarmen, nichts für Warmduscher!« Ganz ehrlich: Ich hätte nicht viel Lust, in einem Spielzeug-Großmarkt zu übernachten. Bestenfalls belebt sich unser Spielzeug zur grotesken Welt von Toy-Story; schlimmstenfalls wird uns klar, dass nicht süße kleine lebendige Drachen moderne Spielewelten repräsentieren würden, sondern eher Chucky, die Mörderpuppe. »Mama, Chucky lebt«, sagt der kleine Junge zu Beginn dieses indizierten Horrorfilms, und das ist ein Entsetzensschrei.

Kulturwissenschaftler, Volkskundler, Historiker – sie alle betrachten Spielzeug als Aussage einer Kultur über sich selbst, als Ausdruck von Vorstellungen und Wünschen, als Symptome gesellschaftlicher Befindlichkeiten. Immer hatte Spielzeug etwas damit zu tun, was eine Generation der nächsten beibringen wollte, was sie für die Zukunft ihrer Kinder erhoffte. In der Vergangenheit war viel Kritikwürdiges dabei – aber heute? Zu welchem Schluss würden Wissenschaftler aus dem 23. Jahrhundert kommen, wenn sie einen durchschnittlich ausgestatteten Toys'R'Us-Markt als historische Quelle erforschen? Spielzeug sei nicht nur Objekt des Spiels, es wirke auf den Spielenden zurück, schreiben die Spielzeugexperten Antje und Mathias Ernst. Was macht das Spielzeug heute mit den Spielenden, welches Spiel spielt es mit unseren Kindern? Die Antwort, wenn wir nichts unternehmen, fällt düster aus: Die Spielwelten von heute lehren Kinder, passiv zu sein. Sich unterhalten zu lassen. Auf Bildschirme zu starren. Befehlen zu gehorchen. Zu sprechen auch – wenn niemand zuhört. Und mehr und mehr und mehr haben zu müssen, weil das, was wir ihnen geben, in Wahrheit nicht genug ist.

Und dann noch, dass die Welt voller Monster ist. Aber das ist am Ende vielleicht eine nützliche Lektion.

MEDIENDSCHUNGEL

Was Bildschirme unsere Kinder sehen lassen

Kinder als kommerzielle Zielgruppe wären wertlos oder jedenfalls deutlich weniger attraktiv, wenn sie nicht so mit Medien umgingen, wie sie es tun. Wer Spielzeug – oder Turnschuhe oder DVDs oder Hamburger – an 6- bis 13-Jährige verkaufen will, geht nicht mehr den Umweg über die Eltern. Er wendet sich direkt an die Kunden, die er, um potenzielle Widerstände der Erziehungsberechtigten auszuschalten, als kompetent und Marken-souverän darzustellen sucht. Dazu holt er die Kinder dort ab, wo sie sich befinden: hauptsächlich vor dem Fernsehbildschirm, oft am Computer, manchmal beim Lesen eines Magazins, gelegentlich im Kino, in Zukunft immer öfter am Handy. Ein Kinofilm ist nicht länger nur ein Kinofilm, sondern eine Merchandising-Plattform für Folgeprodukte. Häufig kommt es auf die Handlung des Films kaum noch an – es geht lediglich darum, seine Charaktere auch als Becher oder Bettwäsche ans Kind zu bringen. Die gezielte Ansprache zahlt sich aus: Fast die Hälfte der Sechs- bis Neunjährigen halten die Marke eines Produktes für ein wichtiges Kaufkriterium. Ein Drittel der Vier- bis Sechsjährigen meint, die Werbung erwarte von ihnen, dass sie ihre Eltern fragen, ob sie ihnen das beworbene Produkt kaufen. »Werbung macht es mir leicht, meinen Eltern zu erklären, warum ich Sachen will«, sagen 62 Prozent der 9- bis 13-Jährigen. 71 Prozent von ihnen finden Fernsehwerbung »sehr gut« oder »gut« (Kids Verbraucher Analyse 2010).

Etwa eineinhalb Stunden sehen deutsche Kinder im Durchschnitt täglich fern, dieser Wert ist seit vielen Jahren einigermaßen konstant, hinzugekommen sind in den vergangenen Jahren 40 Minuten täglich am Computer und eine vergleichbare Zeit, die mit Konsolenspielen (Nintendo DS, Playstation, XBox etc.) verbracht wird. Gut die Hälfte der Kinder haben eigene Spielkonsolen in ihren Zimmern, 42 Prozent einen eigenen Fernsehapparat, wobei die Existenz dieses eigenen Gerätes im Kinderzimmer die tägliche Sehdauer im Schnitt um etwa eine Stunde erhöht. 61 Prozent der 3- (!) bis 13-jährigen Kinder schalten einmal pro Tag den Fernsehapparat ein; bei den 6- bis 13-Jährigen ist jedes fünfte Kind ein »Vielseher« mit Fernsehkonsum weit über dem Durchschnitt. Verglichen mit Amerika sind das immer noch geradezu idyllische Zustände: Dort sitzen Kinder im Durchschnitt 45 Stunden pro Woche vor Bildschirmen (Fernsehen, Computer, Konsolenspiele) und verbringen so mehr Zeit mit elektronischen Medien als in der Schule.

Doch auch die vorsichtigere Nutzung des elektronischen Medienangebots in Deutschland erlaubt den Kindern reichlich Kontakt mit zielgruppenorientierter Werbung: Sechs- bis Dreizehnjährige mit durchschnittlichem Fernsehkonsum sähen rund 900 Werbespots im Monat, schätzt der Bundesverband der Verbraucherzentralen – bis zum 20. Lebensjahr sind das mindestens 160 000 Spots. Eine gesetzliche Regelung, die Kinder eigentlich schützen soll, hat einen kuriosen Nebeneffekt: Laut Rundfunkstaatsvertrag dürfen Kindersendungen auf privaten Fernsehsendern nicht von Werbung unterbrochen werden (der öffentlich-rechtliche Kinderkanal ist ohnehin werbefrei). Gleichzeitig sind höchstens 12 Werbeminuten pro Stunde erlaubt. Um diese 12 Minuten voll ausschöpfen zu können, zerteilen die Sender ihr Kinderprogramm in immer kürzere Einzelbeiträge – längere und komplexere Geschichten lassen sich so kaum noch erzählen, das Tempo nimmt zu, und die Programminhalte nähern sich schon von der Anmutung den sie umgebenden Werbespots an.

So sieht, ungefähr, die statistische Lage aus. Und vor diesem Hintergrund lassen sich zwei Dinge feststellen. Erstens: Keine der Debatten um die mögliche Schädlichkeit von exzessivem Fernsehkonsum und unkontrollierte Spielenutzung hat dazu geführt, dass Eltern ihren Kindern Fernsehen und Daddeln verbieten. Auch wenn die Fernsehminuten konstant geblieben sind: Die »Bildschirmzeit« der Kinder hat sich in den vergangenen 20 Jahren verdoppelt, und auf eine Trendumkehr deutet nichts hin. Zweitens: Es liegt offenkundig im Interesse der Programmgestalter von Privatfernsehen und der Entwickler von Computerspielen, Kinder und Jugendliche mit ihren Produkten zu fesseln.

Wissen Fische, dass es nass ist?

Die Debatte um die Schädlichkeit der Vielseherei und des exzessiven Spielens ist ermüdend. Offenbar lässt sich nachweisen, dass die Fragmentierung der Fernsehbilder durch immer schnellere Schnitte voranschreitet. Offenbar weiß man, dass die Zahl der gezeigten gewalthaltigen Fernsehbilder zunimmt. Offenbar gibt es einen Zusammenhang zwischen Vielseherei und Fettleibigkeit, zwischen einem tendenziell anorektischen Frauenbild der Massenmedien und Selbstablehnung bei jungen Mädchen. Offenbar gibt es Zusammenhänge zwischen unguten Fernseh- und Computergewohnheiten und Schlafproblemen bei Kindern. Offenbar gibt es einen Zusammenhang zwischen Vielspielerei, vor allem gewalthaltiger Spiele, und schlechten Schulleistungen, und offenbar betrifft dieser Zusammenhang vor allem Jungen. Offenbar hat jemand, der drei Stunden am Tag fernsieht oder spielt, diese Zeit nicht, um zu lesen, zu musizieren, Freunde zu besuchen oder Hausaufgaben zu machen. Vor allem aber: Es gibt niemanden, wirklich niemanden, der behauptet, langes Fernsehen und langes Spielen am Computer seien förderlich für Kinder – förderlicher als frische Luft, Bücher, Freunde und Hausaufgaben.

Und trotzdem ändert sich nichts, ändern wir nichts, ist der Trend zum elektronischen Leben ungebrochen. Warum? Es kann daran liegen, dass auch die Erwachsenen längst aufgehen in einer Umwelt, die ganz und gar von Medien strukturiert ist, und diese gar nicht mehr als abschaltbar wahrnehmen: »Wissen Fische, dass es nass ist?«, hat der Medienkritiker McLuhan dazu bissig gefragt. Es kann aber auch sein, dass das Interesse der Anbieterseite, uns und unsere Kinder am Bildschirm zu halten, fast übermächtig ist und sich unwiderstehlicher Strategien bedient – zu denen es auch gehört, dass wir uns selbst überlisten. Wie, das beschreibt die amerikanische Medienpsychologin Karen E. Dill in ihrem Buch *How Fantasy becomes Reality: Seeing through the media influence* (2009). Wir lebten, meint Dill, mit zwei außerordentlich interessanten Fehleinschätzungen: zum einen, dass die Medien existieren, um uns zu *unterhalten* und nicht, um uns zu beeinflussen. Und zum anderen, dass Fantasiegeschichten, dass Soaps und Werbespots keine Wirkung auf uns haben, weil wir ja wissen, dass sie nicht real sind.

Es stimmt tatsächlich: Wenn man im Gespräch mit wem auch immer (ganz besonders aber mit manchen Medienwirkungsforschern) unsere Manipulierbarkeit durch Medien beklagt, stößt man meist auf heftige Abwehr: »Ich werde durch Medien nicht beeinflusst!«, oder »Tweens können höchst souverän mit den vielschichtigen Werbeangeboten umgehen!«, oder »Mich macht Counter Strike überhaupt nicht aggressiv!« Versuchen Sie es! Man nennt das den *Dritte-Person-Effekt* – klar, andere mögen beeinflusst werden, aber ich doch nicht! Eine natürliche psychologische Reaktion: Der Angesprochene könnte schlecht mit dem Gefühl kognitiver Dissonanz leben, das entstehen würde, wenn er sich eingestünde, sehr viel fernzusehen – und davon *tatsächlich* in unkalkulierbarer Weise beeinflusst zu werden. Kurioserweise, schreibt Karen Dill, gingen die, die sich angegriffen fühlten, aber immer noch einen Schritt weiter und mutierten geradezu zu Medien-Apologeten: Fernsehproduzenten müssten schließlich auch Geld verdienen, lautet ein beliebtes Argument in dieser Situation. Ein anderes kennen wir schon: Es sei schließlich die Verantwortung der Eltern, das richtige Programm für ihr Kind auszusuchen/die Zeit an der Playstation zu begrenzen/die Kinder über Werbung aufzuklären.

Auch die Annahme, Fiktionen könnten uns nicht beeinflussen, weil wir doch um ihre Fiktionalität wissen, hält Dill für falsch: Vielmehr würden (auch falsche) Sachinformation viel leichter aufgenommen, wenn sie in einer stimmigen Geschichte quasi mitgeliefert würden. »Die Theorie dahinter heißt *transportation* (wahrscheinlich am ehesten zu übersetzen mit ›Hingerissenheit‹). Menschen, die lesen, die einen Film oder eine Fernsehshow anschauen, werden hingerissen, eingesogen, verlieren sich in der Geschichte. Das ist ja gerade die herausragende, die überaus angenehme Eigenschaft von Medien: *hingerissen* zu sein bedeutet, einen Zustand des ›flow‹ zu erreichen, in dem man die Zeit vergisst, weil man so tief in eine andere Welt eingetaucht ist.« Das bedeutet aber auch, dass die kritisch-analytischen Fähigkeiten in diesem Zustand herabgesetzt sind.

Peter Winterhoff-Spurk, Psychologe an der Universität des Saarlandes, hat Untersuchungsbefunde beschrieben, die in eine ähnliche Richtung weisen: »Vielseher überschätzen die Häufigkeit von Doktoren, Rechtsanwälten und Geschäftsleuten in der Bevölkerung ebenso wie das Auftreten bestimmter Krankheiten – etwa Infarkt und Krebs –, von Scheidungen und Haftstrafen. Vielseher von Talkshows überschätzen die Zahl von Teenagern, die jährlich zu Hause weglaufen (Schätzung: 49 Prozent, real: 8 Prozent), die Zahl von Mädchen, die vor dem 18. Lebensjahr schwanger werden (Schätzung: 55 Prozent, real: 4 Prozent), wie viele Schüler Waffen mit zur Schule bringen (Schätzung: 27 Prozent, real: 1 Prozent), sowie die Zahl untreuer Ehemänner (Schätzung: 45 Prozent, real: 20 Prozent).«

Wie mag es da den Vielsehern von Kinderwerbung im Vorschul- und frühen Schulalter gehen, die noch nicht einmal zwischen Werbung und Programm unterscheiden können?

Fest steht: Jede Änderung am Medienverhalten unserer Kinder wird unsere Kraft und unsere Zeit kosten. Um sie aufzubringen, ist es wahrscheinlich nötig, dass wir uns unseren eigenen Zustand als nasse Fische bewusst machen. Und dass wir noch einmal etwas genauer hinschauen, was die verkaufende Seite eigentlich tut, in den Medienwelten der Kinder. Dass die Marketing-Leute versuchen, die »Tweens« gegen störende Eltern und deren Erziehungsversuche in Stellung zu bringen, ist deutlich geworden.

Gleichzeitig scheint es aber so, als würden die »jungen« Inhalte mit Absicht so gestaltet, dass selbst interessierte Erwachsene es auf keinen Fall aushalten, sich länger damit zu befassen – das gilt für das unendlich verzweigte Universum der Pokémon ebenso wie für den unerträglich platten Humor der meisten Sitcoms. Bei der Beurteilung von Kinderliteratur gilt immer als recht verlässliches Kriterium: Gefällt das Buch *nur* Kindern? – Dann ist es wahrscheinlich kein gutes Kinderbuch. Hat es eine zweite Ebene, Ironie, Hintergründigkeit, ein Augenzwinkern auch für erwachsene Leser, dann, und nur dann ist es gut genug für die Kinder, dann bietet es ihnen das winzige Moment an Überforderung, das Lesen von bloßer Beschäftigung zu einem geistigen Erlebnis macht. Aber dieses Kriterium ist für die Beurteilung der kommerziellen Kinderwelt vollkommen ungeeignet: Hier gibt es praktisch keine Anknüpfungspunkte für erwachsenes Interesse, nicht die Spur eines Augenzwinkerns. Die Frage ist nur: Wird damit einem tiefen Bedürfnis der Kinder entsprochen? Oder legen die Inhaltslieferanten das Niveau fest, das sie Kindern allenfalls zutrauen und auf dem sie sie – als willige und *kompetente* Konsumenten – möglichst lange halten wollen.

Schau mir auf den Bildschirm, Kleines

Carsten Göttel, Programmdirektor des beliebten Kindersenders Super RTL, erklärt in einem Hamburger Hotel mit Blick auf die Außenalster die Funktionsweise und Gesetzmäßigkeiten einer für Kinder geschaffenen multimedialen Welt. Dazu vielleicht ein wichtiger Punkt vorab: Der Preis für Fernsehwerbung, genannt TKP, Tausend-Kontakt-Preis, wird streng nach der Anzahl von Zuschauern pro Minute berechnet. Es ist also von essentieller Bedeutung, möglichst viele junge Zuschauer möglichst lange an den Schirm zu fesseln. Im Fernsehen, wo fast 90 Prozent der Spielzeugwerbung stattfindet, werden Serien ausgestrahlt, in denen all die Kultfiguren auftreten, die in den Kaufhäusern als Sammelfiguren und Bettzeug weiterleben. »Am populärsten sind zur Zeit Sitcoms«, sagt Göttel, »also Kinderformate, die abgeleitet sind von Erwachsenenformaten. Und die Zuschauer werden immer jünger.« Zu diesen Sitcoms gehören die Geschichten um das Teenie-Sternchen Hannah Montana (die im wirklichen Leben Miley Cyrus heißt und in ihren beiden Persönlichkeiten verehrt und vermarktet wird), aber auch »Schloss Einstein« oder »Die Zauberer von Waverly Place«. Die Trends in dieser Altersgruppe würden eindeutig von den Mädchen bestimmt, sagt Göttel, die Jungen zögen nach. Und anders als früher verstehe sich der junge Fernsehzuschauer von heute schnell als Fan. »Ich habe mich, als ich jung war, doch nicht für den Darsteller von Timm Thaler interessiert«, sagt Göttel, »aber das hat sich grundlegend gewandelt.« Zum 16. Geburtstag der Schauspielerin Miley Cyrus gab es wahre Gratulationsorgien auf YouTube; Bravo.de informiert seine Leserinnen darüber, welche Stiefel die Schauspielerin trägt und wo man sie bekommt. »Erwachsene finden die Serie albern«, sagt Göttel. Das müsse man bei der Planung eines erfolgreichen Kinderprogramms immer berücksichtigen: Die Eltern müssten es mindestens als kindgerecht akzeptieren: »Und die verstehen unter Kinderfernsehen eher *Bob, der Baumeister* oder *Die Sendung mit der Maus*.«

Wenn Carsten Göttel recht hat, dann gibt es bei vielen Eltern also sehr wohl noch ein etwas traditionelleres Bild von Kindlichkeit, auch von der Altersangemessenheit mancher Stoffe: Müssen sich Siebenjährige zum Beispiel damit befassen, ob ihr Teenie-Star und »Vorbild« einen Freund hat? Und was noch wichtiger ist: Die Sender scheinen, und sei es nur im Namen der Quote, durchaus bereit, darauf in gewissem Umfang einzugehen. Es könnte also durchaus sinnvoll sein, dass Eltern ihre Zuschauermacht besser organisieren, dass sie politische Parteien drängen, sich des Themas anzunehmen, und dass sie an (Print-)Medien appellieren, sich offensiver und kritischer mit den Kinderangeboten des Fernsehens auseinanderzusetzen.

Bei Super RTL jedenfalls verzichtet man, in Anerkennung des Elternwillens, aus Prinzip auf japanische Manga-Serien: Sie lebten von einem übersteigerten Pathos, schilderten extreme Leidenswege ihrer Helden und seien durch sehr schnelle Schnitte gekennzeichnet – alles Dinge, die medienbewusste Eltern nicht gutheißen. Die Elternaufmerksamkeit verteilt sich aus Göttels Sicht unterschiedlich auf den Tag: Morgens, wenn nur die unter Sechsjährigen, die noch nicht zur Schule gehen, fernsehen, sei der Blick am kritischsten – »wenn den Eltern da was nicht passt, sind die Kinder sofort weg.« Mittags, wenn vor allem die Jungen ihre Schulranzen in die Ecke pfefferten und sich vor dem Fernsehapparat aufs Sofa lümmelten, sinke die Wachsamkeit: »Dann geht es eher darum, dass nicht allzu laute Godzilla-Brüllgeräusche aus dem Wohnzimmer dringen.« Abends, wenn auch ältere Geschwister mit zuschauten, seien die Erwachsenen »weniger sensibel«, was die Programmauswahl für ihre Kinder angehe. Es ist ein bisschen schwierig, sich vorzustellen, dass aufmerksame Eltern ihre Fünfjährigen morgens überhaupt fernsehen lassen – aber womöglich ist das eine typisch bildungsbürgerliche Einstellung. Und Bildungsbürger können laut Carsten Göttel bei der Diskussion ums Fernsehen »sowieso nicht wirklich mitreden«.

Der Fernsehmann unterteilt die Elternschaft in drei Lager: die Behütenden, die genau wissen, was ihre Kinder sehen, und höchstens eine Serie am Tag erlauben – »deren Kinder sind zu 50 bis 70 Prozent beim KIKA.« Dann die Mittelgruppe, die ein bisschen kontrolliere; drittens die, denen vollkommen egal sei, was der Nachwuchs schaue. »Wir versuchen, sie alle zu kriegen«, sagt der Programmchef. Das bedeutet, dass die Behütenden, man kann auch sagen: die Qualitätsbewussten, durchaus mehr ausrichten könnten, wenn sie ihre Wünsche und ihre Kritik gemeinsam artikulierten.

Ein verbreitetes Abwehrargument bei Kritik an Kinderprogrammen und vor allem an der Werbung in deren Umfeld lautet, dass 50 Prozent der Kinder sowieso Erwachsenen-Fernsehen sähen – unausgesprochen schwingt dabei mit, man könne doch als Preis für einigermaßen kindgerechte Formate ein wenig Werbung wohl in Kauf nehmen. Und die kriegt man wirklich reichlich: Zwischen eine Folge von »Cosmo und Wanda« und »Hannah Montana« werden bei Super RTL 15 Werbespots gequetscht, darunter *Lego-Indiana Jones* (»Lass keinen Stein auf dem anderen«), die Transformers (die sprechenden Roboter vom Planeten Cybertron) und asiatische Zeichentricktiere (»Als Pokémon erlebst du große Abenteuer!«). Bemerkenswerter sind aber doch die Serien selbst: Sie haben kaum noch eine durchlaufende Handlung, keinen nennenswerten Spannungsbogen. Geschichten fangen im Nirgendwo an und hören im Nirgendwo auf, ohne Motivation, ohne Entwicklung der Charaktere, ohne Auflösung einer Krise, ohne Ziel. Die einzelnen Sequenzen der Storys – ob nun Hannah Montana auf eine Filmrolle verzichtet, um die Gefühle ihres Freundes nicht zu verletzen, oder den Zauberern ein sprechendes Taxi in ihre Wohnung am Waverly-Place fliegt – dauern nur wenige Augenblicke, dann wird die Geschichte durch einen Jingle unterbrochen. Das Kinderprodukt Fernsehserie ist wie Werbung. Es *ist* Werbung.

Und der massenhafte Konsum dieser Werbung übt Seh-Haltungen ein: beiläufig, unkonzentriert, abschweifend, ständig unterbrochen. Die Branche sieht das natürlich genau umgekehrt, sie kommt nur den Zuschauerwünschen entgegen: »Junge Leute heute machen alles parallel. Es ist ganz klar, dass die Inhalte des Fernsehens flacher werden, weil keine Konzentration mehr da ist«, sagt Carsten Göttel. Ein klassisches Henne-Ei-Problem: Macht das Fernsehen wirklich Häppchen-Formate, weil die Kinder unkonzentriert sind? Oder werden sie unkonzentriert, weil das Fernsehen nicht mehr erzählt, sondern nur noch Häppchen preisgibt? *Wollen* die Kinder aus sich heraus immer früher »ältere« Formate sehen – oder wird ihnen systematisch eingeredet, diese aus dem Erwachsenen-Fernsehen abgeleiteten Programme seien *cool?* Ist es gut, wenn kleine Mädchen ein Star (oder wenigstens der Fan eines Stars) werden wollen, bevor sie wissen, was eine *Frau* ist?

Letztlich, sagt Carsten Göttel, und das überrascht mich jetzt nicht allzu sehr, müssten die Eltern entscheiden, ob ihre Sechsjährigen Hannah Montana sehen dürften.

»Feenflügel ziehen immer«

Auch Monika Werner findet, der kritische Umgang mit Medien müsse von Elternhaus und Schule vermittelt werden, die Eltern müssten ihn vorleben. Auch sie hat viel mit Hannah Montana zu tun, mit Pu, dem Bären (Disney-Version), mit den Power Rangers (technisch erstklassig ausgerüsteten, weltrettenden Comic-Teenagern) und natürlich mit Micky Maus. Beim Egmont Ehapa Verlag in Berlin betreut sie verschiedene Kinder- und Jugendzeitschriften, hauptsächlich mit Disney-Inhalten. Das offizielle *Hannah Montana*-Fanmagazin mit einer Auflage von 90 000 Exemplaren im Monat bringt es in einer einzigen Ausgabe auf folgenden redaktionellen Inhalt: ein Musikquiz (»Kennst du die heißesten Titel aus der 3. Staffel von *Hannah Montana?*«); einen Artikel über die musikalische Entwicklung der Hannah-Montana-Darstellerin Miley Cyrus; einen Bericht über den Kostümbildner des Hannah-Montana-Kinofilms; Anleitungen für den authentischen Hannah-Montana-Look; ein Hannah-Montana-Tanztraining; Hannah-Montana-Freundschaftstipps. Die Verlagsmanagerin muss aufpassen, dass ihr nicht schwindlig wird von diesem Cocktail aus Sternchenkult, Werbung, Marketing und einem Spurenelement Magazin-Journalismus.

»Wie Stars aufgebaut werden, das ist für Erwachsene sehr durchschaubar«, sagt sie. »Mädchen suchen das, sie brauchen es.« Was sie nicht sagt: dass Mädchen es durchschauen, kann man nicht voraussetzen. Ihre Naivität ist geradezu die Voraussetzung dafür, dass das Produkt funktioniert. Immerhin, sagt Monika Werner (deren Tochter sehr gern Bücher liest), habe *Hannah Montana* für ein Magazin eine gewaltige Textmenge; viele Kinder bekämen ja gar nichts Gedrucktes in die Hand.

Die Komprimierung der Kindheit spüren sie auch bei Ehapa, auch die Hefte-Zielgruppen werden immer jünger. Das Magazin »Playhouse Disney« wendet sich an Anderthalbjährige, die selbstverständlich noch nicht lesen können und für die echten Geschichten von Puuh, dem Bären (von denen das Heft nur eine schwache Ahnung bietet) noch viel zu jung wären. Mit Hilfe der Disney-Figuren soll das Kleinkindmagazin »Werte vermitteln«: Freundschaft, Zusammenhalt, Konfliktlösung, alles absolut gewaltfrei.

Der Hannah-Montana-Titel ist für bis zu Zwölfjährige konzipiert, dürfte aber eher Zehnjährige erreichen. Das *Power Rangers*-Magazin, in dem die Helden gegen Mutanten, »Fearcats«, »Lava Lizards«, »Chillers« oder Himmelshexen kämpfen (in einer recht entspannten Interpretation von Disneys altem Prinzip der Gewaltfreiheit), wird von fünf-, sechsjährigen Jungen durchgeblättert – oder gelesen, so weit sie das schon können. Die Frage nach dem Gewaltgehalt des in 120 000er-Auflage erscheinenden Titels beantwortet Monika

Werner mit einem Argument, das in vergleichbaren Situationen häufig auftaucht: »Das personifizierte Böse gab es auch bei Schneewittchen.« Außerdem schätzen Kinder holzschnittartige Charaktere: »Das gibt ihnen Sicherheit.«

Für den Verkauf der Magazine sind zwei Dinge entscheidend: Die Fernsehbekanntheit der Helden. Und das kleine Plastikgeschenk (im Fachjargon: Add On), das vorne auf dem Heft klebt. »Was im Fernsehen präsentiert ist, das ist in den Köpfen, und wenn es in den Köpfen ist, funktioniert es als Heft«, sagt Werner. »Und ohne Extras geht gar nichts.« Besonders gut komme alles an, was nach Handy und Elektronik aussehe, also gibt es billige blinkende Spionage-Handys für Jungen. Und für Mädchen? »Feenflügel ziehen immer.« Nur zu didaktisch dürfe das Geschenk nicht wirken.

Was erwartet die Verlagsmanagerin für die Zukunft? »Alles wird noch kurzlebiger werden, noch stärker von Merchandising und Fernsehen dominiert sein.« Es ist durchaus nicht so, dass Monika Werner diesen Trend begrüßt, sie hätte gern mehr Nachhaltigkeit, Entfaltungsmöglichkeiten für die großartigen Zeichner und Schreiber, die es ihrer Meinung nach im Comicbereich durchaus gibt. Sie macht sich Sorgen um verflachende Charaktere und die schwindende Kunst des Geschichtenerzählens, sie ist niemand, der einer ausschließlich »bunten, lauten, schnellen, schrillen, witzigen« Kinderkultur das Wort redet. »Aber die Unterstellung lautet: Die Kinder wollen die schnelle Unterhaltung – und die wird ja auch konsumiert – also machen wir alles richtig«, sagt sie.

Bei Ehapa wird immerhin noch ein redaktioneller Mindestaufwand getrieben, auch wenn die marketingbezogenen Texte den größeren Raum einnehmen. Das offizielle Pokémon-Magazin des Panini-Verlages erreicht dann endlich die totale Verschmelzung von Produkt und Magazin, es enthält – für immerhin 2,80 Euro – ausschließlich Produktbeschreibungen zu den japanischen Taschenmonstern, außerdem Downloadhinweise auf die entsprechenden Nintendo-Seiten (Nintendo vermarktet die Pokémon in elektronischer Form), Verweise auf die entsprechende Comic-Serie bei RTL II (Montag- bis Freitagmittag); Fragebögen, in denen Kinder detailliert ihre Pokémon-Spiel- und Kaufgewohnheiten offenbaren können, ein paar halbherzige Pokémon-Rätsel und eine, nun ja: Geschichte. Sie heißt »Alles auf eine Karte« und erzählt vom Kampf des Comic-Helden Ash gegen Frida, die Leiterin der Eis-Arena von Blizzach. Ein Pokémon-Duell funktioniert so, dass die (menschlichen) Helden ihre Pokémon-Wesen aufeinander hetzen. Diese besitzen jeweils unterschiedliche Fähigkeiten, eine Figur »sticht« also die andere. In unserem Fall setzt Frida »Sniekel« ein (grausames Pokémon, das seine Gegner mit scharfen Krallen angreift), Ash kontert mit »Chelcarain« (ein Pflanzenpokémon), dann setzt Frida »Meditalis« ein, Ash kontert mit »Staraptor«, dann setzt Frida »Shnekedeck« ein, Ash kontert mit »Skorgro«, der scheitert, Ash schickt »Panflam« ins Rennen, Frida ... Am Ende gewinnt Ash – und man teilt die Sorgen der Verlagsmanagerin um den Niedergang der Erzählkultur.

Es ist paradox: Kinder, die sich in die Pokémon-Welt vertiefen, müssen ja durchaus einiges an Hingabe und Lernleistung einbringen, um hunderte von unterschiedlichen Wesen mit all ihren Fähigkeiten, Verwandlungsformen und Sonderzaubern zu beherrschen. Eine voll ausgestattete Welt magischer Wesen, die ihren Kinder-Besitzern treu verbunden sind, ist durchaus eine attraktive Vorstellung, die viele spielerische und erzählerische Variationen erlauben müsste. Stattdessen gibt man sich mit den plattesten, formelhaftesten Handlungsverläufen zufrieden – es geht dem Magazin nicht darum, Fantasieräume zu eröffnen, sondern eine klare, unmissverständliche Anleitung zum Weitersammeln zu geben. Gut spielen, so dröhnt die Botschaft von jeder Seite, kann nur, wer auch die »Diamant & Pearl«-Edition der Sammelkarten kauft. Und die »Platin«-Edition. Und die Battle-Arena aus Plastik. Und das Arceus Multi-Shoot Playset. Und das Spiel für die Nintendo DS. Nein, dieses Medium will nicht unterhalten. Es will zum Kauf überreden.

Wenn Beschützer nicht beschützen

Der Verweis auf die Verantwortung der Eltern für all das, was ihre Kinder hören, sehen, lesen, spielen und kaufen, kommt den Produzenten von Fernsehprogrammen, Filmen und Computerspielen, Magazinen und Spielzeug leicht über die Lippen – wobei es eine etwas eigenartige Denkfigur ist, für den Schutz vor schädlichen Wirkungen des eigenen Produkts andere Leute in Haftung zu nehmen. Aber der Kindermarkt ist natürlich nicht der einzige ökonomische Bereich, der Risiken produziert, daran verdient und Privatleute und Staat dann mit deren Bewältigung allein lässt. Geht es um Dioxin-Skandale, Atommüll-Lagerung oder Pfusch im Krankenhaus, dann haben in der Regel die Medien einen großen Anteil daran, Missstände zu identifizieren und auf deren Abstellung zu drängen. Viele Probleme und Gefährdungen des Kindermarktes haben mit Mediennutzung, mit missbräuchlicher Mediennutzung, mit qualitativ schlechten oder schädlichen Medieninhalten zu tun. Eine Kultur der systematischen gegenseitigen Kritik ist aber bei den verschiedenen Medien in Deutschland nicht besonders stark ausgeprägt, der Impuls ist eher, zusammenzuhalten, selbst wenn der einzelne Tageszeitungsredakteur wenig Solidarität mit dem Produzenten eines *Pokémon*-Heftes empfinden mag.

Es gibt einfach wenige Orte, an denen zum Beispiel die Qualität von Kinder-Fernsehserien regelmäßig unter die Lupe genommen und diskutiert würde. Das hat natürlich auch mit der latenten Geringschätzung der Inhalte zu tun: Soll man für den Kinderkram teuren redaktionellen Platz hergeben? Ja, natürlich sollte man, weil der Kinderkram das Aufwachsen in diesem Land ganz wesentlich bestimmt. Eltern, notorisch eher Einzelkämpfer an der Belastungsgrenze, haben, wenig organisiert, wie sie nun einmal sind, kaum Chancen, Änderungen im Medienverhalten zu erzwingen.

Was geschieht, wenn sich ein Medium, in diesem Fall eine Zeitung, einmal explizit kritisch in einer Medienangelegenheit positioniert, erlebte die *Frankfurter Allgemeine Sonntagszeitung*, bei der offenbar nicht nur Redakteure, sondern auch Eltern beschäftigt sind. Irgendwann im Herbst 2010 muss einem dieser Redakteurselternteile dort ein Film untergekommen sein, der laut Kennzeichnung der Freiwilligen Selbstkontrolle der Filmwirtschaft (FSK) ab zwölf Jahren freigegeben war – was bedeutet, dass er die Entwicklung eines Kindes in diesem Alter angeblich nicht beeinträchtigt. Es ist anzunehmen, dass der Elternteil schockiert war, weil er den Film für 12-Jährige für gänzlich ungeeignet hielt – viel zu gewalttätig, viel zu sexlastig – und dass er daraufhin handelte wie ein aufmerksamer Journalist und seiner Redaktion die Einschätzungen der FSK als interessantes Thema für Berichterstattung vorschlug. Eine Arbeitsgruppe aus zwölf *FAS*-Journalisten recherchierte daraufhin auf die denkbar einfachste Art: Sie schauten sich 100 zufällig ausgewählte Filme mit dem FSK 12-Siegel an – und kamen in fast der Hälfte der Fälle zu dem Urteil, dass diese Filme für Zwölfjährige eine

Zumutung, häufig auch für 16-Jährige kaum zu ertragen seien. Man spürt in den Zusammenfassungen, die die Autoren von ihren Untersuchungsgegenständen angefertigt haben, eine Mischung aus Wut und Fassungslosigkeit: Wie können brutale Gewaltszenen, wie können zermatschte Schädel und qualvoller Erstickungstod, Massensexszenen und Serienmord und sexuell drastische Sprache für Zwölfjährige unschädlich sein? »Bei vielen Firmen haben wir uns gefragt: Wie kann das sein? Wie kann man überhaupt auf die Idee kommen, Kinder mit so etwas zu konfrontieren?«, fragte der Journalist Volker Zastrow in einem Leitartikel, und fuhr fort: »Herausbekommen haben wir es nicht. Aber wenn wir raten dürfen: Es hat vermutlich mit Geld zu tun. Zum Beispiel den Werbeeinnahmen, die Fernsehsendern entgehen, wenn Blockbuster erst spätabends gesendet werden dürfen.« (Altersfreigabe ab zwölf bedeutet, dass der Film um 20 Uhr im Abendprogramm gezeigt werden darf; für Filme ab 16 Jahren gilt die 22-Uhr-Grenze).

Die Reaktionen auf die *FAS*-Filmaktion waren interessant: Eltern äußerten sich in überwältigender Mehrheit positiv darüber, dass die Zeitung sich des Anliegens angenommen hatte. Familienministerin Kristina Schröder (CDU) reagierte prompt und setzte die FSK in einer Deutlichkeit unter Druck, die dieses aus Vertretern der Filmwirtschaft, staatlichen Jugendschützern und Kirchenvertretern zusammengesetzte Gremium noch selten erlebt haben dürfte. Es zeigt sich also: Eltern wünschen sich sehr wohl eine Debatte um das Medienumfeld ihrer Kinder (und gehen naheliegenderweise davon aus, dass eine offizielle, letztlich staatlich beglaubigte Freigabe wenigstens einen gewissen Aussagewert hat).

Die angegriffene Seite hingegen reagierte mit dem geradezu klassischen Abwehrrepertoire der Kindermedien-

Vermarkter (auch wenn es sich bei den FSK 12-Filmen natürlich streng genommen nicht um Kinderfilme handelt – aber eben um Filme, die Kinder *sehen*). Erstens: Die Eltern sind sowieso verantwortlich für das, was die Kinder sehen. (Ja. Aber wenn Eltern jeden Film erst selbst anschauen müssen, um seine Wirkung auf ihr Kind einzuschätzen, verlieren Altersfreigaben jeden Sinn.) Zweitens: Die FSK-Bewertungen sind keine Empfehlungen, sondern Unbedenklichkeitserklärungen. (Ja. Aber ist es unbedenklich, wenn Zwölfjährige den qualvollen Erstickungstod einer gefesselten Frau, der eine Plastiktüte über den Kopf gezogen wurde, aus nächster Nähe miterleben? Dazu sagte FSK-Geschäftsführerin Christiane von Wahlert der *FAS*, »dass insbesondere Kinder im Alter von zwölf, 13 Jahren sehr stark mit dem Opfer mitleiden und der Todeskampf ihnen sehr nahegehen wird, aber keine Beeinträchtigung darstellt«.) Drittens: Die Kinder werden heute früher erwachsen, die FSK handelt nicht losgelöst von der Gesellschaft, vielmehr gibt es eine erhebliche Beschleunigung, was die Pubertät angeht. (Ja. Aber macht es eine Zwölfjährige seelisch weniger verletzbar, dass sie eventuell schon ihre Regel hat?).Viertens: Die Kinder seien ausreichend medienkompetent. Christiane von Wahlert: »Es gibt Studien, die zeigen, dass es für Jungen und Mädchen heute eine Selbstverständlichkeit ist, fünf, sechs Medien gleichzeitig zu nutzen, Bilder zu sehen und zugleich zu wissen, dass diese Bilder gemacht sind.« (Ja. Aber das Wissen um Fiktionalität schmälert nicht die Wirkung einer Geschichte.) Fünftens: Film ist ein komplexes audiovisuelles Medium. Seine psychologische Wirkung beruht nur zum Teil auf Handlung und Dialog. Die *FAS*-Redakteure haben Filme auf einzelne Szenen reduziert. (Ja. Aber meistens gibt die Handlung eines Films schon einen gewissen Hinweis darauf, worum es geht. Andere wirkungsrelevante Aspekte wie

Licht, Ton oder Schnitt dienen meist dazu, die Wirkung der Handlung zu intensivieren, nicht dazu, sie abzuschwächen). Sechstens: Jugendliche versuchen sogar erst recht, Filme mit höherer Altersfreigabe zu sehen, als eine Art Mut- oder Prestigebeweis. (Womöglich. Aber wer sie ihnen dann zeigt oder verkauft, darf sich nicht wohlfühlen). Siebtens: Die Filmbewerter der FSK verfügen über mehr Fachwissen als Journalisten und Politiker. (Mag sein. Damit wäre dann allerdings jede öffentliche Diskussion unmöglich. Hier liegt also wieder ein Klassiker vor: Bei ihrer nächsten Auseinandersetzung mit dem Thema Gewalt im Film müsste die *FAS* einen Wissenschaftler beibringen, der *beweist*, dass es für Zwölfjährige schädlich ist, wenn sie dabei zuschauen, wie kleine Jungen mit der Axt zerhackt werden. Niemand käme auf die Idee, dass es an der FSK und ihrer Auftraggeberin, der Filmwirtschaft, wäre, die *Unschädlichkeit* zu beweisen. In einer Zeitungsredaktion werden sie sich ob solch heftiger Gegenwehr eher gegenseitig auf die Schultern klopfen: Da haben wir einen Nerv getroffen! Aber Eltern stoßen in ihrem Alltag permanent auf die paradoxe Situation, dass man ihre Kinder zum Konsum verführt und in der einen oder anderen Weise gefährdet – und ebenso permanent hören sie, die Kinder könnten damit ausgezeichnet umgehen, aber letztlich seien *sie*, die Eltern, verantwortlich. Ja. Aber wie oft am Tag soll man nein sagen?

Ganz konkret ist es schwer zu verstehen, warum nicht der Staat, der, wie die Kirchen, ohnehin hauptamtliche Vertreter in die FSK entsendet, die Kontrolle übernimmt. Was haben Vertreter der Filmindustrie in einem Gremium zu suchen, das allein das Kindeswohl im Auge haben sollte? Der Kriminologe Christian Pfeiffer fordert die gleiche Trennung auch schon lange für die Freiwillige Selbstkontrolle für Unterhaltungs-Software (USK), die eine ähnlich problematische

Nähe zur Spieleindustrie aufweist wie die FSK zur Filmindustrie. Warum nicht staatlich einberufene Kommissionen aus Pädagogen und Psychologen, die offenlegen müssen, ob sie in irgendeiner Form von Produktions- oder Softwareunternehmen bezahlt werden? Das brächte für Eltern mehr Sicherheit – und wäre ein politischer Sieg gegen einen Markt, der glaubt, alle Regeln selbst erfinden zu dürfen.

Die technologische Verheißung

Die Apologeten des Fernsehens haben es immerhin ein bisschen schwer. Wenn sie ihr Medium verteidigen, dann müssen sie auf Argumente wie jene Zurückgreifen, die die Medienpsychologin Karen Dill beschrieben hat: Es sei doch nur Unterhaltung, die da angeboten werde; man selbst spüre keinerlei Wirkung bei sich; die Fernsehmacher müssten schließlich auch ihr Geld verdienen. In der Anfangszeit des Fernsehens gab es auch die Hoffnung, das neue Medium werde zur Demokratisierung von Gesellschaften beitragen und eröffne möglicherweise einen Bildungszugang für unterprivilegierte Schichten. Die Wirklichkeit hat diese Hoffnung so gründlich erledigt, dass sie heute in Diskussionen über die Wirkung des Fernsehens praktisch nicht mehr formuliert wird: Zu deutlich zeigen inzwischen allzu viele Untersuchungen, dass das (Dauer-)Fernsehen gerade diejenigen unten hält, die einen sozialen Aufstieg allein über Bildung schaffen könnten.

Bei den neuen elektronischen Medien, beim Internet und auch bei Computerspielen, sieht es anders aus. Es ist für jedermann erkennbar, dass die Vernetzung der Welt tatsächlich eine technologische *und* soziale Revolution bedeutet, dass sie das Arbeits- und Privatleben dramatisch verändert hat und weiter verändern wird. Eltern fragen sich zu Recht, wie sie ihren Kindern am besten dabei helfen können, sich in der 24/7-Welt der elektronischen Allgegenwärtigkeit zurechtzufinden: Auch in ihr muss man ja noch Werte haben, Prioritäten setzen können, ein anständiger Mensch sein, Freunde finden, eine gewisse Bildung erwerben, die man in sich trägt und nicht in einer Maschine. Wie geht das? Indem man ganz früh vor einem Bildschirm gesetzt wird? Oder indem man zuerst seine Persönlichkeit im Umgang mit anderen Menschen entwickeln darf?

Die Fürsprecher der elektronischen Erzeugnisse sind sich da ganz sicher, sie setzen auf den Bildschirm, sie spannen sozusagen das unbestreitbare Fortschrittsmoment der technischen Entwicklung vor ihren Karren. Die Freiwillige Selbstkontrolle für Unterhaltungs-Software, die eigentlich die Spielehersteller überwachen soll, äußert sich immer wieder wie ein Lobbyist der Branche: »Liebe Lehrende, wer am Computer spielt, lernt aus Fehlern, kontrolliert sich selbst, findet eigene Lösungen, denkt komplex, unterbietet vorgegebene Zeiten, vergisst das Ende der Stunde, recherchiert zu Hause, arbeitet im Team sogar am Wochenende. Man könnte auch sagen: Er lernt das Lernen«, plakatierte die Organisation bundesweit in Schulen und Jugendzentren. Und im »Themendienst« der Initiative »Schule ans Netz e.V.« schwärmt ein Autor: »Wer sich souverän und selbständig die Potenziale digitaler Medien erschließen kann, sowohl für spielerische als auch für kommunikative und inhaltliche Zwecke, der praktiziert damit bereits ein informelles Lernen, wie es in der modernen Gesellschaft zunehmend wichtiger wird. Der *Konsument*, der nur passiv-rezeptiv mit Konsumgütern umgeht, wird zum *Prosumenten*, der eine große Selbständigkeit bei der Auswahl und dem Gebrauch gerade neuer Produkte an den Tag legt, weil er ständig damit und darüber lernt.« Weil die »Computer- und Internet-Kids«

mit den gleichen Werkzeugen lernten, spielten und arbeiteten wie die Erwachsenen, würden sie gleichsam zum Motor des medialen Wandels.

Die Lobpreisungen des digitalen Lernens – auch und gerade durch Computerspiele – sind Legion, man könnte ganze Bücher damit füllen. Auch die Darstellung der Kinder als neuer technisch-kultureller Avantgarde ist vertraut. Sie steht in einem krassen Widerspruch zu den Untersuchungsergebnissen, die etwa das Kriminologische Forschungsamt Niedersachsen über Jahre gesammelt hat und die einen Zusammenhang zwischen schlechten Schulleistungen und intensivem Konsum von (Gewalt-)Computerspielen nachweisen. Dabei geht es nicht allein um die vertane Zeit, die zum Lernen fehlt: Gewalt als Unterhaltung ist an sich ein Risikofaktor. Die starken Emotionen, die ein Akteur in der virtuellen Realität eines Gewaltspiels erlebt, stellen andere Erlebnisse in den Schatten. Die Lernerfolge des Vormittags fallen den viel stärkeren Ballereindrücken des Nachmittags zum Opfer. Die deutlich schlechteren Schulleistungen der Jungen, die den überwältigenden Anteil der absoluten Bildungsverlierer im unteren Segment der Hauptschule stellen, könnten auch etwas mit dem unterschiedlichen Mediennutzungsverhalten zu tun haben: 46 Prozent der Jungen spielen täglich oder mehrmals in der Woche, aber nur 13 Prozent der Mädchen (JIM-Studie: Jugend, Information, Multimedia 2008). Und während die Mädchen sich überwiegend mit Strategiespielen beschäftigen, unterhalten sich die Jungen mit »Shooter«- und Action-Spielen. Gefährlich sind die verführerischen Argumente der Digital-Apologeten vermutlich nicht so sehr für den sportlichen, sozial integrierten und belesenen Gymnasiasten aus der Ärztefamilie, der auch mal eine *Grand Theft Auto*-Phase durchmacht und als harter Verbrecher raubmordend durch amerikanische Städte stapft. Gefährlich sind sie für die Kinder all jener Eltern, die es mit einer Mischung aus Erleichterung und Gleichgültigkeit aufgeben, sich überhaupt in das Dauergedaddel ihres Vierzehnjährigen einzumischen: Erstens verstehen sie ja sowieso nichts davon. Zweitens ist er wenigstens zu Hause und ruhig. Und drittens ist es wohl auch irgendwie gut für sein Zurechtkommen in der Wissensgesellschaft. Die Tatsache, dass es der Spieleindustrie gelungen ist, letztere Haltung weiträumig in der Gesellschaft (und sogar bei vielen Bildungspolitikern) zu verankern, dürfte zu ihrem Jahresumsatz von rund 1,6 Milliarden Euro nicht unerheblich beitragen. *Diese* Medien sind aber nicht dazu gemacht worden, um Kinder zu bilden. Sie sind dazu da, um gekauft zu werden.

Eltern sind vermutlich vor allem besorgt, ihre Kinder könnten spielsüchtig werden, und dazu haben sie durchaus Grund: Rund 40 000 15-Jährige in Deutschland seien computerspielsüchtig oder stark gefährdet, schätzt man beim Kriminologischen Forschungsamt Niedersachsen. Laut Drogen- und Suchtbericht der Bundesregierung (2009) sind drei bis sieben Prozent der Internetnutzer onlinesüchtig und noch einmal so viele suchtgefährdet. Bis zu zehn Prozent der 11- bis 14-Jährigen seien »exzessive Computerspieler« (Konsole und online), heißt es in einem Aufsatz einer Gruppe von Kinderärzten, Psychotherapeuten und Suchtexperten, der im Deutschen Ärzteblatt erschienen ist (38/2007): »Die Attraktivität von Spielen wird durch Interaktivität, eine realistische, dreidimensionale Gestaltung, einen herausfordernden Schwierigkeitsgrad, die Möglichkeit, das ›virtuelle Ich‹ im Verlauf auszubauen, Machterleben, Belohnung und gemeinsames Handeln mehrerer Spieler erreicht.« Als Risikofaktoren, die dazu beitragen, dass ein Jugendlicher exzessiv spielt, nennen die Experten »soziale Ängstlichkeit, geringe Qualität sozialer Kontakte, geringe soziale Unterstützung zur Stressbewältigung, geringes Selbstwertgefühl und den Besuch einer Hauptschule.« Sie gehen von Medienmissbrauch aus, wenn jemand einen täglichen Medienkonsum von mehr als vier Stunden aufweist (Fernsehen und Computer), wenn er regelmäßig länger spielt, als er es sich vorgenommen hatte, wenn andere Aktivitäten wegen des Spielens reduziert oder aufgeschoben werden, wenn der Spieler weiterspielt, obwohl er Freunde verliert oder sich in der Schule verschlechtert. Sucht liegt vor, wenn der Spieler immer länger spielen muss, um sich wohl zu fühlen, und wenn er Entzugserscheinungen zeigt: also nervös, unzufrieden und aggressiv wird, solange er nicht spielen kann.

Zeitungen berichten immer wieder über Menschen, die sich vollkommen in virtuellen Welten verlieren und ihr echtes Leben praktisch aufgeben. Inzwischen dürften viele von uns eine derart betroffene Person auch im näheren oder weiteren Bekanntenkreis haben. Und was die Spielsüchtigen immer wieder zu Protokoll geben, ist, dass sie den Gedanken nicht ertragen können, »online« geschehe etwas, während sie selbst »offline« seien und nicht spielten. Das lenkt den Blick noch einmal besonders auf jene Spiele, die eben nicht in einer Nintendo DS oder XBox »eingeschlossen« sind, sondern übers Internet hunderte oder gar tausende von Spielern miteinander in Verbindung bringen – und gerade dadurch eine besondere Faszination ausüben: Weil jederzeit etwas Unvorhergesehenes geschehen kann, und zwar nicht nur etwas, das der Programmierer vorgegeben hat, sondern ein Ereignis, das durch einen Mitspieler ausgelöst wurde. Weil man kooperieren kann. Weil es Anerkennung von Mitspielern und ein Gefühl der Zugehörigkeit gibt – auch wenn man die Gefährten im Team im wirklichen Leben vielleicht furchtbar fände. Es muss wohl ein Gefühl des Eingestöpseltseins in die Welt sein, und die Gewissheit, dass man da draußen rund um die Uhr auf waches menschliches Bewusstsein trifft, das die Leute in die virtuellen Spielwelten (aber ebenso zu Facebook) treibt. Schätzungsweise 700 000 Deutsche spielen das Online-Spiel *World of Warcraft*, weltweit sind es mehr als elf Millionen Menschen. Insgesamt wird die Zahl der Online-Spieler, die Bezahl-Abonnements für Spiele haben, auf 17 Millionen Spieler geschätzt. Zwölf Millionen Deutsche tummeln sich regelmäßig auf Online-Spielplätzen, auf kostenlosen wie auf bezahlten.

Internet-Nutzung – auch und besonders für Online-Spiele – ist in Deutschland noch kein nennenswertes Problem bei unter zehnjährigen Kindern. Von den Sechs- bis Siebenjährigen hat bisher nur jedes fünfte Kind Erfahrungen mit dem Netz, von den Acht- bis Neunjährigen die Hälfte – darin enthalten auch viele Kinder, die »sehr selten« online sind. Was sich deutlich intensiviert, ist die Aktivität in »sozialen Netzwerken«: Diese wurden noch im Jahr 2008 (!) von nurmehr 16 Prozent der 6- bis 13-Jährigen genutzt. Heute sind dort 43 Prozent der Altersgruppe zumindest gelegentlich unterwegs. Und jenseits der 13-Jahres-Grenze liegt die Zahl der Internet-Nutzer dann auch bei satten 86 Prozent. Dementsprechend nimmt die Nutzung von Online-Spielen zu. Man sieht also: Die Wächterfunktion von Eltern, die ihre (Grundschul-) Kinder nicht oder wenigstens nicht unbeobachtet ins Netz lassen, ist von äußerster Wichtigkeit – und der Werbewirtschaft verständlicherweise ein Dorn im Auge.

Denn was können die Kinder im Netz nicht alles lernen: »Sie sind die erste Generation, die mit einer Maus in der Hand geboren wurde – und mit einem Computerbildschirm als Fenster zur Welt«, jubelt Martin Lindstrom in *Brandchild* und sieht das nicht als Horrorvision, sondern als hoffnungsvolles Szenario: »Spiele werden der wichtigste Faktor im Leben der Tweens werden«, mutmaßt er: »Studien belegen, dass Spiele süchtig machen können. Warum? Weil die Tweens hier ihre eigene Identität schaffen können, ihre eigene Welt und ihre eigene Rolle. Hier können sie sich wirklich als Zentrum der Welt fühlen.« Die »interaktive Generation« erwarte, dass alle Dinge sofort geschähen. Dass diese Erwartungshaltung einen schlechten Einfluss auf den Charakter, auf die Herausbildung von Konzentration, Ausdauer, Beharrungsvermögen und Frustrationstoleranz haben könnte, leugnet Lindstrom nicht: »Wenn die einzige Realität, mit der zu beschäftigen sich lohnt, die unmittelbar und sofort zugängliche ist und wenn absolute Wahlfreiheit zum integralen Bestandteil von Persönlichkeit wird, dann bleibt nicht viel Raum für Tiefe.«

Aus Sicht des Marketing-Mannes selbst ist also die »Alles-sofort!«-Welt des Netzes ein Instrument, um oberflächliche, leicht ablenkbare Kind-Erwachsene heranzuziehen, die den ganzen Tag friedlich spielen – die Spiele-Industrie in Amerika hat bereits den größten Anteil am gesamten Unterhaltungsmarkt – und höchstens ungehalten werden, wenn irgendeines ihrer elektronischen Bedürfnisse nicht sofort befriedigt wird. Und genau hier sollten die Werber einsteigen, rät Lindstrom: warum keine Werbung, kein *product placement* in Spielen, wo die Werbezeit, anders als im Fernsehen, unbegrenzt ist? Warum keine 3-D-Läden, in denen man für echtes Geld sowohl Nike-Turnschuhe für den Avatar erwerben kann, die Figur, die man durchs Online-Spiel führt, als auch für sich selbst? Warum nicht Gameboy und Konsole vernetzen, so dass jedes Kind, egal wo es sich befindet, Zugriff auf seine Spielstände hat? Warum nicht die Kenntnisse aus den Datenprofilen eines Spielers nutzen, um ihn per SMS zu informieren, wenn in seinem Online-Spiel interessante Entwicklungen eintreten?

Für viele Amerikaner sei das Leben in der virtuellen

Welt heute schon attraktiver als das Leben »draußen«; ein gutes Drittel der in Großstädten aufwachsenden Tweens habe wenigstens zwei Avatare, die irgendwo im Netz unterwegs seien, behauptet Lindstrom. Er mag übertreiben, damit seine Kunden mehr Geld für Online-Marketing ausgeben. Aber so, als riesige virtuelle Verkaufshalle, und nicht als Lernort, sehen Profis das Internet – und die Spiele sollen nicht der Vervollkommnung der Person dienen, sondern dem Verkauf von Red Bull-Getränken, virtuellen Schwertern, echten Sweatshirts. Das alles soll – und wird – sich in dem Maße perfektionieren lassen, in dem die unterschiedlichsten Netzanbieter die Auswertung ihrer Kundendaten optimieren. Dann sagt irgendwann das Telefon dem hungrigen Schulkind, wo es hier zum nächsten Burger King geht. Noch muss man zum Verschwinden in den Welten des Internet wenigstens nach Hause an den Computer gehen. Wie lange noch? Fünf Millionen Kinder in Deutschland wünschen sich ein iPhone.

DER HEIMLICHE LEHRPLAN

Wie die Werber die Schulen belagern

Der australische Autor Max Barry hat in einem bissigen satirischen Roman die Zukunft des westlichen Kapitalismus beschrieben: In *Logoland* tragen alle Menschen als Nachnamen den Namen der Firma, bei der sie beschäftigt sind. Sie heißen John Nike oder Tom Microsoft – oder Jennifer Government, denn Jennifer arbeitet bei der Regierung. Großkonzerne bestimmen das öffentliche Leben und die Politik. Steuern werden kaum noch erhoben, dementsprechend fadenscheinig ist das Netz der Sozialleistungen geworden. Staatliche Stellen, wie etwa die Polizei, werden nur noch tätig, wenn zum Beispiel die Verwandten eines Kriminalitätsopfers für die Aufklärung des Falles Geld geben. Öffentliche Schulen gibt es längst nicht mehr, die Lehranstalten werden von großen Unternehmen betrieben.

Kate, die Tochter der Hauptfigur Jennifer, besucht eine Mattel-Schule, und Jennifer muss stets davor auf der Hut sein, für die endlosen Werbeaktionen rekrutiert zu werden, mit denen die Schule sich finanziert. Unter ihrem Haus modern kistenweise Barbiepuppen vor sich hin, die sie längst hätte verkaufen müssen, um einen Teil des Schulgeldes aufzubringen. Mattel führt wirklich gute Schulen, denkt Jennifer, aber das Merchandising bringt mich um.

Barry, der für Hewlett-Packard gearbeitet und an zwei amerikanischen Universitäten Marketing gelehrt hat, übertreibt selbstverständlich gnadenlos, wenn er die Abwegigkeiten einer total durchökonomisierten Gesellschaft vorführt. Aber ganz, ganz beruhigend weit entfernt sind die Zustände im heutigen Amerika dann doch nicht von seiner Zukunftsvision. Und Unternehmen in Deutschland und Europa bemühen sich durchaus, von ihren amerikanischen Kollegen zu lernen.

Schon heute gibt es in den USA »Burger King Academies« für lernschwache Schüler. Sportmannschaften tragen Turnschuhe der Marken Adidas oder Nike. Turnhallen werden nach ihren Sponsorenfirmen benannt. Exklusivverträge sichern den Herstellern zuckerreicher Limonaden wie Pepsi- oder Coca-Cola die Getränkeversorgung an Schulen – verbunden mit dem zusätzlichen Trinkanreiz, dass ein Teil des Getränkepreises bei der eigenen Schule verbleibt. Die Mittagsverpflegung der Schüler wird in vielen Schulen durch Pizza Hut, Taco Bell, Domino Pizza, Burger King oder andere Fast Food-Anbieter gesichert. Pizza Hut verteilt auch Bücher, die Lust aufs Lesen machen sollen. Die Firma Field Trip Company organisiert Klassenausflüge zu Autoherstellern und Sportartikelhändlern.

Schlagzeilen machte der besonders aberwitzige Fall einer amerikanischen Mutter, die sich über einen lebensgroßen Pappaufsteller in der Mensa der Grundschule ihrer Tochter aufregte. Der Aufsteller zeigte die Sängerin Britney Spears, die als Werbeträgerin für Pepsi-Cola bekannt ist, in diesem speziellen Fall aber für Schulmilch warb – und für ihre neue CD. Bekleidet war die Figur mit einem bauchfreien schwarzen Top und einer Lederhose. Als die Frau sich über dieses Vierfach-Marketing beschwerte – Werbung für den Star selbst, indirekt für Pepsi-Cola, direkt für Milch und für die CD –, konnte der Schulleiter überhaupt nicht fassen, warum sie sich aufregte.

War es das bauchfreie T-Shirt? Waren es die allzu engen Hosen? Könnte die Schule ihr entgegenkommen, indem Spears' nackter Bauch schwarz überpinselt würde? Dieser Schulleiter war offenbar gar nicht mehr in der Lage, sich vorzustellen, dass Eltern sich Schulen als kommerzfreie Zonen wünschen. Besonders problematisch erscheint das Wirken des 1989 gegründeten Schulsenders *Channel One*, der mit mindestens 12 000 Schulen Verträge abgeschlossen hat und wenigstens acht Millionen amerikanische Schüler erreicht. Der Deal, den *Channel One* den Schulen anbietet, ist denkbar einfach: Die Firma stattet die Lehranstalten mit elektronischem Gerät aus – Farbfernseher, Videorekorder, Videokassetten, Satellitenschüsseln, Kabelanschluss – und erhält dafür das Recht, jeden Tag zwölf Minuten während des Schulunterrichts zu senden – zehn Minuten »nachrichtliches« Programm (dessen Qualität in Amerika freilich heftig umstritten ist) und zwei Minuten Werbeblock. Joel Babbit, ein ehemaliger Vorstand der Firma, beschreibt die außerordentliche Zuschauerqualität, die *Channel One* seinen Werbekunden durch dieses Modell bieten kann: »Der Kunde bekommt Kinder, die nicht während der Sendung aufs Klo gehen. Kinder, die nicht dadurch gestört werden, dass ihre Mutter irgendetwas aus dem Nachbarzimmer ruft. Kinder, die nicht stattdessen Nintendo spielen können.« Kein Wunder, dass ein Werbespot von einer halben Minute 200 000 Dollar und mehr kostet. *Channel One* ist also eine ganz hervorragende Geschäftsidee.

Ob es auch eine pädagogisch hervorragende Idee ist, den beinahe letzten werbefreien Raum in der Gesellschaft den Marketing-Strategen zu öffnen, ist eine andere Frage. Schulwerbung transportiert ja unfreiwillig auch die Botschaft: »Wenn *hier*, in der Schule, die zum Lernen und Erwachsenwerden da ist, geworben wird, dann ist die Schule wohl *für* das Produkt. Dann ist das Produkt gut für mich.«

Seit den Radikalprivatisierungen und Etatkürzungen in der Regierungszeit Ronald Reagans stehen die amerikanischen Schulen unter einem extremen finanziellen Druck – naturgemäß am stärksten in Gemeinden mit einkommensschwacher Bevölkerung und niedrigen Steuereinnahmen. Unter amerikanischen Werbeleuten ist es ein Gemeinplatz, dass »knappe Budgets Türen öffnen«. Und wo auch immer *product placement* vorkomme, heißt es in Martin Lindstroms *Brandchild*, »dort finden Sie ein Schulsystem in Geldnot«.

Der Kapitalismuskritiker Benjamin Barber kommt zu einem niederschmetternden Befund des amerikanischen Bildungswesens: »Schulen und Universitäten, die einmal als Gegenentwurf zur Kommerzkultur auftraten, werfen sich heute vor den Sponsoren auf die Knie, weil ihnen sowohl der Wille als auch die Finanzmittel fehlen, um zu widerstehen. (...) Die Korruption der weiterführenden Bildung entsteht dadurch, dass man die Studenten nicht als autonome Lernende betrachtet, sondern als freie Konsumenten – als ›Kunden‹ auch der Bildungsdienstleister, des Bildungswesens selbst. (...) Die Marketing-Strategen beschränken sich nicht darauf, Bildung in Merchandising zu verwandeln, sie verwandeln auch Merchandising in Bildung.« Das heißt: Schulen schließen nicht nur Verträge mit Coca-Cola oder nennen die neue Sporthalle Walmart-Arena, sie akzeptieren auch zunehmend von den Firmen gestaltetes Unterrichtsmaterial. Damit werden sie ihrem aufklärerischen Bildungsauftrag, der zum kritischen Denken und Nachfragen erziehen soll, aber immer weniger gerecht.

Dank an den Sponsor!

Die Finanzsituation der öffentlichen Schulen in Deutschland ist mit der in Amerika nicht zu vergleichen. Und die Gesetzgebung macht es Werbern auch schwerer, in die Schulen vorzudringen: In den meisten Bundesländern ist kommerzielle Produktwerbung verboten. Das Land Berlin ist in diesem Fall eine eher unrühmliche Ausnahme. »Den Schulen soll der Spielraum eröffnet werden, eigene Projekte, die im Budget nicht drin sind, durch Werbeeinnahmen selbst finanzieren zu können«, erklärt dazu ein langjähriger Sprecher der Berliner Bildungsverwaltung. Neben der klammen Haushaltslage gebe es dafür pädagogische Gründe: »Die Schüler werden sowieso überall mit Werbung konfrontiert. In der Schule kann man wenigstens darüber reden.« Das ist das immer gleiche Argument auch derjenigen, die viel mehr »Medienerziehung« in der Schule fordern: Das Phänomen existiert ohnehin, setzen wir uns doch kritisch mit der Sache auseinander. Nur dass es mit dem kritischen Ansatz oft nicht weit her ist; dass er keinen Platz im Lehrplan und im Stundenplan hat; und dass das Argument der ideale Türöffner für immer mehr Werbung, *product placement*, Sponsoring-Aktionen und firmengeprägte Lerninhalte ist. In Hamburg gab es 2007 massenhafte Elternproteste gegen eine neue, weichgespülte Werberichtlinie der CDU-Schulsenatorin, die ihren Vorstoß daraufhin einigermaßen kleinlaut zurückzog.

Sponsoring ist im Gegensatz zur Direktwerbung in den meisten Bundesländern erlaubt, aber der Sponsor darf keinen Einfluss auf Unterrichtsinhalte oder Schulorganisation nehmen. Die Aktionen dürfen den »Erziehungs- und Bildungsauftrag« der Schulen nicht gefährden. Die Schule kann zwar als »Gegenleistung« für die finanzielle Unterstützung des Sponsors auf dessen Großzügigkeit hinweisen. Erlaubt sind allerdings nur dezente Werbehinweise, die deutlich hinter dem schulischen Nutzen des Geschenks zurücktreten.

In dieser rechtlichen Situation ist es für Unternehmen offenbar vor allem attraktiv, den Weg über Fortbildungsangebote und Unterrichtsinhalte zu wählen, um ihre Produkte in den Schulen bekannt zu machen. Diese Strategie geht meist, wie am Beispiel Daimler schon angedeutet, mit einer subtilen Abwertung der Lehrerleistung und der traditionellen Unterrichtsmethoden einher. Dabei werden immer wieder die langweiligen, altbackenen Lehrer, die aus zerfledderten Lehrbüchern der achtziger Jahre unterrichten, und die fröhlichen, zukunftsorientierten Kids gegeneinander ausgespielt, die die Schule als eine Art Gefängnis empfinden. Beides ist natürlich Karikatur. Der Umgang mit dem Web 2.0, mit Google Mail oder Powerpoint dürfte unter Lehrern auch nicht weniger verbreitet sein als in der Restbevölkerung; viele Lehrer bemühen sich zudem in fast heroischem Ausmaß, manche veralteten Lehrbuchbestände durch eigene Recherche zu ergänzen. Längst gibt es »Bildungsserver« der Länder, auf denen vielfältige Angebote für Lehrmittel zur Verfügung stehen – das ist allerdings ein neuralgischer Punkt, denn hier ist die Schwelle, die Unternehmen überschreiten müssen, um ihre Inhalte einzuspeisen, viel niedriger als zum Beispiel bei Schulbüchern.

Und die Schüler? Sie sind natürlich mitnichten alle vollverkabelt, allesamt Nachwuchsaktivisten à la Julian Assange (WikiLeaks), politisch bewusste und bewegte Netz-User wie die jungen iranischen Oppositionellen oder überhaupt schon so sehr Weltbürger, dass sie der schulischen Instruktion kaum noch bedürfen. Viele von ihnen gehen trotz der Globalisierung zum Klavierunterricht (auch wenn es weniger werden, zum Leidwesen der privaten Musikschulen und Musiklehrer), viele treiben Sport, viele treffen sich mit Freunden.

Viele wissen relativ wenig über Physik, Literatur, Geschichte, unser politisches System.

Lehrer werden bei uns gut und aufwendig ausgebildet, um den Kindern und Jugendlichen diese Dinge beizubringen – zunächst einmal im direkten zwischenmenschlichen Kontakt und dann natürlich unter Zuhilfenahme aller *Mittel* oder *Medien,* die dafür geeignet und nützlich erscheinen. Der bloße *Einsatz* eines Mediums ist dabei nicht automatisch von Vorteil. Es geht am Ende nur darum, ob die Schüler besser lesen, schreiben und rechnen können. Und vor allem geht es um die Frage, zu was für Menschen sie erzogen werden sollen: zu unkritischen, pflegeleichten Konsumenten und bloßen *Nutzern* neuer Technologien? Oder zu Menschen mit charakterlicher Tiefe und der Fähigkeit, unsere (Konsum-)Welt mit kritischer Distanz zu betrachten und zu hinterfragen? Wenn ganz klar wäre, dass alle Pädagogen »Medienkompetenz« in dem Sinne vermitteln würden, dass es vor allem herauszufinden gilt, welche Medien wir *nicht* brauchen, dann würde die Industrie weniger laut nach diesem Fach rufen.

Medienpädagogen und erfahrene Informatiklehrer bestätigen, dass das Interesse der Kinder an der »Rückseite« der neuen Medien – also an den Fragen: Wie sind sie programmiert? Wie sind sie *gemacht?* Wie wirken sie auf mich? – sehr gering ausgeprägt ist. Genau *dieses* Interesse gälte es aber zu wecken, wenn man eine Generation von kritischen Nutzern statt von Anwendern erziehen will.

Und, das wissen Philosophen und Pädagogen, seit über Erziehung nachgedacht wird, der Weg zum erwachsenen, gebildeten, urteilsfähigen Menschen ist lang, mühsam und funktioniert vor allem nicht über direkte Dressur. Es muss Kindern erlaubt sein, sich mit Gegenständen intensiv zu befassen, die keinerlei direkte Verwertbarkeit für den Arbeitsmarkt (oder das erfolgreiche Konsumentenleben) aufweisen.

Die Fächer Latein und Griechisch sind ein klassisches Beispiel für solche Gegenstände – und ein klassischer Streitpunkt zwischen der bildungs- und der marktorientierten Fraktion. Die Bildungsfraktion sagt: Es ist klar, dass man Altgriechisch im heutigen Alltagsleben relativ selten anwenden kann. Aber wer diese Sprache erlernt (und das Gleiche gilt für Latein), der lernt dabei, wie eine Sprache überhaupt funktioniert. Was Grammatik ist. Wie schwer es sein kann, eine exakt entsprechende Wortbedeutung für einen Begriff zu finden – und dass es darauf *ankommt,* was Sprache sagen will, was *genau* sie sagen will. Wer Griechisch lernt, lernt ganz nebenbei viel Ausdauer und trainiert seine Fähigkeit zum Bedürfnisaufschub, denn natürlich ist die Sprache kompliziert. Wer Griechisch lernt, befasst sich mit Fragen der Politik, der Philosophie, der menschlichen Schwäche, der göttlichen Willkür. Er kommt relativ nah heran an Gedanken, die Jahrtausende alt sind – und uns manchmal doch überraschend vertraut und modern erscheinen. Wer Griechisch lernt, lernt etwas darüber, wo wir und unsere Art der Weltsicht herkommen – und wird sich vielleicht manchmal fragen, woran es liegt, dass Zivilisationen, die bereits ein hohes Komplexitätsniveau erreicht hatten, untergehen. Nichts davon ist direkt relevant für die heutige Freizeitkultur von Jugendlichen oder für das Assessment-Center. Und trotzdem hilft es dabei, ein vom bloßen Zeitgeist etwas unabhängigerer Mensch zu werden.

Die Marktfraktion sieht das selbstverständlich ganz anders. Altgriechisch ist für Axel Dammler, einen der führenden deutschen Konsumforscher, wohl ohnehin jenseits von Gut und Böse, aber in seinem Buch *Verloren im Netz* (das, konträr zum warnend anmutenden Titel, eher eine Apologie der verkabelten Lebensweise ist) erklärt er ausführlich die Überflüssigkeit von Latein: »Natürlich gibt es unzählige

Gründe, warum Latein wichtig ist«, schreibt er, »Man kann daran sehr gut das Lernen lernen, es ist eine glänzende Vorbereitung für das Erlernen anderer romanischer Sprachen usw. Doch könnte man das alles nicht genau so gut über Inhalte vermitteln, mit denen man dann auch im Leben etwas anfangen kann? (…) Mich erinnert das unhinterfragte Festhalten an Latein ein wenig an schmerzhafte Initiationsrituale anderer Kulturen: Weil die Erwachsenen es durchlitten haben, sehen sie es als ganz normal und vor allem auch als notwendig an, ihren Kindern die gleichen Qualen anzutun. Aber ist es wirklich notwendig? Natürlich sollte weiterhin jeder Latein lernen dürfen, der das will, aber der großen Masse der Schüler wäre deutlich mehr geholfen, wenn Latein und Altgriechisch aus den Lehrplänen gestrichen würden. Man muss sich ja nur ansehen, wie begeistert schon Kinder Englisch lernen – Englisch ist ›cool‹ –, und wie schwierig es dagegen ist, sie für Latein zu motivieren.«

An diesem Zitat werden die tiefen Unterschiede deutlich zwischen einer pädagogischen und einer marktorientierten Sicht auf die Schule. Schon Dammlers Wortwahl ist interessant: von »schmerzhaften Ritualen« ist die Rede, von »Qual«. Nun muss erstens guter Lateinunterricht überhaupt keine Qual sein, im Gegenteil, er kann große Freude und Befriedigung vermitteln, wenn die Bedeutungen im Kopf plötzlich an die richtigen Stellen fallen und *Verständnis* folgt – ebenso wie schlechter Englischunterricht ziemlich schwer auszuhalten sein kann. Vor allem aber steckt in den Begriffen die generelle Erwartung, Lernen müsse ganz und gar barrierefrei, ganz und gar schmerzlos sein. Das ist natürlich eine Illusion, ein falsches Versprechen: etwas auswendig zu lernen ist anstrengend. Eine Transferleistung zu vollziehen ist anstrengend. Begreifen ist anstrengend. Es ist anstrengend, Dinge nicht als gegeben hinzunehmen, sondern zu fragen: Könnten sie ganz anders sein? Alles am Lernen ist anstrengend, jeder Lernschritt erfordert für einen Moment Bedürfnisaufschub: Ich muss mich gerade jetzt konzentrieren, ich kann gerade jetzt nicht in den Himmel starren. Lehrer sind ganz wesentlich dazu da, Kindern und Jugendlichen bei diesem Moment des Dranbleibens zu helfen, die Kunst der Motivation besteht darin, ihnen bei einer Anstrengung beizustehen – die freilich, wenn sie bewältigt wurde, auch Zufriedenheit mit sich bringt.

Instruktion oder Manipulation?

Ein weiteres Missverständnis steckt in dem Wort »cool«. Es ist die fast bis zur Unkenntlichkeit vulgarisierte Maxime der antiautoritären Erziehung, Kinder zu respektieren und jederzeit ernst zu nehmen – was heute gern (ohne jede kritische Rückfrage) so verstanden wird, als wüssten die Kinder in jedem Fall selbst, was am besten für sie ist. Gestaltete man den Lehrplan ausschließlich nach dieser Annahme, dann fänden die Kinder allerdings vielleicht »Super-Mario-Spielen« oder »Donuts Essen« noch *cooler* als Englisch.

Und es ist ja auch nicht so, dass eine Vorliebe für Englisch oder Super Mario oder Donuts wirklich aus irgendeiner geheimnisvollen Tiefe der kindlichen Seele kommt. Der Wunsch entsteht, weil Teile der Gesellschaft – die Werbetreibenden, die Verkaufenden, die kommerziellen Trendsetter – den Kindern klargemacht haben, dass dieser Wunsch entstehen kann. Schule und Eltern hingegen müssen den leicht denunzierbaren Standpunkt vertreten, dass sie das langfristige Interesse ihrer Schüler und ihrer Kinder besser kennen als diese selbst – und dass sie ihnen dabei helfen wollen, sich versuchsweise mit etwas so Uncoolem wie Latein zu befassen.

Der Unterschied zwischen pädagogischem und marktorientiertem Menschenbild wird noch an einer anderen Stelle in Dammlers Buch glasklar. »Meine Kollegen und ich sind Konsumforscher«, schreibt Dammler, »und unsere tägliche Arbeit besteht darin, mit Kindern und Jugendlichen zu sprechen, um deren Bedürfnisse zu verstehen. Die daraus resultierenden Ergebnisse werden dann von Unternehmen und Medien dafür benutzt, Produkte und Marken zu entwickeln, die maßgeschneidert sind für diese Zielgruppe. Dahinter steckt die Einsicht, dass der Köder dem Fisch schmecken muss und nicht dem Angler (…) Man kann unsere Arbeit natürlich verwerflich finden, weil es ja meistens ›nur‹ um den Konsum von Produkten geht, und – wenn man so will – durchaus auch um die Manipulation von Kindern und Jugendlichen. Auf entsprechend massiven Widerstand stoßen wir oft, wenn wir zum Beispiel Vorträge vor Lehrern halten.«

Das ist kein Wunder. Denn Lehrer haben in der Regel nicht gelernt, dass es sich bei ihren Zöglingen um Fische handelt, die es auszutricksen gilt. Unterricht hat mit Manipulation nichts zu tun, oder sollte es jedenfalls nicht haben. Beim Unterrichten geht es darum, Menschen mit äußerer Hilfe zu einer inneren Haltung zu führen, die ihnen irgendwann ein eigenes Urteil erlaubt. Erziehung hat alle Möglichkeiten der Entwicklung, die ein Mensch besitzt, stets schon implizit mitzudenken. Und darum ist es meins Erachtens falsch, wenn Dammler eine Parallele zieht zwischen den Zielen der Werber und den Zielen der Lehrer: Beide wollten doch schließlich »Informationen vermitteln und gegebenenfalls auch Verhalten ändern«. Der entwicklungspsychologisch sicherste Weg dazu sei eine Kombination aus »rationaler Information und etwas Emotion«. Aber es sind ganz unterschiedliche Informationen, die die Industrie einerseits und die Schule andererseits vermitteln wollen. Und es sind ganz unterschiedliche »Verhaltensänderungen«, um die es ihnen geht: die einen wollen, dass das Kind etwas kauft. Die anderen wollen, dass das Kind etwas *versteht*. »Rationale Information« über Produkte plus etwas Emotion ergibt Werbung – und die hat in der Schule nichts zu suchen. »Rationale Information« über Geschichte oder Politik plus Emotion ist in der Gefahr, Propaganda zu ergeben – eine Disziplin, mit der wir viel Erfahrung haben in Deutschland und die glücklicherweise nach allgemeinem Konsens in der Schule ebenfalls nichts zu suchen hat. Damit soll kein Wort gesagt sein gegen *interessanten* Unterricht und didaktische Vielfalt. Nur mit Manipulation hat der nichts zu tun, kann er nichts zu tun haben.

Erst abwerten, dann einmarschieren

Es ist trotzdem immer wieder faszinierend, wie vordergründig und verwertbarkeitsorientiert die Interessenvertreter argumentieren, um in die Schulen hineinzukommen: »Damit die BRD im 21. Jahrhundert im internationalen Vergleich ihre Wettbewerbsfähigkeit als Standort erhalten kann«, schreibt zum Beispiel Angelika Gifford, Direktorin *Public Sector* bei Microsoft Deutschland, »muss vor allem das Bildungssystem modernisiert werden«. Microsoft wolle einen Beitrag leisten, um *zeitgemäße Formen von Lehren und Lernen* zu unterstützen. Unterstellung: In den Schulen wird nicht zeitgemäß gelehrt und gelernt. So verschreckt man mindestens die Mittelschicht, die sich ständig um die Zukunft ihrer Kinder sorgt. So wird Politik gemacht mit Standortängsten – die sich zufällig und glücklicherweise mit Produkten bekämpfen lassen, die Microsoft und einer ganzen Branche Gewinn bringen.

Pädagogen und politisch Verantwortliche müssten eigentlich alarmiert reagieren auf diesen Versuch, eindeutig interessengeleitete Gesichtspunkte in die bildungspolitische Diskussion – und in die Schulen – hineinzudrücken, aber allenthalben sieht man nur lächelnde Politprominenz, die sich in den Dienst von Microsoft-Kampagnen stellt. Das mag viel damit zu tun haben, dass die Gegenposition – mehr Computer für die Schulen sind nicht unsere Hauptsorge, wenn es um Bildung geht – mit dem Etikett des Gestrigen, des Ganz-und-gar-nicht-Zukunftsfähigen beklebt ist. Außerdem müsste man dann alternative, deutlich anstrengender zu diskutierende Vorschläge machen, zum Beispiel zur Integration von Migrantenkindern, zur Sozialarbeit in Schulen, zur Elternarbeit und zur Frage, welche didaktischen Konzepte funktionieren und welche nicht. Lieber lassen sich Bildungspolitiker da zu (fortschrittlich anmutenden) Bütteln von Geschäftsinteressen machen, als für unzeitgemäße Bildungsromantiker gehalten zu werden.

Immerhin tut Microsoft etwas für »IT-Fitness«, die, so die Meinung des Unternehmens, heute neben Lesen, Schreiben, Rechnen als *vierte Kulturtechnik* zu betrachten sei. Man muss sich das auf der Zunge zergehen lassen: Der hochkomplexe, mühsam eingeübte kognitive Prozess des Lesenlernens, der schließlich – nach langer Übung! – zu fast automatischem Textverständnis führt, soll das Gleiche sein wie das *Auffinden* eines Textes im Netz oder das Einstellen eines Harry-Potter-Fingerpuppen-Videos auf YouTube. So oder so: Microsoft strebte in den vergangenen Jahren danach, vier Millionen Menschen in Deutschland mit einem IT-Fitness-Online-Test (und kostenlosem Training) im Umgang mit PC und Internet zu qualifizieren. Diese Initiative wurde beschlossen, damit, so Gifford, »Lehrer ihren Unterricht an die heutigen Anforderungen anpassen und die

Lerninhalte mittels digitaler Medien vermitteln können«. Aber wer definiert die »heutigen Anforderungen« und, wenn wir schon darüber nachdenken, »die Lerninhalte«? Eine Softwarefirma?

Die Firma Nintendo, die vom Verkauf ihrer Spielkonsolen und digitalen Spiele lebt – ihr erfolgreichster Held ist der hüpfende Klempner Mario –, versucht ebenfalls, den Lehrern in verschiedener Hinsicht unter die Arme zu greifen: Auf ihrer Internetseite bietet sie ihnen »vorbereitetes Unterrichtsmaterial, Arbeitsblätter, Lernmaterialien« an. Außerdem haben Lehrer die Möglichkeit, bis zu vier Wochen lang den »Nintendo-Koffer« zu nutzen, der randvoll ist mit Spielkonsolen und Lernspielen. Auch die über Bewegung gesteuerte Spielkonsole Wii kann für die Schule ausgeliehen werden. Nintendo wendet sich mit diesem Angebot vielsagend an »aufgeschlossene« Schulen – und impliziert damit, wer gegen digitale Spiele in der Schule sei, müsse auch in irgendeiner Form verbohrt und humorlos sein. Inzwischen ist es der Firma gelungen, in verschiedenen Bundesländern Pilotprojekte in Zusammenarbeit mit Kultusbehörden ins Leben zu rufen. Dort soll erforscht werden, »ob und wie sich die Maßnahmen Einsatz der Spielkonsole Wii im Unterricht auf die Lernerfolge und Schulleistungen auswirken«. Das ist nämlich noch völlig unklar. Aber mit dem elektronischen Modernitätsbonus ist es dem Spielehersteller gelungen, die unsichtbare Mauer, die die Schule bislang umgab, wenn es um Produktwerbung ging, zu untertunneln. Die Kinder finden's natürlich großartig – sagt Nintendo. Es geht auch gar nicht darum, ob nicht das eine oder andere Mathematik- oder Englisch-Spiel tatsächlich Freude macht und zum Beispiel Vokabelkenntnisse verbessert. Es geht darum, dass die elektronische Lebensweise – und dies auch noch verbunden mit einer bestimmten Marke – von der Schule geradezu empfohlen wird, wenn sie die Nintendo-Koffer einsetzt. Und das ist nicht die Aufgabe der Schule. Sie müsste Kindern viel eher beibringen, draußen im Leben kritisch zu überlegen, was die elektronische Lebensweise ihnen bringt – oder antut.

Es ist den Schulen selbst, vor allem aber den Elternvertretern, dringend zu raten, sich kritisch mit Modellprojekten auseinanderzusetzen, die eine Marke – sei es eine Spiele- oder eine Lebensmittelmarke – dermaßen direkt ins Schulleben tragen. Und das gilt besonders, wenn der Hersteller nicht von vornherein didaktische Wirksamkeit nachweisen kann. Die dürfte Nintendo ja selbstverständlich erforschen lassen – auf eigene Kosten, und nicht in öffentlichen Schulen. Und sehr viel wohler wäre einem ohnehin, wenn es die Kultusministerien wären, die die Testung neuer Unterrichtsformen bei seriösen Instituten mit pädagogischem Fachwissen in Auftrag gäben. Im Augenblick läuft es genau andersherum: Nintendo drängt den Schulen ein Projekt auf – was sich damit erreichen lässt, sollen sie selbst herausfinden. »Bei den didaktischen Konzepten gibt es noch Nachbesserungsbedarf«, sagt Bernd Fakesch, ein Nintendo-Manager: »Aber die Ansätze können nur aus dem Bildungssystem selbst kommen. Unsere Kernkompetenz liegt in der Entwicklung von Videospielen.« Stimmt genau. Und ebendeshalb fragt man sich, was Nintendo in den Schulen zu suchen hat und welche Motive – außer einem verzweifelten Modernitätsstreben – die Kultusministerien in dieser Frage treiben.

Die Verbraucherzentralen fordern seit Jahren das durchgängige Verbot von kommerzieller Produktwerbung in Schulen, bundeseinheitliche Standards für Sponsoring und »Verbraucherbildung« als Unterrichtsfach. Dazu sollte unbedingt eine strengere Bewertung von Unterrichtsmaterialien und Lehrerfortbildungen kommen, die offenkundig dazu dienen, einem Unternehmen das Tor zur Schule zu öffnen.

Mi, Ma, Maus, das Zimmer sieht gut aus

Der bereits erwähnten Firma Microsoft ist sogar der Sprung ins jüngste Zielgruppensegment gelungen, nämlich zu den Kindergartenkindern. Ihr Projekt »Die Schulmäuse« zielte auf Drei- bis Sechsjährige und lohnt eine nähere Betrachtung.

In deutschen Kindertagesstätten hat sich ebenso wie in den Schulen in den vergangenen Jahren viel verändert. Kitas sehen bei sich mehr als früher einen Bildungsauftrag. Sie wollen kognitive Prozesse anregen und Kindern zielgerichtet etwas beibringen.

Die ältere Ideologie des »freien Spiels« und die Konzeption des sich »entfaltenden Lernens«, die nur thematisieren wollte, was vom Kind selbst kommt, hat vielen Drei- bis Sechsjährigen, gerade aus benachteiligten Familien, Möglichkeiten vorenthalten, die sie dringend gebraucht hätten. Und was könnte man sich nun alles vorstellen: Vorlesen, Vorlesen, Vorlesen; Sport; Basteln, Malen, Töpfern; Kochen, Backen; Musizieren und Singen; Theater spielen und Theater besuchen; Handwerksbetriebe erkunden, sich ein Bild von der eigenen Stadt verschaffen, Bauernhöfe erforschen ... Gewiss, vieles davon versuchen die Kitas mit geradezu hingebungsvollem Engagement – und äußerst knappen Mitteln. Platz, schöne Außenanlagen und ausreichend Personal (ganz zu schweigen von mehrsprachigen Erzieher/innen) sind immer noch knapp in der Frühpädagogik. Gleichzeitig mangelt es in den benachteiligten Familien an allem: an Büchern, an fernsehfreier Zeit, an Ernährungskenntnissen, an Bewegung, am

Gespräch. Viele Kinder aus sozialen Brennpunkten haben noch nie die Zentren, die repräsentativen Bauten, die Museen ihrer Städte besucht.

Diese im Übrigen nicht neue Lage, die kaum ein/e Erzieher/in bestreiten wird, hätte irgendwann Anlass werden müssen für eine Art bildungsbürgerlicher Offensive in den Kitas: Wer zu Hause keine Chance auf die entsprechenden Erfahrungen hat, soll sie wenigstens im Kindergarten machen können. So eine Initiative hätte von der Bundesfamilienministerin ausgehen können, vom Städtetag, selbstverständlich auch von Firmen, die gesellschaftliche Verantwortung übernehmen wollen – ohne Gegenleistung. Wie herzergreifend wäre es gewesen, wenn etwa der Software-Gigant Microsoft es unternommen hätte, für 60 000 Kindergarten-Kinder in Deutschland Musikunterricht zu finanzieren, oder 3000 Kindergärten mit traumhaften Bilderbuchbibliotheken (plus Vorlesepaten) auszustatten. Doch Microsoft hat »gesellschaftliche Verantwortung« anders buchstabiert und für 60 000 Kinder lieber das organisiert, womit sich die Firma am besten auskennt: Software. »Ihre Motivation von Firmen wie Microsoft speist sich im Wesentlichen aus der Absicht, Kinder oder Jugendliche schon im frühen Alter auf die Existenz des jeweiligen Anbieters aufmerksam zu machen und darüber eine ›großräumige Kundenbindung‹ herzustellen«, heißt es – ohne jeden kritischen Unterton – im bereits zitierten E-Learning-Bericht des Bundestags-Bildungsausschusses. Zahlreiche Ministerinnen haben die Schlaumäuse unterstützt.

Was hat es mit Microsofts altruistischem Kindergartenprojekt auf sich? Es handelt sich dabei um zwei Softwareprogramme (»Die Schlaumäuse«, »Neues von den Schlaumäusen«), die Microsoft an Kindergärten verschenkte. In der Startphase gab es auch die Computer umsonst, später ermutigte Microsoft seine Vertriebspartner dazu, sie zu stiften.

Die »Schlaumäuse« wurden entwickelt von einer Pädagogikprofessorin der FU Berlin, die zuvor jahrzehntelange, wenig erfolgreiche Kämpfe um Lesesoftware ausgefochten hatte, die der Berliner Senat in Grundschulen nicht haben wollte. Man tut der Wissenschaftlerin vermutlich nicht Unrecht, wenn man sagt, dass ihre größte Erfahrung im Bereich des *Schriftspracherwerbs* liegt. Das Schlaumäuse-Programm, erstellt in Zusammenarbeit mit einer Diplompädagogin, sollte nun aber in erster Linie Kindergartenkindern das *Sprechen* beibringen. Dabei wirkt es auf den Laien immer noch sehr schriftorientiert: Einzelne Aufgaben erfordern es zum Beispiel, geschriebene Wortsilben in die richtige Reihenfolge zu bringen. Auch die Belohnungsstrategien des Programms dürften Freunde besserer Kinderliteratur erzittern lassen: »Mi, Ma, Maus, das Zimmer sieht gut aus/ Tapete steht den Wänden gut, Farbe macht uns frohgemut«, singen die Mäuse beispielsweise, wenn eine Aufgabe richtig gelöst wurde. »Kriesel, Krasel, Krötenort/herauskomme [sic!] ein neues Wort« lautet die Arbeitsanweisung in der Zauberbude.

Aber das alles ist kein Problem und wird den Kindern gewiss nicht schaden, wenn sie sich eine halbe Stunde am Tag damit beschäftigen. Ein Problem sind eher die gewaltige Aufmerksamkeit und das Getrommel, die einem Produkt zuteilwerden, das erstens ganz plump den Marketing-Strategien einer bestimmten Firma dient und dessen Wirksamkeit, zweitens nicht wirklich nachgewiesen ist. Es gibt zwar eine »wissenschaftliche« Begleitstudie zu den Schlaumäusen, von der die Firma in ihren Hochglanzbroschüren auch viel hermacht. Doch diese Studie haben, erstens, die Autorinnen der Software selbst erstellt; sie misst, zweitens, nicht die tatsächlichen Lernfortschritte der Kinder, sondern interpretiert lediglich Beobachtungen von Erzieher/innen und Eltern; und sie zieht insbesondere, drittens, nur Aussagen von Erzieher/innen in Betracht, die an einer zweitägigen, von Microsoft finanzierten Schulung im Umgang mit dem Programm teilgenommen haben. Ohne jeden übertriebenen Arg darf die Aussagekraft der (selbstverständlich überwältigend positiven) Ergebnisse in Zweifel gezogen werden.

Besucht man eine Kindertagesstätte, in der begeistert mit den »Schlaumäusen« gearbeitet wird, dann stellt sich auch schnell heraus, wie die Kampagne funktioniert. Microsoft hätte sich kaum einen ausgehungerteren, mit öffentlicher Zuwendung knapper gehaltenen Bereich zum Angreifen aussuchen können als gerade die Kindergärten in sozialen Brennpunkten. Die Arbeit hier ist *wirklich* schwer, die Erfolge minimal, die Gruppen zu groß, die Eltern nicht immer dankbar oder auch nur kooperativ. Kaum jemand lobt die Menschen, die hier tätig sind (oder bezahlt ihnen ein Gehalt, das ihrer Leistung für die Gesellschaft angemessen wäre). Kita-Räume umweht, bei allem liebevollen Bemühen, allzu oft ein Hauch des Schäbigen, Beinahe-Vergeblichen. Und dann kommen fröhliche, dynamische, gut angezogene junge Microsoft-Paten in die Kita wie erste Sonnenstrahlen im Frühling. Sie beantworten Fragen, sie beobachten interessiert, was die Erzieherinnen tun (wer tut das sonst?), sie machen sogar Hausbesuche bei manchen Eltern, sie sind per E-Mail fast immer zu erreichen. Auf einmal geschieht in so einer Kita etwas Wichtiges. Auf einmal kann man zu einer Fortbildung fahren, wie sie sonst nur für Leute aus der Wirtschaft veranstaltet wird. Auf einmal ist der Fortschritt da. »Was die Microsoft-Leute hier für die Kinder tun, konsumier' ich«, sagte mir die Leiterin einer Einrichtung, die ich fragte, ob ihr der Werbeaspekt der ganzen Veranstaltung keine Sorgen bereite. Und von den Eltern habe sich auch niemand beschwert.

Wer die »Schlaumäuse« spielenden Kinder am Computer beobachtet, bekommt zweierlei zu sehen: Zum einen gibt es Kinder, die mit den Aufgaben durchaus etwas anfangen zu können scheinen, die insbesondere die vorgelesenen Laute richtig sortieren und die gesprochenen Anweisungen offenbar verstehen; zum anderen gibt es aber diejenigen, die die Aufgaben nach dem *trial and error*-Prinzip so lange ausführen, bis die Mäuse-Party auf dem Bildschirm anzeigt, dass sie es richtig gemacht haben. Dieses Vorgehen wird auch dadurch erleichtert, dass einige Aufgaben *multiple choice*-Fragen sind. Zumindest bei diesen Kindern wäre es absolut nötig, im Gespräch zu überprüfen, ob sie etwas und *was* sie verstanden haben.

Aber die Erfinderinnen der Software kennen auch den harten Alltag in den Kitas. Beruhigend heißt es daher im Begleittext: »Für die zeitliche Eingliederung der Lernsoftware in den Kindergartenalltag ist es noch wichtig, dass für die Erzieher/innen nicht notwendigerweise ein größerer zeitlicher Aufwand entsteht, da sich die jungen Lerner in der Regel gemeinsam mit den anderen Kindern mit den selbsterklärenden Programmen beschäftigen.«

Einen Affekt gegen die Schulpädagogik kann man auch hier wieder durchhören: Der Gegensatz wird nicht ausgesprochen, aber mit den »Schlaumäusen« jedenfalls lernen die Kinder »interessiert und selbstbestimmt: Es geht nicht um Lernen durch Belehrung.« Vielmehr machen die Kinder am Computer ihre eigenen Regeln – »auf diese Weise entfaltet sich allmählich das Sprachvermögen«.

Wie gesagt, das Sprechenlernen wird durch die »Schlaumäuse« sicher auch nicht gehemmt. Aber höchst diskussionswürdig ist die Selbstverständlichkeit, mit der ein Unternehmen hier für sich werben kann. Fragwürdig ist der Einsatz von Produkten, deren höhere Wirksamkeit gegenüber einer Kiste Bilderbücher nicht nachgewiesen ist. Und eine Katastrophe ist die Botschaft, die derart aufmerksamkeitsheischende Aktionen an die Eltern gerade benachteiligter Kinder senden: Der Computer ist gut für eure Kleinen, und wenn ihr ihnen etwas Gutes tun wollt, gebt ihnen Computer.

DAS KIND ALS PRODUKT

Über den Optimierungswahn der Eltern

Die Produzenten von scheußlichen Spielsachen, ungesundem Fast Food, hirnverbrannten Fernsehserien oder gewalttätigen Computerspielen tragen die Hauptverantwortung dafür, dass Kinder heute ein belagertes, ein umzingeltes Leben führen. Sie, und ihre Werbestrategen. Und dreisterweise blicken sie dabei noch unschuldig drein und sagen: Also, *unsere* Kinder sind in Ordnung, und es liegt sowieso alles in der Elternverantwortung.

Ich habe versucht zu beschreiben, wie schwer sie es uns machen, diese Verantwortung wahrzunehmen. Aber es stimmt natürlich auch: Die letzte Entscheidung liegt bei uns. Und wir sind Teil einer konsumorientierten Welt, die materielle Werte oft sehr hoch schätzt und ideelle manchmal nicht so sehr. Wir arbeiten uns halb tot, um uns einen Lebensstil leisten zu können, der unser Kind *dazugehören* lässt. Und dementsprechend haben wir kaum noch Zeit, uns darum zu kümmern, wie das Leben dieses Kindes tatsächlich verläuft. Machen wir uns nichts vor: Wir kaufen Produkte für unser Kind, die es nicht alle braucht. Und mitunter behandeln wir das Kind selbst wie ein Produkt, wie ein Accessoire.

Es gibt gute strukturelle Gründe, warum das so ist. Erstens kommen heute weniger Kinder auf mehr Eltern. Die Zahl der Geburten im Jahr 2009 war mit 665 000 die niedrigste seit dem Ende des Zweiten Weltkriegs. Die Ursachen hierfür sind vielfältig: die Auflösung traditioneller Familienstrukturen, die Karriereorientierung der Frauen, die beruflichen Unsicherheiten, ein galoppierender Individualismus, der es Menschen schwer macht, sich festzulegen. Sicher ist, dass die wenigen Kinder von ihren vielen Erwachsenen mit Geschenken geradezu überschüttet werden.

Parallel dazu gibt es den Trend zu weniger Eltern für mehr Kinder. Beziehungen zerbrechen leichter als früher, immer häufiger liegt die Erziehungsaufgabe bei einem Elternteil (in neun von zehn Fällen bei der Mutter). Von den acht Millionen Familien in Deutschland muss ein Fünftel mit nur einem Elternteil auskommen. Kinder aus Ein-Eltern-Familien müssen häufiger für sich selbst sorgen oder einen Teil der Einkäufe erledigen. Sie werden, notgedrungen, früher selbständig und kommen früher mit der Welt des Konsums in Kontakt. Außerdem besteht immer das Risiko, dass der nicht-dauerverantwortliche Elternteil versucht, sich die Liebe des Kindes mit Geschenken zu sichern.

Drittens steigt das durchschnittliche Alter der Eltern bei der Geburt des ersten Kindes kontinuierlich an und liegt besonders bei Akademikern oft über 30 Jahren. Das bedeutet zum einen, dass die Entscheidung für ein Kind sehr bewusst getroffen wird, dass man dieses Kind besonders ersehnt und das Beste für es tun will. Und zum anderen, dass das Einkommen dafür auch vorhanden ist.

Viertens wird es immer üblicher, dass beide Eltern arbeiten: Das führt zu größerem materiellem Wohlstand der Familien, aber auch zu einem latent schlechten Gewissen gegenüber den Kindern, für die man irgendwie nie richtig Zeit hat – und denen man statt dieser Zeit *Dinge* schenkt.

Zudem werden, laut einer Langzeitbeobachtung des Instituts für Demoskopie Allensbach, die Angehörigen besonders der Unter-, aber auch der Mittelschicht immer skeptischer, was die Durchlässigkeit der deutschen Gesellschaft angeht: Sie erwarten für ihre Kinder keineswegs bessere Lebensverhältnisse als die, die sie selbst erfahren haben. Bei der Unterschicht führt das zunehmend zu Statusfatalismus – der Einzelne kann sowieso nichts tun –, bei der Mittelschicht aber zu einem Förderungs- und Bildungsfanatismus, der beängstigende Formen annimmt. Die Statusängste der Mittelschicht sind ein großartiges Einfallstor für die »edukativen« Angebote des Marktes. Deren Überzahl wiederum macht die Eltern immer unsicherer in der Frage, was sie für ihre Kinder tun sollen und ob es reicht, einfach mit ihnen zu spielen, zu singen, ihnen vorzulesen.

Der Stress der Mittelschicht ist vor allem deshalb so grotesk, weil wir in der Bundesrepublik zum ersten Mal seit vielen Jahren eine Situation vorfinden, die einerseits hochproblematisch, für junge Leute aber geradezu ideal ist: Wir nähern uns der Vollbeschäftigung. In 20 Jahren werden doppelt so viele Menschen den Arbeitsmarkt verlassen, wie am Beginn des Arbeitslebens nachdrängen. Das ist eine Katastrophe für die Renten- und Krankenkassen, aber fast ein Traum für unsere Kinder: jedes, wirklich jedes wird gebraucht werden, und die meisten von ihnen werden vermutlich etwas tun können, was ihren Neigungen entspricht. Eltern werden mit der konkurrenzorientierten »Auf-Teufel-komm-heraus«-Förderung nicht mehr allein sein, Arbeitgeber werden mehr zu Fort- und Weiterbildung beitragen und sich um Absolventen bemühen müssen. Es wäre also an der Zeit, sich ein wenig zu entspannen und den Chinesischkurs vom dritten auf das vierte Lebensjahr zu verschieben.

Von Entspannung ist aber einstweilen noch nichts zu merken. Vielmehr sprießen überall Bildungseinrichtungen aus dem Boden, die versprechen, die Kinder viel besser, viel früher, viel individueller zu fördern – für stattliche Summen von zum Teil deutlich mehr als 1000 Euro im Monat. Solche Orte der Kinderbetreuung nennen sich auch nicht mehr Kindergarten – ein rührend altmodischer Ausdruck –, sondern zum Beispiel FasTracKids (Überholspur-Kinder). Dort können schon unter Einjährige mit ihren Eltern an Zeichensprache-Kursen teilnehmen, die sich an der *American Sign Language* (ASL) orientieren: »Untersuchungen zeigten«, heißt es darin auf der Homepage der Organisation, »dass Signing den IQ erhöhen kann und die Entwicklung der gesprochenen Sprache beschleunigt.« Und: »FasTracKids sind Gleichaltrigen um ein bis zwei Jahre voraus.«

Ist das eigentlich erstrebenswert? In welchen Wettlauf müssen sich Dreijährige denn begeben? Müssen Sechsjährige perfekt Englisch sprechen – oder reicht es, wenn Jugendliche das am Ende der weiterführenden Schule tun? Auf dem Weltarbeitsmarkt konkurrieren sie sicherlich erst dann. Und die stetig steigende Lebenserwartung lässt ihnen sehr viel Zeit für eine Karriere. Es ist sicher richtig, dass Erzieherinnen in der Vergangenheit oft zu zurückhaltend darin waren, kindliche Lernbedürfnisse zu befriedigen und sich auch an bildungsbürgerlichen Erwartungen zu orientieren, die Kinder also zum Beispiel mit Theater, klassischer Musik, Museen und Bibliotheken in Kontakt zu bringen. Aber das hat sich, erstens, im staatlichen Betreuungsbereich deutlich geändert. Und zweitens klingt eine Selbstbeschreibung wie die von FasTrac schlicht beunruhigend: »FasTracKids möchte die Möglichkeiten der frühkindlichen Bildung verbessern.

Mit Hilfe der FasTrac® Lernstation können qualitativ hochwertige Programme wie FasTracKids®, FasTrac® Tots, Fas Trac® Explorers, FasTrac® Discoverers und FasTrac® Camps angeboten werden. Abgerundet wird das Angebot mit Fas Trac® Signing (Babyzeichensprache) und FasTrac® Music (musikalische Früherziehung). FasTracKids steht für eine beständige, hochqualitative Lehrmethode, die alle Sinne des Kindes anregt.«

Die US-Kette betreibt weltweit Kleinkinderschulen. Bei ihren jungen Kunden sollen »versteckte Potenziale aktiviert« und das Gehirn der Kinder zur »maximalen Kapazität« angeregt werden. Anbieter wie dieser verweisen gern auf die Hirnforschung, auf »Zeitfenster« der kognitiven Entwicklung, die sich schließen, wenn die Kinder nicht rechtzeitig optimal angeregt und gefördert werden. Diese »Zeitfenster« sind in der Hirnforschung durchaus umstritten, Fachleute wie der Ulmer Neurologe Manfred Spitzer warnen eher vor Lernprogrammen für Babys, besonders wenn sie sich stark auf elektronische Medien stützen.

Auch die Kita-Kette »Little Giants« preist den hohen Standard ihrer Betreuung und der konsequent zweisprachigen Erziehung an. Im Internet werben die »Little Giants« damit, dass Kinder, die ihre Krippe besucht hätten, später »bessere Schulleistungen« erzielten, »höheres Selbstvertrauen entwickelten« und auf »gute akademische Leistungen« vorbereitet seien. »Little Giants«-Gründerin Jelena Wahler gibt zu Protokoll, dass Kinder, die Kita und Kindergarten ihrer Einrichtungen durchlaufen haben, Englisch in der Regel »fast oder genauso gut wie Deutsch« sprächen. Das mag durchaus nützlich sein, wenn die Eltern mit ihnen direkt zu Beginn der Grundschulzeit ins englischsprachige Ausland ziehen wollen. Gehen die Kinder aber auf eine normale deutsche Grundschule, dann nützt ihnen der Wissensvorsprung wenig, und sie laufen Gefahr, die Sprache wieder zu vergessen.

Zweisprachige Erziehung stellt hohe Anforderungen an ein Kind, aber sie kann in Kitas natürlich ebenso gelingen wie in zweisprachigen Elternhäusern. Das Problem all der »kleinen Riesen«, der *Early Learning Center*, Überholspur-Kinder, China Coaching Centers und ähnlicher Angebote für Krippen- und Kindergartenkinder scheint mir in zwei Punkten zu bestehen: Zum einen delegitimieren sie das staatliche Betreuungs- und Schulangebot. Es hatte gute pädagogische Gründe, die erste Fremdsprache auf der weiterführenden Schule beginnen zu lassen, weil die Kinder bis dahin genug andere Entwicklungsaufgaben zu bewältigen haben – aber jetzt wirkt diese menschenfreundliche Pädagogik wie ein Versäumnis, wie Nachlässigkeit zu Lasten der Kinder. Zum anderen führen die Elite-Krippen Kategorien wie Leistung und Konkurrenz zu einem Zeitpunkt ein, an dem die Kinder noch damit kämpfen, ihre Eltern jeden Tag loslassen zu müssen – und zu einer Zeit, da sie in Gruppen noch kaum zusammen spielen können.

Eltern werden durch derartige Angebote – und es ist ja alles teuer und zum Besten der Kleinen – womöglich davon abgehalten, die tatsächlichen Bedürfnisse ihrer Kinder wahrzunehmen. Kinder sind in dieser Sicht nicht mehr so sehr Wesen, die man liebt, die bestimmte Entwicklungsprozesse relativ autonom durchlaufen müssen und dafür vor allem zugewandte Erwachsene brauchen – sie werden stattdessen zu Produkten, die es (für einen ordentlichen Preis) zu optimieren gilt. Dafür legen Eltern sich krumm, dafür arbeiten sie mehr als zuvor, anstatt selbst mehr Zeit mit ihren Kindern zu verbringen: Aber wenigstens tun sie es in dem guten Gefühl, sich die beste Dienstleistung zu kaufen, die auf dem Markt zu haben ist. Dem Kind Chancen zu eröffnen, bedeutet heute unweigerlich, nicht selbst mit ihm zu tun zu haben, sondern es in die Hände von Experten zu geben: von Kita-Experten, Judo-Experten, Ballett-Experten, Klavier-Experten, Chinesisch-Experten, Yoga-Experten, Logopädie-Experten, Psychologen. Man fragt sich, wie *wir* ohne all diese professionelle Unterstützung überhaupt aufwachsen konnten.

Alles wird instrumentell: Die allgegenwärtigen Kinder-Unis sollen Spaß machen, ja – aber doch bitte auch die Kinder rechtzeitig an naturwissenschaftliches Verständnis heranführen. Ein Opernbesuch ist nicht einfach schön und ergreifend, nein, »wiederholte Opernbesuche fördern die Konzentrationsfähigkeit« – jedenfalls, wenn man sie umfangreich vorbereitet hat. Selbstverständlich muss auch die schüchternste 16-Jährige ein Jahr in Amerika verbringen, Heimweh hin oder her. Soziales Engagement von Jugendlichen? Klar, das macht sich gut im Lebenslauf.

Schnuller von Swarovski

Mit dem intellektuellen Ausstattungswahn korrespondiert ein materieller, der genauso wenig mit den Bedürfnissen der Kinder zu tun hat. Als ich meine Tochter erwartete, hatte ich zunächst einmal nur eine einzige materielle Sorge: Ich wollte unbedingt ein Behältnis haben, in das ich das Baby hineinlegen könnte. Sobald sich erwies, dass man das Liegeteil des geliehenen Kinderwagens abnehmen und das Baby darin herumtragen konnte, war ich beruhigt. Natürlich kaufte man ein paar Strampler (und bekam noch mehr geliehen oder geschenkt), aber das waren organisatorische Angelegenheiten. Nachgedacht habe ich damals viel mehr über *Die Macht der Frauenärzte* (Gerhard Amendt) oder darüber, ob die Klinik, in der ich zu entbinden gedachte, Frauen respektvoll behandelt; oder über die von Barbara Sichtermann aufgeworfene Frage, wie symbiotisch das *Leben mit einem Neugeborenen* wirklich sein muss und ob besagtes Neugeborene tatsächlich gut neben einem laufenden Fernsehapparat einschlafen kann (nein). Vielen Freundinnen ging es damals ähnlich.

Innerhalb nur einer Generation hat sich die bevorstehende Geburt eines Kindes von einem für alle Beteiligten in erster Linie seelisch bedeutenden Ereignis zu einem Konsumanlass erster Güte gewandelt. Damit meine ich nicht, dass die seelisch-körperlichen Fragen nicht immer noch in extenso diskutiert würden (die Regalmeter an Ratgeberliteratur beweisen es), aber die Ausstattungsschiene ist hinzugekommen – und manchmal hat man den Eindruck, dass man in der ganzen Sache hauptsächlich einen neuen Einkaufsanlass sieht.

Für die Erstausstattung eines Neugeborenen geben die Deutschen im Durchschnitt 1400 Euro aus, davon 800 Euro für Kinderbekleidung, die die Babys wenige Wochen tragen werden. Das macht den Markt für Babykleidung zu einem der wenigen Wachstumsbereiche in einem insgesamt stagnierenden Textilmarkt.

Viele Marken für Erwachsene versuchen inzwischen, sich auch im Baby-Bereich zu etablieren: Tommy Hilfiger, Polo Ralph Lauren, Kenzo, Burberry. Die Eltern kaufen die Produkte, weil sie selbst die Marken schätzen, weil das Baby im Designer-Strampler das schickere Accessoire ist als das Baby im Discounter-Plüsch. Druck von der *peergroup* des Kindes gibt es in diesen ersten Wochen und Monaten jedenfalls noch nicht. Das spricht nicht gegen die entzückenden kleinen Teile – wir sollten uns nur klarmachen, dass es *unsere* Entscheidung ist, sie zu kaufen. Das Wohl des Kindes hängt nicht davon ab.

Der Strampler ist übrigens vermutlich ein schlechtes Beispiel für ein typisches Stück Kinderkleidung, denn er befindet sich auf dem Rückzug. Heute ist es wieder sehr viel üblicher, Kinder in Kleidungsstücke zu kleiden, die denen der Erwachsenen nachempfunden sind: Hosen und kleine Pullover, Kleidchen, jede Menge schicke Outfits für besondere Anlässe wie Weihnachten, Taufe, Geburtstagsfeiern. Die kind- und spielgerechte Kleidung wie der Strampelanzug war eigentlich eine pädagogische Errungenschaft, eine Folge der Erkenntnis, dass Kinder ganz andere Bewegungsbedürfnisse haben als Erwachsene. In einem Kleidchen kann man praktisch nicht krabbeln, und wer sich in Hemd und Hose babymäßig windet, hat ständig einen kalten Bauch. Bei der Kinderkleidung begegnet uns wieder die Kompetenzunterstellung gegenüber Kindern, die coole – nicht babyhafte – Sachen tragen sollen. Sollen, nicht wollen: Denn Babys *wollen* krabbeln, Marken sind ihnen herzlich egal. Aber wir als Eltern und Kunden sind hier zum ersten Mal mit der Kompetenzvermutung konfrontiert und müssen selbst entscheiden, wie absurd sie uns zu diesem Zeitpunkt erscheint.

Die zahlreichen Eltern- und Familienzeitschriften, die in den vergangenen Jahren an den Kiosken erschienen sind, bieten eine ziemlich geniale Mischung aus Frühförderungs- und Produktberatung. In *Mama's Life* geht es vor allem um aufeinander abgestimmte Mutter-Tochter-Outfits, aber wir lesen auch »Hilfe, mein Kind leidet an Burn-out!«. *Baby & Co* enthüllt: »Bewegung macht schlau!«, *Familie & Co* erklärt: »Sieben Wege zum Familienglück«, *Eltern family* sagt: »Du schaffst das! Mutmacher für kleine Angsthasen«, und die renommierte Zeitschrift *Eltern* bringt mit einem Eltern-Spezial (Einkaufen fürs Baby) die Konsumsache auf den Punkt: »Das will ich haben!«, lautet seine Schlagzeile, und es ist kein Kind, das da ruft. »Wir wollen sie schwelgen lassen in wunderschönen Kleinigkeiten – von der Spieluhr bis zur Schnullerkette, vom Schlafsack bis zum Kinderteller. Einfach zum Verlieben – so, wie auch ihr Baby werden wird. Freuen Sie sich drauf! Ihre Eltern-Redaktion.«

Hier ist man fast geneigt, die Redakteure zu verteidigen (wie zuvor die Fernsehmacher): Sie tun ja auch nur ihre Arbeit, und die Verlage zwingen immer mehr seriöse Journalisten dazu, Texte zu schreiben, die nicht mehr sind als schlecht kaschierte PR – um ein angenehmes »Anzeigenumfeld« zu bieten. Trotzdem, die Aussage, Baby-Accessoires seien so liebenswert wie das Baby selbst, ist ein ziemlich starkes Stück. Auf einer Doppelseite präsentiert die Redaktion »Designträume«: zum Beispiel einen Schnuller, der mit Swarovski-Kristallen besetzt ist, ein Bobbycar in Form eines Saab-Roadsters, einen Kaschmir-Anzug (zweiteilig, 260 Euro), den die erste undichte Windel auf ewig ruinieren dürfte. Dazu heißt es: »Was Sie hier sehen, ist teuer, nicht immer praktisch, und Ihr Kind wird sich kaum dafür interessieren. Aber schließlich dürfen wir Eltern uns auch mal was fürs Auge gönnen, oder?« Teuer, unpraktisch, dem Kind egal – besser könnte man eigentlich gar nicht vor bestimmten Kinderprodukten warnen. Das Paradoxe liegt darin, dass es durchaus eine Eltern-Zielgruppe geben dürfte, die sich genau dadurch angesprochen fühlt. Das aber sind schlechte Nachrichten für die Kinder.

Werdende oder gerade gewordene Eltern konsultieren Entwicklungsleitfäden – was sollte das Baby zu welchem Zeitpunkt können, wann kann es sich vom Bauch auf den Rücken drehen, wann fängt es wahrscheinlich an zu sitzen, ab welchem Monat verträgt es welchen Brei. Das Eltern-Spezial liefert eine ganz eigene Entwicklungsliste: Nämlich was man in welchem Monat kaufen sollte. Den Kinderwagen sollte man schon im 6. Schwangerschaftsmonat bestellen –

jedenfalls, wenn man auf ein bestimmtes Modell Wert legt, denn die Lieferzeiten können lang sein. Ähnliches gilt für das Kinderbett. Im neunten Monat sollte man eine Erstausstattung für das demnächst anwesende Neugeborene besorgen (wobei selbst im finsteren Herzen des Konsumkapitalismus noch Aberglaube obwaltet: Sich vor der Geburt komplett auszustatten, gelte als schlechtes Omen, warnt die Redaktion). Dann geht es weiter mit der Einkaufsliste: Schnuller, Spieluhr, Schlafsack, Windeln, Feuchttücher, Spucktücher, Fieberthermometer, Wickelkommode, Traghilfe, Krabbeldecke, Wippe, Rassel, Laufstall, Hochstuhl ... Um den gebeutelten Eltern die Kaufentscheidung leicht zu machen, rezensieren die Eltern-Mitarbeiter Babytragen und Autositze, spezielle Wickel-Handtaschen und Hochstühle, Fahrradanhänger und Kinderwagen. Bei den Kinderwagen-Besprechungen findet sich ein kleiner Begleittext, der die Lebensweise junger Familien heute illustriert, oder sagen wir: die Lebensweise, die die Vertreter der Warenwelt sich vorstellen. »Oma wohnt in Detmold, die Patentante in Garmisch, und Papa arbeitet wochenweise in Madrid: Noch nie waren junge Familien so mobil. Gut, wenn sich der zu diesem Leben passende Kinderwagen mit wenigen Handgriffen klein zusammenfalten und leicht in den Kofferraum oder aufs Flughafenförderband heben lässt. Perfekt, wenn sich die Auto-Babyschale direkt in das Kinderwagen-Fahrgestell einklinkt. (...) Im Prinzip haben die Mini-Kombis die gleichen Tools wie ein klassischer Kinderwagen. Wenn also Papa 1,95 misst und auch Mama 1,78 Meter groß ist, sollte man sich die Größe der Schlafwanne, die Länge und Breite der späteren Sitzfläche sehr genau ansehen. Filigrane Flitzer passen gut zu zarten Kindern, ein kleiner Buddha hat's nicht nur unkomfortabel eng, er sieht darin auch einfach nicht so gut aus.« Man kann nur hoffen, dass das zu dieser Lebensweise passende *Kind* nicht wahnsinnig wird und dass seine Eltern andere wichtige Entscheidungen, die sein Leben betreffen, nicht ausschließlich nach dem Kriterium treffen, wie es dabei aussieht.

Das Kinderkleidungsbeispiel macht überaus deutlich, dass die Kinder ihr späteres Konsumverhalten von uns lernen – und dass die Erwachsenen aus einer Vielzahl von guten und schlechten Gründen ihre Kinder mit Produkten und Aktivitäten überschütten, nach denen sie noch gar nicht gefragt haben, die ihnen nichts nützen oder sogar schlecht für sie sind. Danach zu quengeln, das eignen sie sich erst später an.

Entsetzt und fasziniert zugleich berichtet der britische Bestseller-Autor Tom Hodgkinson, wie er einmal drei Säcke voll scheußlichem, kleinteiligem Plastikspielzeug, das ohnehin nur herumliege und das man sich immer schmerzhaft in die nackten Füße trete, weggeworfen habe – ohne dass eins seiner drei Kinder später auch nur bemerkte, dass die Sachen verschwunden waren. Was sagt das über uns Eltern, fragt Hodgkinson, und er hat recht: Sehr, sehr oft kaufen wir, wenn wir spät nach Hause kommen und ein schlechtes Gewissen haben. Oft kommen wir der Bitte (oder dem Gequengel) eines Kindes nach diesem oder jenem Spielzeug nach, ohne zu ergründen, ob das wirklich sein Herzenswunsch ist, oder ob es nur möchte, dass man auf seine Signale reagiert, etwas für es tut. Wir sind materialistischer als unsere Kinder, und unsere Kinder ertrinken in Dingen. Das macht das Spielen schwer, denn wenn ich kaum entscheiden kann, wonach ich im Kinderzimmer greifen soll, ist die Spontaneität dahin. Wann hört man Kinder am meisten lachen? Wenn sie gemeinsam spielen, wenn sie eine Höhle unter dem Esstisch gebaut haben oder draußen im Gebüsch Indianer spielen. Um Kindern Gutes zu tun, sollten wir zunächst einmal jeden zweiten Kaufimpuls unterdrücken – und versuchen, etwas mit dem Kind gemeinsam zu unternehmen. Das einfachste ist immer, eine Geschichte vorzulesen, aber natürlich kann man auch basteln, gemeinsam eine Lego-Burg bauen (wenn man das Lego nun einmal schon gekauft hat) oder Verstecken spielen. Wir sind es zu sehr gewöhnt, ein schlechtes Gewissen mit Geld und Waren zu besänftigen. Aber letztlich ist unsere (Arbeits-)Zeit auch eine Ware. Es könnte sinnvoll sein, dort, wo das möglich ist (und in erstaunlich vielen Betrieben und im öffentlichen Dienst geht es inzwischen), etwas weniger zu arbeiten und etwas mehr Zeit zu schenken.

Horror-Trips

So ziemlich das Irrwitzigste, was wir getan haben, als unsere Tochter klein war, war es, sie nach Hamburg in Hagenbecks Tierpark zu schleppen, nach dem Motto; mit Kindern geht man doch in Zoos. Ja, irgendwann. Aber dieses Kind war ein Jahr alt, es konnte die Tiere in den weitläufigen Gehegen überhaupt nicht erkennen, versäumte seinen Mittagsschlaf, was es nicht vergnügter machte, und wir saßen insgesamt drei Stunden im Auto, um unser schlecht ausgewähltes Ziel zu erreichen. Eine Fünf-Minuten-Autofahrt zu einem nahe gelegenen Wildgehege, wo man kostenlos aus nächster Nähe ganz entzückende Frischlinge beobachten kann, die grunzen und sich im Schlamm wälzen, hätte allen Beteiligten mehr gebracht. Aber wir wollten dem Kind ja etwas bieten.

Das wollen auch Freizeitparks, zu denen sich die Menschen am Wochenende über hunderte von Kilometern aufmachen, um dann auf den unendlichen Parkplätzen der Warner Brothers Movie World, des Europaparks, des Fantasialands, des Heide- oder Hansaparks oder des Legolands zu landen, stundenlang an der Kasse zu stehen und horrende Eintrittspreise zu bezahlen. Ist man im Park, setzt sich die Warterei fort, besonders an der Achterbahn. Zu essen gibt es praktisch nur Fast Food, Souvenir-Läden locken mit unglaublich blödsinnigem Spielzeug, das nur in diesem Kontext plausibel erscheint und von den Kindern sonst auch niemals verlangt werden würde. Wenn man extremes Pech hat, wird man auch noch von der plüschigen Maskottchen-Figur des Parks angesprochen. Ich hatte das Vergnügen, vor einigen Jahren intensiv in Freizeitparks zu recherchieren, und was stets auffällt, ist dies: Teenager mögen Freizeitparks. Aber unglaublich viele Kinder haben dort Wutanfälle oder heulen aus Überforderung. Ziemlich viele Familien streiten. Auf der Rückfahrt stehen alle im Stau. Warum soll man so viel in Kauf nehmen, wenn die Kinder am Ende auch nicht glücklicher sind? Entenfüttern im Park wäre billiger gewesen – und hätte vielleicht sogar mehr Spaß gemacht. Aber wir lassen uns einreden, dass wir unseren Kindern das Komplettpaket »Unterhaltung total« schuldig sind.

Ebenso, wie man uns mit allen Mitteln einzuhämmern versucht, Kinder *bräuchten* Fernsehen: weil es einerseits – Teletubbies und »Baby Einstein« sei Dank – entwicklungsförderlich sei, andererseits, weil fernsehabstinente Kinder in der Schule nicht mitreden könnten und gemobbt würden. Ehrlich gesagt, ist unsere sehr fernsehabstinente Tochter in der Schulzeit *kein einziges Mal* gemobbt worden, weil sie eine bestimmte Sendung nicht kannte – das Mobbingargument, so meine feste Überzeugung, soll die Eltern aus Angst gefügig machen. Es existiert keine Studie, die die Entwicklungsförderlichkeit von Babyfernsehen nachweist. Und die Babys fragen auch nicht danach – sie wissen ja gar nicht, dass es Fernsehen gibt. Es sei denn, natürlich, die Eltern sitzen selbst ständig vor dem Bildschirm. Dann ist es schwierig, die Kinder fernzuhalten. Wer seinen eigenen Fernsehkonsum nicht einschränkt, wird damit leben müssen, dass auch die Kinder schauen. Das sollte dann allerdings nicht mit falschen entwicklungspsychologischen Argumenten oder dem Mobbing-Mythos verbrämt werden. Am einfachsten ist es, sich nicht dem laufenden Programm auszuliefern, sondern Lieblingsfilme – von Astrid Lindgren über die Augsburger Puppenkiste bis zu Disney – auf Video oder DVD anzusehen. Dann kann auch das eine oder andere aktuelle Programmelement auftauchen – ohne dass man sich von Sendezeiten terrorisieren lässt. Oder davon, wie oft die Herrschaften von RTL II wünschen, dass unsere Kinder sich mit den Pokémons befassen.

Vielleicht ist ein Swarovski-Schnuller für niemanden ein Problem. Aber wir müssen an unsere Kinder als *Kinder* denken, nicht als Ausstattungsobjekte, in denen es eigentlich um unsere eigenen Ängste, unser schlechtes Gewissen oder unsere Statussehnsucht geht. Die Frage bleibt schon, was für *sie* gut ist.

PRINZESSINNENDÄMMERUNG

Die Mädchen wollen nun einmal Pink

Vor kurzem habe ich wieder einmal in Bücher geschaut, die ich als Kind geliebt habe: die »Abenteuer«-Reihe der britischen Vielschreiberin Enid Blyton. Die Serie hat vier Kinderhelden – Philipp, Dina, Jack und Lucy –, die dreizehn oder vierzehn Jahre alt sein mögen, stets und ständig in finstere Vorkommnisse verwickelt werden, diese aber immer irgendwie heil überstehen, wobei sie möglichst oft im Freien picknicken. Wie gesagt, ich habe die Bücher verschlungen und einzelne Titel – *Die Insel der Abenteuer* oder *Die See der Abenteuer* – sicher sieben- oder achtmal gelesen, vielleicht sogar öfter. Blyton schrieb die Geschichten in den dreißiger und frühen vierziger Jahren des 20. Jahrhunderts – und sie sind heute schlicht nicht mehr zu ertragen. Das liegt nicht an ihrem schematischen, immer gleichen Aufbau, sondern an den grauenhaften Geschlechterrollen-Stereotypen, die sie transportieren. Die Jungen sind – immer! – männlich, mutig, ehrlich, aufrichtig, höflich zu Erwachsenen und ein klein wenig abfällig gegenüber den Mädchen. Die Mädchen sind – immer! – voller Bewunderung für die Jungen, außerdem ängstlich, zögernd, zauderlich (Lucy) oder zickig (Dina).

Im Zuge der Studentenrevolte von 1968 und im Gefolge der Frauenbewegung der siebziger Jahre wurden diese strikten Rollenzuteilungen in unserer Gesellschaft zunehmend in Frage gestellt: Jungen durften auch gelegentlich weich sein, sich fürchten, gar weinen; für Mädchen wünschte man sich starke, selbstbewusste Vorbilder, eben eher Pippi Langstrumpf und Ronja Räubertochter als Lucy und Dina. Ich nehme an, dass die meisten heutigen Eltern, wenn man sie fragte, wie man Kinder erziehen soll, immer noch so antworten würden: Klar dürfen Jungen schwach, klar sollen Mädchen stark sein. Das ist der akzeptierte Standard, die politisch korrekte Antwort.

Gleichzeitig aber ist etwas passiert. Frauen, die so alt sind wie ich (Jahrgang 1967) oder jünger, haben das Bedürfnis empfunden, sich vom Feminismus – also der bewussten, politischen Gegenwehr gegen geschlechtsbedingte Benachteiligung – abzugrenzen. Dafür gab es eine Vielzahl von Gründen, plausible und schlechtere. Feministinnen konnten ungeheuer dogmatisch sein, wenig kompromissbereit und wenig humorvoll – das lag nicht jeder jüngeren Frau. Dann machten wir ja die Erfahrung, dass erst einmal alles voranging: Das gesellschaftliche Klima war pro-Frau, die Quote erleichterte den Weg in die Politik, Mädchen schafften die besseren Schul- und Studienabschlüsse als Jungen, mehr Frauen promovierten, wurden Professorinnen. Die Männer der achtziger, neunziger, 2000er Jahre waren zumindest verbal aufgeschlossen für die Gleichstellung – und in einem gewissen Umfang durchaus bereit, sich an Haushalt und Kindererziehung zu beteiligen, obwohl das mehr Stress für sie bedeutete. Im Schatten dieser nachvollziehbaren Gründe für eine wachsende Distanz zum Feminismus wucherten aber auch schlechte: Zum Beispiel die hässliche kleine Stimme, die Frauen ins Ohr flüstert, dass Emanzen nicht sexy seien. Dass man diesen ganzen alten Kram nicht mehr nötig habe. Dass man attraktiv *und* erfolgreich sein könne, aber fürs Attraktivsein schon etwas tun müsse. In diesem Gewisper steckte eine große Undankbarkeit gegenüber den Frauen, die

die neuen, gerechteren Zeiten erkämpft hatten. Und es verleitete zur Unachtsamkeit, zu der irrigen Annahme, man könne hinter einmal erreichte Standards nicht mehr zurückfallen.

Man kann. Wir sind gerade dabei, es zu tun. Und das Irre an dieser Entwicklung ist, dass sie nicht systematisch durch finstere Agenten des Patriarchats betrieben wird, sondern von den Verkäufern von Spielzeug, Mode und Populärkultur, und das schlicht, weil sie so mehr Geld zu verdienen hoffen. Für Spielzeughersteller und Fernsehproduzenten gibt es überhaupt keinen Zweifel: Jungen und Mädchen sind von Natur aus unterschiedlich, weshalb die einen Waffen und Actionhelden brauchen, die anderen rosa Puppen und Teenie-Stars. Ich kann und will die Frage, wie viel Biologie und wie viel Sozialisation in männlichem und weiblichem Verhalten steckt, nicht beantworten. Aber fest steht doch: Wenn wir eine Gesellschaft wollen, in der jedes Kind alle seine Möglichkeiten ausschöpfen kann, in der jeder das Recht – und die Chance – hat, alles zu werden, dann müssten wir doch die Stärken der Kinder stärken – und ihnen dabei helfen, ihren Schwächen nicht zu erliegen. Verantwortungsvolle Erwachsene, verantwortungsvolle Pädagogen würden bei Mädchen also gerade *nicht* die Fixierung auf das eigene Aussehen und den körperlichen Marktwert in den Vordergrund stellen, weil genau das sie verunsichert und von anderen wichtigen Dingen abhält. Und Jungen würden sie gerade *nicht* zuallererst gewalthaltige Filme und Computerspiele geben, weil die Problemlösungsstrategien ihrer Helden nicht fürs Alltagsleben taugen und weil der Computer die Zeit fürs Hausaufgabenmachen und Bücherlesen verschlingt.

Der Marketing-Konsum-Komplex sieht das genau andersherum. Er sagt: Mädchen sind so, Jungs sind so, also geben wir ihnen mehr und mehr und mehr von dem, was sie weiter und weiter in ihre Rollen hineintreibt. Und lasst es uns ihnen früher und früher geben! Das alles geschieht unter der Überschrift »cool«. Die Kinder von Prominenten fungieren dabei häufig als trendsetzende Stil-Ikonen: Wenn Cruz Beckham, Sohn des Fußballspielers David Beckham und des Spice Girls Victoria, mit Irokesenschnitt auftaucht oder wenn Kingston Rossdale, der Sohn der Musiker Gwen Stefani und Gavin Rossdale, einen solchen Haarschnitt zum Schnuller trägt, dann weiß man: Der Punk ist im Kindergarten angekommen und wird sich durchsetzen, es ist nur eine Frage der Zeit.

Cool zu sein bedeutet, älter zu erscheinen als man ist; Erwachsene peinlich zu finden; an Grenzen zu gehen, Verbotenes zu tun. Was die Kleidung für Jungen betrifft, so äußert sich »cool« im Ghetto-Look: Basecaps, hängende Hosen, die richtigen Turnschuhe. Obwohl sich auch bei Jungen ein problematisches Verhältnis zum eigenen Körper ausbreitet, das zu vermehrten Essstörungen und Fitnesswahn führt, macht ihre Kleidung sie immerhin nur zum Konsumenten, nicht zum *Objekt*: Es ist ja die Mode »aktiver« Vorbilder wie Rapstars, Drogendealer oder Profisportler, die sie tragen. Die rebellische Jugendmode ermöglicht den männlichen Kindern im Übrigen ein symbolisches Aufbegehren gegen die allzu weibliche Erziehungsumwelt, die aus Kindergärtnerinnen, Lehrerinnen und alleinerziehenden Müttern besteht, und von denen die Jungen sich doppelt abgrenzen müssen, um herauszufinden, wer sie sind.

Bei Mädchen ist der Aspekt des Riskanten, Verbotenen viel problematischer, weil »ihre« Mode sie zunehmend zum

Sexualobjekt macht, und das in immer früheren Jahren. String-Tangas in Größe 104, Baby-Parfüm und Baby-Sonnenbrillen, gepolsterte Bikini-Oberteile für Siebenjährige, Make-up und Maniküre für Grundschulkinder bringen heute kaum noch jemanden aus der Fassung. Das avantgardistische weibliche Celebrity-Kleinkind ist die fünfjährige Suri, Tochter von Tom Cruise und Katie Holmes: Über ihre Schuhe mit zentimeterhohen Absätzen gab es immerhin eine kleine öffentliche Debatte. Tom Cruise erzählt auch – zustimmend –, seine Tochter weigere sich, Hosen zu tragen: »Sie ist eben eine richtige kleine Prinzessin.«

»You will be a woman soon«

Die Bereitschaft, aus Mädchen zur Unzeit Frauen zu machen und sie auf »coole« Weiblichkeit zu trimmen, ist nicht nur bei Prominenten verbreitet. In einer Fotokolumne für das Magazin der *Süddeutschen Zeitung* (»Sagen Sie jetzt nichts«) vom März 2010 lässt der Fotograf Christopher Thomas seine damals achtjährige Tochter Ella June mimisch auf eine Reihe von Fragen antworten, zum Beispiel: Was ist das Beste am Frausein? Wie oft warst du schon in einen verliebt? Wie schaust du, wenn dir einer gefällt? Die Redaktion schrieb folgenden Vorspann dazu: »Name: Ella June Thomas. geboren: 7. Juni 2001 in München. Beruf: keiner. Ausbildung: 3. Klasse Grundschule Hohenschäftlarn, Bayern. Status: ›You will be a woman soon‹«. Und dann: »Wer Ella kennt, macht sich um die weibliche Emanzipation keine Sorgen mehr. Sie ist acht und hatte schon sechs Freunde, in der Schule ist sie von Jungs umringt, einer trägt ihr manchmal den Schulranzen. (...) Am Tag des Shootings war sie genauso lässig, nur beim Outfit, da machte sie keine Kompromisse. Es mussten das

Langarmshirt und das Jeansjäckchen sein. Die Fragen beantwortete sie selbständig, Papa gab keinen einzigen Tipp, er drückte nur ab, das Ganze dauerte keine fünf Minuten. Dass der Job doch anstrengend wurde, lag daran, dass Ella einer Freundin Bescheid gesagt hatte, die wiederum einer Cousine, die einer anderen Freundin und so weiter. Am Ende musste der Vater neun Mädchen fotografieren, aber so cool wie Ella war keine.«

Ella ist eine hübsche, dunkelhaarige Achtjährige mit großen, wachen Augen und einem fröhlichen Lächeln, deren Bild man gern in einem Magazin zeigt. Aber was sich Vater und Redakteure sonst bei diesem Gesamtkunstwerk aus Text und Bild gedacht haben, würde man schon gern wissen: Erstens ist eine Achtjährige erst in etwa acht weiteren Jahren eine (sehr junge) Frau. Zweitens drückt sich weibliche Emanzipation wohl kaum in erster Linie darin aus, »von Jungs umringt« zu sein. Und drittens posiert Ella für die Fotos, indem sie Klischees von erwachsener Weiblichkeit nachahmt: Für die Verliebtheitsfrage senkt sie verschämt den Blick, lächelt leicht und hält einen Daumen hoch. Für die Frage, wie sie gucke, wenn ihr ein Junge gefalle, legt sie den Kopf zur Seite und schaut den Betrachter kokett aus den Augenwinkeln an. Auf die Frage, was das Beste am Frausein sei, zeigt sie ihre langen Haare.

Es ist immer eine Frage der persönlichen Grenzen, wie weit man eigene Kinder in der Öffentlichkeit ausstellt. Meine eigene, inzwischen erwachsene Tochter musste auch schon gelegentlich als Beispiel für die eine oder andere Beobachtung herhalten; viele Journalisten schreiben manchmal über ihre Kinder. Aber eine Achtjährige, die eigentlich gerade die Phase des magischen Denkens abschließt, derart als Kindfrau darzustellen, das hätte ich mir gut überlegt.

Die Medien lieben die Figur der Kindfrau aber. Der *New*

Yorker widmete 2010 eine lange Geschichte der 14-Jährigen Tavi Gevinson, die im Internet einen Modeblog schreibt, seit sie elf ist (»Style Rookie«) und deren Einfluss in der internationalen Modeszene inzwischen offenbar so groß ist, dass sie weltweit zu Modenschauen eingeladen wird und für Modemagazine Fotopräsentationen organisiert. Der Blog enthält viele Bilder von Tavi, dazu Kollagen aus Fotos, die sie aus dem Internet herunterlädt. Als ich die Seite zuletzt besuchte, präsentierte sie ein Projekt, das »Tal der Puppen« hieß und vor allem bunte Tabletten und verschiedene Pulver zeigte – eine Kritik an Drogen und Diätwahn vielleicht? Vielleicht auch nicht.

Tavis Texte, wenn sie denn von ihr sind, sind unheimlich altklug für einen Teenager – aber womöglich ist sie tatsächlich einfach nur sehr begabt und ihren Altersgenossen intellektuell um Jahre voraus. Frappierend an Bildern und Texten ist, dass sie trotz der Jugend der Autorin nichts Jugendlichschwungvolles haben, sie klingen sarkastisch, abgeklärt, nach »alles-schon-gesehen«. Die Fotos ihrer selbst zusammengestellten Outfits sind sexuell nicht anzüglich, ihre Kreationen sind so schräg, dass man eher ans Museum denkt als an den Laufsteg, und irgendwie spricht aus ihnen die ganze Traurigkeit und Leere einer Modewelt, in der Menschen nur Ausstellungsfläche sind. Wenn jemand symbolisch für das Verschwinden der Kindheit stehen könnte, dann diese frühreife Bloggerin.

Vor dreißig Jahren hätte man es absurd gefunden, dass Vierzehnjährige über Haute Couture schreiben. Aber man hätte es auch absurd gefunden, dass sie sie tragen. Zeitschriften wie die zweisprachig auf Italienisch und Englisch erscheinende *Vogue Bambini* wollen das ändern. Sie präsentieren Anzeigen für (und redaktionelle Texte über) Kleidung der Marken Dolce & Gabbana, Armani, Hogan, Miss Dior, Burberry, Little Marc Jacobs, DKNY, Calvin Klein, Guess, Woolrich – um nur einige zu nennen. Besonders eindrucksvoll ist eine doppelseitige Anzeige der Marke Elsy. Sie zeigt ein sieben- oder achtjähriges Mädchen in blau geringelten Strumpfhosen, Samtshorts und blauem Blaser, die in einem klassisch-modernen weißen Ledersessel vor einem Panoramafenster mit Aussicht zum Meer sitzt. Das Mädchen hat das Kinn leicht angehoben, ihr kunstvoll ganz leicht verwuschelter Pagenkopf fällt bis knapp auf die Schultern, und ihr Blick ist direkt auf den Betrachter gerichtet. Und was für eine Mischung aus Verführung und Coolness liegt in diesem Blick! Er sagt: Hey, willst du herausfinden, wie erwachsen ich bin? Die Anzeige ist provozierend, ohne formal auch nur im Geringsten anstößig zu sein. Aber es ist schwer vorstellbar, dass dieses Kind nach dem Shooting wieder mit Puppen spielt oder den weißen Sessel mit einem Schoko-Pudding bekleckert.

Die *Vogue Bambini* ist eigenartig ambivalent in der Ansprache ihrer Leser. Sie macht ein paar halbherzige Versuche, ein Kinderprogramm anzubieten, zum Beispiel mit Kinderhoroskopen oder wenig praktischen Tipps zum Herstellen von leckeren Frucht- und Gemüsesäften – aber eigentlich wendet sie sich an die Mütter, die nach Styling-Ideen für ihre Kinder suchen. Was bei den Preisen der gezeigten Mode wohl auch eine realistische Strategie ist. Die *Vogue Bambini* ist Ausdruck eines Zeitgeistes, der Mädchen zumindest modemäßig mit Erwachsenen auf eine Stufe stellt – und sie, wie ihre Mütter, aufs Aussehen reduziert.

Eine ganze Welt von Magazinen und Produkten legt den Mädchen nahe, dass es im Leben einer Frau eigentlich nur vier erstrebenswerte Ziele gibt: berühmt zu sein, dünn zu sein, reich zu sein (vorzugsweise Prinzessin) oder die Frau eines berühmten Mannes zu sein. Ach ja: romantische Liebe ist auch ganz wichtig.

gleichsweise freundlich und schleppt dann seinen Bauch durch den Schlamm davon. Meine Augen müssen sich erst einmal gewöhnen an ein so großes Tier – mitten in dem Bremer Stadtteil Habenhausen mit seinen drei-, vierstöckigen Mehrfamilienhäusern. Ich besuche die Kinder- und Jugendfarm Bremen, einen ganz wunderbaren Ort, selbst im Novemberwetter. Auf einem riesigen Areal leben hier 40 Hühner, fünf Gänse, vier Enten, vier Ziegen zehn Schafe, neun Ponys und Pferde, zwei Esel, zwei Hängebauchschweine, zwei Wollschweine, diverse Kaninchen und Meerschweinchen, außerdem Bienen. Um einen zentralen, achteckigen Holzturm gruppieren sich Ställe, Werkstätten, Räume für den Kindermittagstisch und die Hausaufgabenhilfe, Grillplatz, Feuerkuhle, Holzofenbäckerei. Es gibt einen Kräuter- und Gemüsegarten, einen Teich, ein Hüttendorf, einen Reitplatz; es gibt Wiesen und Obstbäume und Bienenstöcke. In einem ehemaligen Zirkuswagen hat eine Kindergartengruppe ihren Raum – auch wenn die Kinder meist draußen unterwegs sind.

Jugendliche schrauben an einem Traktor herum. Ein Mädchen sitzt versunken auf einem Baumstamm und streichelt hingebungsvoll ein Kaninchen. Am meisten los ist im Pferdestall: Dort ist gerade eine Schülergruppe zu Gast, die Kinder lernen das Ausmisten und Striegeln.

Mit den Farmleitern Susanne Molis und Hayo Hoffmann setze ich mich im Turm zusammen: Hier gibt es Verwaltungs- und Gruppenräume, hier treffen die Kinder, die auf die Farm kommen, immer jemanden an. Nicht sofort ein Programm vorzugeben, sondern die Kinder »sich selbst zu überlassen, ohne sie allein zu lassen«, das ist die Philosophie der meisten Kinder- und Jugendfarmen und der betreuten Spielplätze – rund 500 davon gibt es in Deutschland. In der heutigen Zeit werde die freie, unstrukturierte Beschäftigung der Kinder zur Ausnahme, sagt Hayo Hoffmann: »Die Eltern kommen zu uns und fragen: Was können die Kinder hier machen?« Die Antwort: »Die können hier wunderbar spielen.« Wenn man ihnen nur einmal Zeit und Ruhe lasse, sagt Hoffmann, dann werde aus einer Pfütze das Meer, aus einem Blatt ein Boot, das am Brett anlege – weiter sei nichts nötig. Oft würden sie gefragt, ob sie Spielzeugspenden bräuchten: »Brauchen wir eigentlich nicht«, sagt Hoffmann. Die Kinder kämen sehr gut mit dem zurecht, was sie draußen vorfänden. »Wir holen sie auch nicht immer sofort rein, wenn es kalt ist«, sagt Susanne Molis: »Hier erleben sie Natur, Tiere, Erde, Feuer, Luft, Wind – und sie lernen schon, sich warm anzuziehen oder hereinzukommen, wenn sie frieren.«

Die Erwachsenen drängen sich nicht auf, aber es gibt zeitlich festgelegte Angebote: die Ponygruppe, das Kutschenprojekt, die Vorbereitung für den Traktor-Führerschein, das Lagerfeuer mit Stockbrotbacken. Das Ponyreiten steht besonders hoch im Kurs, deshalb ist dafür eine Anmeldung nötig – und wer reiten will, muss auch putzen und ausmisten. Sonst aber gilt: Man kann kommen und gehen, wie man mag; man macht dort mit, wo man möchte; man holt sich Rat, wenn man ihn braucht. Es gibt einen Mittagstisch, wo Kinder für zwei Euro essen können, es gibt Hausaufgabenbetreuung und Ferienprogramme. Die allermeisten Angebote sind kostenlos, und wenn, wie bei Ferienreitkursen, ein Beitrag fällig wird, können ihn Kinder, deren Eltern das Geld fehlt, auch durch Futterdienst abarbeiten. Rund 60 000 Kontakte verzeichnet die Farm im Jahr – die Zahl ergibt sich aus den Besuchen von etwa 80 »Stammkindern«, die regelmäßig, wenn nicht täglich kommen, und aus denen von Schulklassen und Familien, die dorthin Ausflüge machen.

Unglaublich wichtig sei es, sagen die »Farmeltern«, dass die pädagogischen Bezugspersonen zuverlässig für die Kin-

Casting-Shows wie *Germany's Next Top Model* oder *Deutschland sucht den Superstar*, die von immer jüngeren Kindern gesehen werden, suggerieren, man könne ohne größere Anstrengung (aber abhängig von der Gnade autoritärer Schiedsrichter) erfolgreich werden. Fernsehserien wie Hannah Montana zeigen einen »ganz normalen« Teenager, der parallel zum Schulleben ein Superstar ist. Warum sollte ich das nicht auch sein können, fragt sich das zuschauende Mädchen. In einem Polly Pocket-Magazin – Polly Pocket-Figuren sind im wirklichen Leben kleine Wesen aus Plastik, die in aufwendig eingerichteten Aufklapp-Plastikhäusern wohnen – fand ich die »Ruhm-ohne-Anstrengung«-Philosophie in »Pollys Blog« auf den Punkt gebracht: Die Heldin, Polly Pocket, besucht ein Schuhgeschäft und singt beim Aussuchen vor sich hin. »Du hast eine tolle Stimme! Hättest du Lust, an einem Songwettbewerb teilzunehmen?«, fragt sie ein junger Mann. Polly willigt ein, und: »Eine Stunde später stand ich auf der Bühne.« Natürlich kommt sie ins Finale und gewinnt am nächsten Tag auch diesen Wettbewerb. Das ist ja nun schon alles lächerlich leicht gewesen, aber die namenlosen Autoren dieses Textmachwerks bringen auch noch die klassische weibliche Kehrtwende herein: Ruhm ohne Anstrengung ist zwar toll, aber noch besser sind Bescheidenheit, Einfühlungsvermögen, Freundschaft. Eben sieht sich Polly noch in Paris, London, New York, Tokio. Doch dann: »Aber natürlich würde ich meine Freundinnen vermissen. Was würde ich ohne sie machen? Nein, das geht nicht, ich kann nicht ohne meine Freundinnen leben. Ich will keine Karriere, kein Mikro, keine Scheinwerfer und keinen Applaus. Mein Leben ist hier, bei meinen Mädels!« Das ist sozusagen das Trostbonbon für alle, die es – überraschenderweise – doch nicht zum Ruhm ohne Anstrengung bringen. Die Mädchen sind umgeben von solchen Botschaften – wer kann versprechen, dass nichts davon hängen bleibt?

Die fraglichen populärkulturellen Produkte machen auch ganz klar, dass ein Mädchen ohne Jungen wenig wert ist. Hannah Montana hat natürlich einen Freund, den sie zwar nicht vor der Kamera küsst – aber selbstverständlich hat ein cooles Mädchen einen Freund zu *haben*, möglichst schon mit acht. Es gibt, obwohl man es nicht für möglich halten sollte, einen höchst ungesunden Konkurrenzkampf unter *Müttern* darum, welche Tochter schon welche Erfahrungen hat.

Die pinke Krankheit

Hefte wie das *Wilde Hühner*-Magazin, die sich an maximal Elfjährige wenden, kommen nicht ohne Tests à la »Wie schnell verschenkst du dein Herz?« aus, womit sie suggerieren, dass man es mit elf überhaupt verschenken muss. Das ist besonders schade, weil das *Wilde Hühner*-Magazin ein Begleitprodukt zu den Wilde-Hühner-Büchern von Cornelia Funke ist. Diese gehören zu den wenigen wirklich ausgezeichneten deutschen Romanen über die Zeit der Pubertät und die erste Liebe, sie ergreifen eindeutig Partei für selbständig denkende Mädchen, vermeiden Klischees – oder thematisieren sie kritisch – und verkitschen Beziehungen zwischen Jungen und Mädchen nicht. Nur eine der Hühner-Heldinnen – Melanie – lebt in einer auf Mode, Aussehen und Jungs fixierten Konsumwelt, und sie wird dafür von ihren Freundinnen ständig veralbert. Das *Wilde Hühner*-Magazin aber scheint ausschließlich für Melanie zusammengestellt worden zu sein.

Was die starken Vorbilder angeht, so begegnen einem in der Kinderliteratur zwar immer wieder ganz besondere Mädchen – zum Beispiel Tonje Glimmerdal in dem herausragenden Roman der Norwegerin Maria Parr, den die *Zeit* im Jahr 2010 mit ihrem Kinder- und Jugendliteraturpreis LUCHS ausgezeichnet hat – aber keine dieser modernen Heldinnen hat es geschafft, auch nur ansatzweise stilbildend oder massenwirksam zu werden. Das ist einem anderen Wesen gelungen, dessen Geschichten sich nach Meinung eines Kollegen von der *Süddeutschen Zeitung* so spannend lesen wie Bildschirmschoner. Er hat Recht. Es ist Prinzessin Lillifee. Sie gehört dem Coppenrath-Verlag, ist eine Blütenfee, die in einem Blütenschloss im Zaubergarten des Zauberlandes Pinkoviana (Rosarien) wohnt, und sie gebietet über weit mehr als 300 Merchandising-Artikel, vom Badeschaum mit Glitzerstaub darin über Toilettentische und Morgenmäntel bis zu Rucksäcken und Bettwäsche. Dem Coppenrath-Verlag haben sie und ihr zauberhaftes Dinge-Imperium bisher Millionenerträge eingebracht, deshalb mag der Verlagsleiter sie auch und verteidigt sie gegen kritische Anwürfe: »Angesichts des schon immensen Drucks auf die Kleinen«, sagt er der *taz*, sei doch klar, dass Mädchen auch mal eine Auszeit haben wollten. Und die gebe ihnen die Welt von Lillifee. Gewiss, der Kulturkritik sei das alles zu rosa. Aber es herrsche heute in der Gesellschaft eine neue Offenheit, nämlich »die Kinderwünsche zu akzeptieren und ernst zu nehmen«. Die heutigen Eltern hätten das Selbstvertrauen dazu.

Da sind sie wieder, die wohl informierten Kinderwünsche. Aber vielleicht entspringt die elterliche Haltung ja gar nicht deren Selbstbewusstsein, sondern der Verzweiflung der Erziehungsberechtigten: Lillifee ist überall, sie wird zu allen Kindergeburtstagen verschenkt, man muss aktive Maßnahmen ergreifen, um sie aus einem Haushalt fernzuhalten. Sie verkörpert – in einer Figur! – die zweieinhalb wichtigsten Mädchentrends der vergangenen zwanzig Jahre: erstens Prinzessin, und zweitens Pink, und zweieinhalbtens etwas Feen-Fantasy.

Und ist all das gefährlich? Ist es nicht, nun ja: rosa und niedlich und harmlos und entzückend und allemal besser als die Ballerspiele ohne Altersfreigabe, die den Jungs die Schulnoten verderben und ihre Synapsen eigenartig vernetzen?

Das ist wieder so eine unbeweisbare Beweisfrage. Feststellen können wir auf jeden Fall, dass Frauen auch vierzig Jahre nach Beginn der Frauenbewegung den wirklichen Durchbruch in die Führungspositionen dieser Gesellschaft nicht geschafft haben, dass die Mehrheit von ihnen in Entscheidungssituationen davor zurückschreckt, mehr Verantwortung zu übernehmen und sich in der Politik, vor allem aber in Unternehmen, in die Schusslinie zu begeben – und dies trotz all der überlegenen Hochschul- und Ausbildungsabschlüsse, die die Frauen inzwischen erreichen. Natürlich kann das auch ein gesundes, ein entspannteres, ein menschlicheres Verhältnis zu Macht, Anstrengung und Karriere sein, als Männer es haben – aber wer wollte quantifizieren, welchen Anteil das pinke Prinzessinnen-Gen an der Zurückhaltung der Frauen hat? Susan Linn hält die »Prinzessinnenfalle« jedenfalls für gefährlich: Den Mädchen werde von frühester Kindheit an eingeredet, man müsse nur heiraten, um ein schönes Leben zu führen. Von der »pinken Krankheit« spricht *Guardian*-Journalistin Polly Toynbee in einem Artikel, der in Großbritannien für viel Aufsehen gesorgt hat: Es sei praktisch unmöglich geworden, »neutrale« Spielsachen zu kaufen, alles sei entweder »stinkend pink« oder »superheldmännlich«, die Geschlechterrollen von Anfang an festgeschrieben, und die Sexualisierung der Mädchen als Objekt beginne in der pinken Phase. Wer den Coppenrath-Katalog durchblättert, kann eine komplett rosa gekleidete Sechsjährige entdecken, die im Spiegel eines Lillifee-Toilettentisches ihre geschminkten Lippen betrachtet. Lillifee ist nicht so unschuldig und magisch, wie sie uns glauben machen möchte. Das Übel liegt darin, dass Lillifee und ihre rosafarbenen Kumpaninnen Mädchen dazu bringen, sich ausschließlich als Mädchen-Mädchen-Mädchen wahrzunehmen, nicht als Menschen mit widersprüchlichen Neigungen. Und sind sie erst einmal in dieser Weise vorgeprägt, dann schlucken sie auch die Zuschreibungen des erwachsenen weiblichen Rollenbildes. Vielleicht wird es Zeit, der rosa Bande mit etwas mehr feministischer Entschlossenheit gegenüberzutreten.

In England jedenfalls, wo der Rosa-Kult womöglich noch exzessiver tobt als in einer herkömmlichen deutschen Toys'R'Us-Filiale, regte Toynbees Artikel die Schwestern Emma und Abi Moore dazu an, die Kampagne »pink stinks« ins Leben zu rufen. Die Initiative will »die Kultur des Pinken herausfordern, die in jeden Winkel des Mädchenlebens eindringt«, schreiben die Initiatorinnen auf ihrer ausgezeichneten Internetseite, auf der sie unter anderem Rollenvorbilder vorstellen, die etwas anderes sind als Stars, anorektische Models oder Fußballer-Frauen: Bei den *role models* trifft man Astronautinnen, Regisseurinnen, Forscherinnen, die die Arktis bezwungen haben – aber durchaus auch »Shejays« (weibliche DJs) oder erfolgreiche Musikerinnen. Voraussetzung für den Auftritt Letzterer ist allerdings, dass sie ihre Musik nicht über Sexualisierung verkaufen. Auf der Website wird eine Statistik zu einer Umfrage zitiert (Girl Guides Survey 2008), nach der 44 Prozent der acht- bis zwölfjährigen Mädchen mehr Fußballer-Frauen nennen konnten als weibliche Politiker. Das will »pink stinks« ändern – das und den Hang zu einem Körperkult des Selbsthasses und des Schlankheitswahns.

Nach einer viel zitierten Studie der American Psychological Association von 2007, die unter der Leitung der Psychologin Eileen Zurbriggen entstand, sind sexualisierte Darstellungen von Frauen messbar schädlich für die psychische und physische Gesundheit von jungen Mädchen: Sexualisierung könne zu einem Mangel an Vertrauen in den eigenen Körper, zu Depressionen und Essstörungen führen, notiert die Arbeitsgruppe. Das Wissenschaftlerteam analysierte Fernsehsendungen, Musikvideos, Songtexte, Illustrierte, Filme, Videospiele, Internetangebote, Werbekampagnen und Merchandising-Produkte. Als »Sexualisierung« definieren die Psychologen Darstellungen, die den Wert einer Person auf ihren Sex-Appeal oder ihr Sexualverhalten reduzieren, und stellen fest: Sie ist überall. Und sie betrifft ganz überwiegend Frauen. »Wir haben eine Vielzahl von Beweisen dafür, dass diese Sexualisierung negative Auswirkungen in den verschiedensten Bereichen verursacht. Dazu gehört die kognitive Funktion, die geistige und körperliche Gesundheit und die Entwicklung einer gesunden Sexualität«, sagt Zurbriggen. Jedes fünfte Kind zwischen elf und 17 Jahren in Deutschland leidet an Essstörungen; ein Drittel der normalgewichtige Kinder wäre lieber dünner. Die Mädchen bilden den bei weitem größten Anteil dieser Gruppen, aber auch Jungen beginnen, ihr Essverhalten zu verändern. Die Hoffnung der Feministinnen, irgendwann werde die Körperbesessenheit der Frauen überwunden sein, hat sich nicht erfüllt – stattdessen werden nun auch die Jungen nervös.

Die Magersüchtigen, die ihre Hungerfotos auf Solidaritätsseiten im Internet zeigen, haben die Magerkeitsbotschaft der Werbung vollkommen internalisiert; sie haben gelernt, dass Menschen auch sich selbst bearbeiten können wie ein Produkt. Das funktioniert dann irgendwann nicht mehr, indem man Hilfiger-Kleidung trägt, sondern indem man wie das abgemagerte Supermodel *aussieht,* das sie trägt. Auch Schönheitsoperationen für Jugendliche sind vor diesem Hintergrund in Amerika ein echter Wachstumsmarkt.

Die körper- und markenfixierten Teenager, die dieses Medienumfeld, diese Kultur der Reduzierung hervorbringt, sind in den USA bereits der Gegenstand von Jugendliteratur: Als »Alpha Girls« treten sie in Romanen wie *Wenn du stirbst* von Lauren Oliver oder *Wintermädchen* von Laurie Halse Anderson (beide 2010) auf und setzen mit Hilfe der von ihnen befehligten Cliquen alle unter Druck, die sich die angesagte Kleidung nicht leisten können oder es nicht schaffen, sich auf Modellmaße herunterzuhungern. Sie sind die lebendigen Agentinnen einer fabrizierten Weltsicht, eines fabrizierten Frauenbildes, im wirklichen Leben. Es ist die Weltsicht, es ist das Frauenbild des Marktes. Und da, wo diese Weltsicht und dieses Frauenbild anfangen, die Entwicklungschancen unserer Töchter zu beeinträchtigen, müssen wir als Eltern bewusster Widerstand leisten, selbst wenn das bedeutet, unschuldig aussehenden rosa Feenprinzessinnen zu Leibe zu rücken.

ES GEHT AUCH ANDERS

Beispiele für eine nichtkommerzielle Kinderkultur

Es wird nicht leicht, die Kindheit zurückzuerobern. Erstens, weil wir uns bei dem Versuch gegen den Zeitgeist stemmen müssen, gegen den Frühförderwahn und gegen den Druck, den Millionenbudgets für Werbefeldzüge aufbauen. Zweitens wird es schwer, weil wir selbst gehetzt leben – und Frustration gern mit Konsum kompensieren. Andererseits hat das Beispiel des Umweltschutzes gezeigt, dass Bewusstseinsänderungen auf breiter Front (und in Maßen auch Verhaltensänderungen) möglich sind, wenn ein Thema in der Gesellschaft als wichtig erkannt wird. Es ist heute leichter als vor 30 Jahren, Bioprodukte zu bekommen. Man kann immer noch Witze über Mülltrennung machen, ja, aber sie klingen ein wenig schal. Menschen sind bereit, eine ganze Menge Geld für schadstoffarme Autos und Fotovoltaik-Anlagen auszugeben. Wer hatte 1980 schon einmal von einem Niedrigenergie-Haus gehört? Jede einzelne dieser umweltfreundlichen Ideen mag in ihrer Wirksamkeit umstritten sein – aber die Bereitschaft, sich zu bemühen, und die Bereitschaft zu lernen sind da. Und jetzt müssen wir die Bereitschaft zum Schutz der sozialen Umwelt unserer Kinder wecken. Es muss Mode werden, sie weder für Produkte zu halten, noch sie mit Produkten zu überschütten. Kinder brauchen Menschen dringender als Medien. Die Verhaltensänderungen, die man uns Erwachsenen abverlangt, werden jedem Einzelnen unendlich viel leichter fallen, wenn er nicht gar so sehr das

Gefühl haben muss, gegen einen völlig anders ausgerichteten gesellschaftlichen Mainstream anzukämpfen.

Es gibt viele Menschen, die schon heute großartige Alternativen zu kommerzialisierter Kindheit entwickeln, in der Regel mit viel Erfolg. Als Redakteurin, die mit solchen Themen befasst ist, bekomme ich viele Initiativen auf den Schreibtisch, die beispielhaft sind. Viel zu selten schreibe ich darüber, und ich vermute, dass das Gleiche in anderen Redaktionen passiert. Gute Beispiele haben immer etwas Bemühtes, irgendwie sind sie als Artikel schwer unterzubringen – aber genau das ist falsch. Die Medien, wir Journalisten, müssen den nichtkommerziellen Kinderangeboten viel mehr Raum geben – das ist ihre einzige Chance, bekannt zu werden, da sie eben nicht mit teuren Werbekampagnen aufwarten können. Nicht-konsumistisch bedeutet in der Regel – nicht immer –, »mit öffentlichem Geld finanziert«. Dabei mögen Trägervereine private Gründungen sein, aber meistens ist es eine Gemeinde oder ein Bundesland, das sich finanziell engagiert – ohne Sponsoreninteressen im Hinterkopf zu haben. Es ist eine politische Richtungsfrage, ob wir bei solchen Initiativen immer nur sparen, streichen und kürzen wollen – oder ob wir die Gestaltung der Kindheit für eine öffentliche Aufgabe halten. Ich möchte hier einige Beispiele für vorbildliche Arbeit mit Kindern beschreiben, die als Gegenmodelle für eine Welt aus Sammelbildern, Bildschirmen und ausstattungsintensiven Zauberfeenprinzessinnen dienen können.

Die Kinder- und Jugendfarm Bremen

Es ist ein nasser, grauer Herbsttag, und mir gegenüber steht ein unangeleintes Hängebauchschwein. Es scheint aber keine feindseligen Absichten zu hegen, sondern grunzt ver-

der da seien, sonst könne man keine vertrauensvollen Beziehungen aufbauen: »Deshalb sind befristete Stellen Gift für so ein Projekt.«

Die Kinder- und Jugendfarm Bremen wurde 1984 von Studenten der Bremer Hochschule für Sozialwesen gegründet, die etwas für Kinder in einer immer feindseligeren Umwelt mit viel Verkehr und wenig Spielflächen tun wollten. Die Farm wird als gemeinnütziger Verein betrieben. 17 Erwachsene arbeiten hier regelmäßig, darunter auch Zivildienstleistende, Honorarkräfte und Praktikanten. Der jährliche Etat für die gesamte Einrichtung beträgt rund 340 000 Euro – eine fast lächerlich geringe Summe, wenn man ihre Reichweite und die Vielzahl der Angebote betrachtet. Rund 160 000 Euro zahlt das örtliche Amt für Soziale Dienste; den Rest erwirtschaftet der Verein durch Spenden, Beiträge, Vermietungen (zum Beispiel für Kindergeburtstage mit Pizzabacken und Lagerfeuer). 51 Wochen im Jahr ist die Farm montags bis freitags von 10 bis 18 Uhr geöffnet; am Wochenende gibt es oft Sonderaktionen und Feste.

Die Kinder machen hier Naturerfahrungen, die im städtischen Alltag schlicht unmöglich wären. Sie essen Gemüse, das sie selbst gepflanzt und geerntet haben; sie erfahren, wie ein Ei direkt aus dem Nest schmeckt. Sie töpfern, sie zimmern, sie bauen Hütten – und bekommen so ein Gefühl fürs Selbermachen, für ihre eigene Wirksamkeit vermittelt, das in unserer hochtechnisierten Umwelt sonst schwer zu erlangen ist. Sie lernen, ihre Zeit selbst einzuteilen und nicht auf Planungsvorgaben der Erwachsenen zu warten – gleichzeitig müssen sie aber auch Rücksicht gegenüber den Tieren nehmen, die nun einmal zu einer bestimmten Zeit Futter oder Pflege brauchen.

Demokratisch geht es auch zu: Ein »Farmrat« aus zwei Kindern, zwei Jugendlichen und zwei Betreuern trifft gemeinsam wichtige Entscheidungen über neue Projekte: Soll man zum Beispiel versuchen, eine eigene Reithalle zu bauen, auch wenn das etwa 80 000 Euro kosten wird? (Ja.) Soll im selbst betriebenen Kiosk Eis mit Plastikstielen verkauft werden, auch wenn die Gefahr besteht, dass die Tiere sie fressen könnten und dadurch gefährdet würden? (Nein.) Es gibt nicht mehr viele gesellschaftliche Bereiche, in denen Kinder auf ernsthafte Weise an den Entscheidungen beteiligt werden, die sie betreffen.

Natürlich kommen auch »schwierige« Kinder, Kinder aus zerrütteten Familien, vernachlässigte Kinder auf die Farm. Ihnen wird hier eine Art Heimat geboten, die Gelegenheit zum beiläufigen Gespräch mit Erwachsenen, denen sie vertrauen – wenn es gut läuft. Klar ist aber auch: Die Farm hat feste Regeln, dazu gehören der sorgsame Umgang mit den Tieren und Rücksicht auf andere. Wer diese Regeln verletzt, bekommt erst die gelbe, dann die rote Karte – Letztere bedeutet einen Tag Platzverbot. Aber offenbar ist das Leben auf der Farm so attraktiv, dass es zum Äußersten nicht allzu oft kommt.

Die Kinder- und Jugendfarm Bremen ist eine Art Oase, ein Platz der Ruhe und Selbständigkeit in einer lauten, blinkenden Welt der kommerziellen Kinderprogramme. Hier blinkt nichts. Aber wenn man die Kinder bei der Arbeit – bei Spielen – beobachtet, hat man nicht das Gefühl, dass ihnen etwas fehlt. (Hinweise zur Arbeit der Kinder- und Jugendfarmen und Tipps zur Gründung eigener Initiativen gibt der Bund der Jugendfarmen und Aktivspielplätze e.V., www.bdja.org, E-Mail: bdja@bdja.org).

Klopfklopfklopfklopfklopf – das Geräusch von einigen hundert Hämmern, die gleichzeitig auf Holz und Nägel und (selten!) auch auf Daumen treffen, charakterisiert ein Projekt aus meiner Heimatstadt Kiel, das in Deutschland und Nordeuropa seinesgleichen sucht: die Spiellinie, das große Kinderkulturfestival zur jährlich stattfindenden »Kieler Woche«. Die Kieler Woche gilt als größter Segelwettbewerb der Welt und lockt in der letzten Juniwoche rund drei Millionen Besucher in die schleswig-holsteinische Landeshauptstadt. Die einen interessiert dabei vor allem der Segelsport, andere sind Gäste der Marine oder besuchen den Kieler-Woche-Kongress; eine Mehrheit lässt sich einfach im Volksfestgetümmel treiben, frequentiert die zahllosen Bier-, Bratwurst- und Backfischbuden. Üblicherweise herrscht eine freundliche Atmosphäre.

Etwa eine halbe Million Menschen – Kinder und ihre Eltern – kommen in jedem Jahr auf die Spiellinie. Auf einem 57 000 m^2 großen, hügeligen Parkgelände mit altem Baumbestand, das dem Landtag gegenüberliegt und einen wunderbaren Blick auf die Kieler Förde erlaubt, können Kinder zimmern, malen, mit Pappmaché arbeiten, Kostüme nähen, Skulpturen aus Lehm formen (und auch im Lehm baden), sie können Lampions basteln und vieles mehr. 14 Workshops werden unter fachkundiger kunstpädagogischer Anleitung angeboten; außerdem gibt es ein Vorlesezelt, Theater- und Musikseminare.

Rund 100 Erwachsene – sehr wenige Hauptamtliche, viele Freiwillige, die dafür Urlaub nahmen – helfen den Kindern, leiten die Workshops an, führen Regie im Hintergrund. Das Besondere: Hier bastelt nicht jedes Kind für sich allein, um am Ende eine Laterne oder einen Pappmaché-Drachen mit nach Hause zu nehmen. Hier arbeiten alle – Kinder und Erwachsene – zusammen, um ein Gesamtkunstwerk zu schaffen, das den Kindern jede Art von Mitwirkung erlaubt – und gleichzeitig schön wird und aus kunstpädagogischer Sicht überzeugt. Meist wählt das Spiellinien-Team (lange Jahre geführt von der Leiterin der städtischen vhs-Kunstschule) ein literarisches Thema für das jeweilige Jahr aus: 1001 Nacht, Peterchens Mondfahrt und der Zauberer von Oz standen in den vergangenen Jahren auf dem Programm.

Gemeinsam mit den Pädagogen formen die Kinder riesige rote Blüten für ein Mohnfeld, das sich, wie in der Geschichte von Dorothy im Lande Oz, die Hügel hinauf erstreckt. In der Smaragdstadt wird gehämmert: Erst muss das Holzgerüst für Oz' Zauberstadt entstehen, dann werden die Wände bespannt und bemalt. Erleuchtet wird die Smaragdstadt durch grüne, halbtransparente Lampions. Natürlich spielt die jeweilige Jahresgeschichte auch eine große Rolle im Vorlesezelt. So entsteht Jahr für Jahr eine magische, leuchtende Welt. Überall wuseln Kinder herum, probieren Techniken aus, machen Materialerfahrungen und erleben, wie sie gemeinsam mit anderen, die sie gar nicht kennen, etwas Großes und Schönes schaffen. Stets beobachtet man Erwachsene, die zunächst noch besorgt darüber gewacht haben, wie ihr Vierjähriger den Hammer hält, beim entspannten Gespräch mit Bekannten. Es passiert fast nie etwas.

Abends werden die Lampions, die Blumen, die Sterne, die am Tag entstanden sind, mit hunderten von Glühbirnen beleuchtet – weil es im Sommer so spät dunkel wird, überwiegend zur Freude der Erwachsenen, die im Park Freilichtbühnenkonzerte besuchen. Aber gerade dieses zauberhafte Erscheinungsbild in warmen Juninächten ist eine gute Werbung für die Spiellinie insgesamt.

Ich treffe Angelika Jenkel, die diesen Zauber lange Zeit gehütet und organisiert hat, ein Jahr vor ihrer Pensionierung auf der Spiellinie. Hochbetrieb. »Wir haben ein paar klare Grundsätze«, sagt sie. »Der erste ist der pädagogische und künstlerische Anspruch an die Workshops. Es geht da nicht um Gematsche. Es geht darum, dass Kinder, gerade auch Kinder aus den bildungsfernen Familien, eine Erfahrung mit Kultur machen. Sie verändern mit Kreativität die Welt.« Der zweite strikte Grundsatz lautet: kein Kommerz. Firmen dürfen Material spenden und tun das auch bereitwillig, aber nirgendwo findet sich ein Hinweis auf Sponsoren, nirgends werden Werbegeschenke verteilt. Ein Gastwirt, der auf der Spiellinie einen Getränkestand in Form einer Coca-Cola-Dose aufbauen wollte, blitzte ab. (Es gibt aber eine unauffällige Gastronomie, die ernährungstechnisch auch nicht dogmatisch ist: Waffeln, Bratwurst, Cola und Pommes finden sich durchaus im Angebot. Aber sie dominieren nicht die Veranstaltung.) »Wir wollen diesen nicht-kommerziellen Aspekt unbedingt verteidigen«, sagt Angelika Jenkel, die mit dieser Haltung bei den städtischen Verantwortlichen nicht immer nur auf Gegenliebe stößt. »Natürlich könnte man das hier auch ganz anders aufziehen, mit Feuerwerk, Marketing und Standmieten. Aber dann stehen nicht mehr die Kinder im Vordergrund, und nicht mehr die Kultur.« Man wolle eben kein seelenloses »Kids-Festival«, auf dem letzten Endes nur Produktwerbestände zu finden seien. »Hier geht es ums Selbermachen.«

Der Eintritt zur Spiellinie ist selbstverständlich kostenlos. Und es fehlt bewusst ein Aspekt, der sich durch fast das gesamte restliche Kinderleben zieht: die Konkurrenz. Vergeblich sucht man nach Wettbewerben oder Auszeichnungen. Es gibt keine Gewinner oder Verlierer. Jedes Kind kann tun, was es will, und lassen, was es nicht will. Es geht nicht darum, einen Nagel »richtig« einzuschlagen oder schneller als ein anderes Kind. Es wird kein Preis für das schönste Kostüm oder die größte Lehmfigur verliehen. Alle Beiträge der Kinder sind für das Gesamtergebnis wichtig – und gleich viel wert.

Seit Jahren gibt es regelmäßig einen Kampf um den Etat der Spiellinie. Als Angelika Jenkel mir die Summe nennt, mit der die Stadt diese Riesenveranstaltung finanziert, falle ich bei der Antwort vor Lachen fast von meiner Sitzbank ohne Rückenlehne: 140 000 Euro kostet dieses Festival für 500 000 Menschen. Nicht am Tag. Sondern für alle neun Tage, auf die sich die Kieler Woche mit einem großzügig definierten Eröffnungswochenende inzwischen ausgedehnt hat. Verglichen mit den Werbeetats großer Firmen sind das nicht Peanuts, sondern Kressesamen. Daran zeigt sich, mit welch geringem finanziellem Aufwand nicht-kommerzielle Angebote gemacht werden können, die viele Kinder erreichen und die *in ihrem Interesse* konzipiert sind. Wahr ist allerdings auch, dass die Haushaltslage mancher Kommunen inzwischen so verzweifelt ist, dass sie selbst über den Einsatz von 100 000 Eurobeträgen nachdenken müssen. Wenn die *soziale Verantwortung von Unternehmen*, die so gern dann beschworen wird, wenn Microsoft den Kindergarten infiltriert, mehr wäre als eine Formel für schlecht verhohlenes Eigeninteresse, dann böten vorbildliche Veranstaltungen wie die Spiellinie wunderbare Sponsoringanlässe – ohne Logos, ohne Einmischung, ohne Gegenleistung. Aber noch besser ist es, der Staat kann selbst bezahlen und bestimmen.

Eine Woche ohne

Wenn wir den Werbern und den Jugendforschern glauben, dann ist es für Jugendliche nahezu unmöglich, einen Tag ihres Lebens unverkabelt und ohne Fernsehen zu überstehen. Lisa Srikiow hat in der *Zeit* (32/2010) einen sehr gelungenen Versuch von Realschülern beschrieben, eine ganze Woche unter diesen unmenschlichen Bedingungen zu überleben. Das kostete überhaupt kein Geld, bedurfte aber einer Initiatorin. Das war Alexandra Puls, die Jugendsozialarbeiterin der Stadt Ettlingen. In einem Projekt zum Thema »mediale Gewalt« war ihr aufgefallen, wie viel die Schüler spielten, chatteten und fernsahen. Sie fand, es könne für die Jugendlichen eine interessante Erfahrung sein zu überprüfen, wie es sich ohne diesen exzessiven Medienkonsum lebt und was sich im Alltag verändert, wenn man sich ausstöpselt – komplett. Es gelang ihr, eine örtliche Realschule zur Mitarbeit zu gewinnen – die Lehrer hatten, wenig erstaunlich, rein gar nichts dagegen. Am Ende machten zwei neunte Klassen mit, eine total medienfreie Woche lang.

Kontrollen gab es nicht, Puls wollte sich bei dem Versuch auf die Jugendlichen und deren Eltern verlassen – und ausgerechnet Letztere fanden es zum Teil ausgesprochen schwer, im Interesse der Kinder auf Fernsehfilme oder Autoradio zu verzichten. Die ersten zwei Tage des Experiments müssen einem Drogenentzug gleichgekommen sein: Intensive Computernutzer saßen verzweifelt am Küchentisch und fragten: »Was mach ich bloß, was mach ich bloß, was mach ich bloß?« Doch dann stellten sich auch positive Effekte ein: mehr Zeit zum Gespräch in der Familie, mehr Unternehmungen mit Freunden, mehr Sport an der frischen Luft. Fazit nach einer Woche: Die meisten Teilnehmer wollten künftig ihren Medienkonsum reduzieren, auf null fahren wollte ihn allerdings keiner.

Es ist kein Zufall, dass eine staatliche Angestellte, die noch dazu in einer sozialen Reparaturfunktion für die Gesellschaft arbeitet, auf die Idee mit der medienfreien Woche kam – im Interesse der Kinder, nicht im Interesse von Unternehmen. Der frühere Bundeskanzler Helmut Schmidt wurde einst verspottet, als er, in Zeiten seliger Internet- und Privatfernsehlosigkeit, einen »fernsehfreien Tag« pro Woche vorschlug, an dem Familien gemeinsam etwas unternehmen sollten. Heute scheint der Vorschlag berechtigter denn je, und es muss dabei gar nicht um bundesweite Aktionen gehen – jeder Schulelternbeirat kann anregen, das Ettlinger Projekt nachzuahmen. Auch der glühendste erwachsene Vorkämpfer der neuen Medien muss zugeben: Es wäre für die Kinder zumindest eine radikal neue Erfahrung.

Astrid Lindgrens Welt

Nirgends habe ich mich so winzig gefühlt wie an Nils Karlsson-Däumlings Gartentisch. Der steht in einem der schönsten Freizeitparks, die ich kenne: in »Astrid Lindgrens Welt« in Vimmerby, Schweden. Hatte ich mich nicht als erklärte Gegnerin von Freizeitparks geoutet? Ja, hatte ich. Aber dieser hier ist eine leuchtende Ausnahme und ein Vorbild, wie man Unterhaltung organisieren kann, ohne sie abzupacken und einzupreisen. Das tun die Betreiber dieses Parks, indem sie fast nur Angebote zum Mittun, zum Fühlen, Klettern, Staunen und Nachspielen machen. Astrid Lindgrens Welt zeigt die Schauplätze ihrer Geschichten in kindgerechtem Maßstab: die Villa Kunterbunt, die drei Höfe von Bullerbü; die Brücke, an der sich die Brüder Löwenherz treffen. Nur Nils Karlsson-Däumlings Gartenmöbel sind eher riesengerecht: Als Erwachsener sieht man hier die Welt einmal aus der Kinderperspektive (sie enthält erstaunlich viele Tisch- und Stuhlbeine). Es macht in diesem Freizeitpark mehr Spaß, viele als wenige Kinder mitzuhaben, denn sie sind die Akteure, können in die Haut ihrer Lieblingsfiguren schlüpfen, wie Pippi Langstrumpf auf Stelzen gehen oder bei einem »Nicht-den-Boden-berühren«-Parcours über Zäune, Felsbrocken und Baumstämme turnen.

Auf verschiedenen Bühnen, in und um die Häuser treiben bis zu hundert Schauspieler ihr Wesen, darunter viele Kinder. Immer wieder werden die Zuschauer in die Handlung verwickelt: Strolche stehlen mitgebrachtes Picknick aus dem Bollerwagen der Gäste, die Prusseliese, jene nervige Sozialarbeiterin aus den Pippi-Langstrumpf-Geschichten, gibt Eltern Erziehungsratschläge. An vielen Stellen wird musiziert, gibt es Gelegenheiten zum Mitspielen (allerdings sprechen die Darsteller durchweg Schwedisch, aber das tut dem Spaß keinen Abbruch). Gastronomie ist in Astrid Lindgrens Welt vorhanden, es werden durchaus auch Waffeln, Eis und Pommes verkauft, vor allem aber lockt ein schwedisches Mittags-Büfett mit Knäckebrot, Hering, Käse, Buttermilch.

Alkohol wird in Schweden an einem Ort, an dem sich überwiegend Kinder aufhalten, natürlich nicht ausgeschenkt. Souvenirläden sind vorhanden, aber äußerst zurückhaltend gestaltet – »kauf mich!« schreit hier kein Produkt. Ohnehin scheinen Merchandising-Artikel zu Pippi Langstrumpf nicht besonders gut zu funktionieren, weil die meisten Kinder sich Pippi entweder wie die aus den Filmen bekannte Schauspielerin Inger Nilsson oder wie die Figur in den Zeichnungen von Ingrid Vang Nyman vorstellen. Die Zeichentrickfiguren, die es darüber hinaus noch gibt, haben es nie so recht ins kollektive Bewusstsein geschafft.

Gegründet wurde der Park von drei jungen Männern aus Lindgrens Heimatstadt Vimmerby, die zum Spaß Michels

Hof Katthult nachbauten. Kinder, ihre eigenen eingeschlossen, sollten dort zunächst spielen dürfen, ohne Eintritt zu bezahlen. Jedes Jahr kamen neue Lindgren-Schauplätze dazu. Der Autorin gefiel das Projekt, sie legte jedoch Wert auf die Feststellung, dass sie selbst finanziell nicht involviert war. Irgendwann hatte der Park eine Dimension erreicht, die die organisatorischen Fähigkeiten der Gründer überforderten: Sie verkauften an einen Baukonzern, der finstere kommerzielle Ausbaupläne hegte und zur Strafe pleiteging. Vorübergehend übernahm nun die Kommune Vimmerby die Einrichtung; sie ist immer noch mit 30 Prozent daran beteiligt. Es wurde ein Beirat eingerichtet, der dafür sorgt, dass der Park sich nicht in eine Richtung entwickelt, die der 2002 verstorbenen Autorin zuwider gewesen wäre – und zuwider waren ihr Geldschneiderei, Kinderverachtung und mangelnde Sorgfalt. Im Beirat wachen nun ihre Tochter, eine Nichte, ihre Biografin und ihre Nachlassverwalterin über die Astrid-Lindgren-Gerechtigkeit des Park-Programms. Natürlich wird mit Astrid Lindgrens Welt auch Geld verdient, und der Eintritt ist mit gut 200 Schwedischen Kronen (rund 23 Euro) pro Person nicht billig. Aber dafür wird sehr viel geboten, und zwar nicht passives Achterbahngeschleuder, sondern aktives Spiel, Interaktion zwischen Menschen und eine Stimmung, die zu den Büchern Astrid Lindgrens passt. In deren Geschichten sind auch oft *Dinge* wichtig – aber es sind eher die kleinen Dinge, die ein Sachensucher findet.

Auf Fahrt

Pfadfinder haben bei vielen Menschen ein etwas altbackenes Image. Das ist ungerecht und falsch. Die Jugendlichen, die dort Gruppen von noch Jüngeren anleiten, haben einen viel direkteren Draht zu den Kindern als manche pädagogische Einrichtung – und erst recht als die meisten Zielgruppenstrategen. Pfadfinderei ist nicht weniger als ein alternativer Lebensentwurf zu unserer Plastikgesellschaft.

Ich möchte hier beispielhaft einen meiner engsten (erwachsenen) Freunde porträtieren, der diese alternative Haltung verkörpert. Ich kannte Dennis aus verschiedenen Zusammenhängen, wusste aber lange Zeit nicht, dass er seit seinem 11. Lebensjahr ein begeisterter Pfadfinder gewesen war. Es passte aber. Dennis ist der Typ, der Leute für eine kleine Überraschungsparty zusammentrommelt, wenn ein Freund an seinem Geburtstag allein zu Hause sitzt und sich grämt. Er ist derjenige, der länger bleibt, um nach einer Veranstaltung aufzuräumen und abzuschließen. Der, den man wegen Liebeskummer nachts um vier anrufen dürfte. Nur wenn man ihn erreicht natürlich, denn Dennis bekommt regelmäßig »Ich-muß-mal-wieder-wandern«-Attacken und hat dann tagelang sein Handy abgeschaltet, weil Handys seiner Meinung nach nicht im Wald herumzuklingeln haben. Außerdem kann er Feuer machen. Und Gitarre spielen: Je später der Abend, desto künstlerischer die musikalischen Einlagen, was manchmal eine gewisse Herausforderung für seine Sängerkameraden darstellt.

Dennis lebt einen scheinbaren Anachronismus – die Pfadfinderei mit ihren Traditionen und dem Fähnlein-Fieselschweif-Outfit – auf eine Weise, die einen heute, im 104. Jahr der Pfadfinder-Bewegung, fast schon wieder die Avantgarde wittern lässt. Es gibt da dieses Pfadfinderversprechen, das Neumitglieder in Anlehnung an die Grundsätze des britischen Generals und *boy scout*-Erfinders Sir Robert Baden-Powell ablegen: Demnach sollen Pfadfinder zuversichtlich sein und das eigene Leben bejahen; mit dem, was ihnen anvertraut wurde, verantwortlich umgehen und sich nicht von materiellen Dingen leiten lassen. Vielleicht ist Letzteres sogar der Kern des Pfadfindertums, den auch Dennis besonders ernst nimmt: In einer Zeit und in einer Gesellschaft, in der der kleine Polospieler auf dem Herrenhemd, das silberne Dreieck auf der Handtasche und jede Menge Markeninsignien auf Kinderpullovern »drinnen« und »draußen« markieren, wirkt er eigenartig frei. Das alles interessiert ihn nicht sehr. Er beurteilt andere Menschen nicht nach Statussymbolen und käme nie auf den Gedanken, sich selbst daran messen zu lassen (außer vielleicht, wenn es um diese wirklich einzigartig gute Petroleumlampe geht).

Diese Freiheit, die andere Menschen für viel Geld in Manager-Resozialisierungsseminaren oder Esoterik-Workshops zu finden hoffen, schafft offenbar Platz für einen Entwurf des guten Lebens. Allein sein können. Still sein können. Draußen sein. Sicher auch das kalte Bier (nicht für Kinder!). Die heiße Dusche nach tagelanger Katzenwäsche. Ein leckeres Essen nach zwei Wochen Tütensuppe. Und Freunde. »Ich glaube, dass Freundschaften, die bei den Pfadfindern geschlossen werden, tiefer gehen als andere«, sagt Dennis. Bei sich selbst und bei anderen Mit-»Pfadis« hat er beobachtet, dass sie ein wenig von den Klassenkameraden oder den Kommilitonen abrückten, nachdem sie diese neue, als viel »echter« empfundene Gemeinschaft kennengelernt hatten. Offen bleibt dabei allerdings die Frage, ob die Pfadfinder Persönlichkeiten, wie Dennis sie beschreibt – zuverlässig, verantwortungsbewusst, antimaterialistisch, fähig zur Freundschaft –, *hervorbringen*, oder ob sich Menschen, die diese Eigenschaften von vornherein mitbringen, dorthin wenden. Vermutlich trifft beides zu.

Jedenfalls haben die Pfadfinder – anders als Parteien, Bürgerinitiativen und viele Sportvereine – keine Nachwuchsprobleme. Die Mitgliederzahlen sind stabil bis wachsend: 47 000 Menschen gehören wie Dennis dem (evangelischen) Verband Christlicher Pfadfinder (VCP) an – so viele Mitglieder haben die Grünen. Insgesamt gibt es in Deutschland 250 000 pfadfinderisch Aktive, weltweit sind es 35 Millionen. Nur die Deutsche Lebens-Rettungsgesellschaft (DLRG) ist ähnlich erfolgreich bei der Jugendarbeit.

Möglicherweise liegt die Attraktivität der Pfadfinder gerade in den scheinbar altmodischen Formen, den Regeln und Ritualen, dem speziellen Lebensgefühl; vielleicht sogar in der Kluft mit Hemd und Halstuch. Irgendetwas muss ja geschehen zwischen dem ersten Gruppennachmittag, den ein kleiner »Wölfling« (so genannt nach den Wolfsjungen in Rudyard Kiplings Dschungelbüchern) besucht – und den unerschütterlichen Freundschaften Erwachsener. Die ersten Erfahrungen dürften in aller Regel frustrierend sein. Dennis erinnert sich noch genau an jenen bewegenden Nachmittag, an dem er das *einzige anwesende Kind* war. Seine Gruppe »Merlin« befand sich noch im Aufbau. Irgendwie muss es dem Gruppenleiter trotzdem gelungen sein, ihn zum Weitermachen zu überreden.

Wer heute als Acht- oder Neunjähriger einen der typischen Gruppennachmittage besucht, findet zunächst nichts besonders Aufregendes vor: zehn bis zwölf andere Kinder, so hyperaktiv, konzentrationsgestört oder fernsehfixiert wie der Durchschnitt einer üblichen Grundschulklasse, mit den gleichen Schwierigkeiten beim Zuhören und Stillsitzen. Dazu zwei oder drei Jugendliche, die – teils begeistert, teils lustlos – Bastelvorschläge machen, Lieder einüben, Fragen über die vergangenen Ferien stellen. Nichts daran unterscheidet sich sehr von anderen, mitunter ein wenig schlappen Konzepten der offenen Jugendarbeit, und der Gruppenraum unterm Dach des Gemeindehauses mit seinen Sperrmüllsofas und Fotocollagen erinnert durchaus an den freudlosen städtischen Jugendtreff gleich nebenan.

Spannend wird es immer dann, wenn die Rede auf zurückliegende Fahrten kommt und die Kinder aufmerksam werden: »Oh, das letzte Pfingstlager, war das schön! Ein Rollenspiel unter dem Titel ›Märchen-Haft‹, in dem die Waldbewohner gegen den unterdrückerischen König aufbegehrten, und wisst ihr noch – Rumpelstilzchen?« Die Wölflinge sind sehr interessiert daran zu erfahren, dass ihr Gruppenleiter im letzten Urlaub mit Rumpelstilzchen persönlich auf Fahrt war. Noch beliebter ist die Planung zukünftiger Reisen, die Einweisung in die Geheimnisse des Zeltbaus und des Spirituskochers. Es gibt ganz offensichtlich nur wenige echte Erlebnisse im Leben dieser Kinder, und die Sehnsucht nach etwas Besonderem, Nicht-Alltäglichem ist groß.

Fernweh lässt sich allerdings nur schwer stillen auf dem fantasielosen Sechziger-Jahre-Spielplatz neben dem Gemeindezentrum. Doch dann ritzt der Gruppenleiter die so genannten »Waldläuferzeichen« (»verdorbenes Wasser«, »hier entlang«, »guter Rastplatz«) in den Sand der Sandkiste, und ein klein wenig Ehrfurcht macht sich breit. Was bedeutet der Kreis mit dem Punkt darin? »Das hat sich dieser Mann aufs Grab malen lassen«, flüstert ein kleiner Junge andächtig. Genau. Sir Baden-Powell, und es heißt: Mission erfüllt. Pfadfinder zu sein, das erfordert auch ein bisschen Mut zum Pathos in einem überwiegend coolen und abgezockten gesellschaftlichen Klima.

Natürlich ersetzt die Knochenarbeit mit den Kindern den Älteren nicht die eigene Lagerfeuerromantik. Die wöchentlichen Treffen können schon zäh sein und erfordern viel Vorbereitung. Die jährlichen Zeltlager, auch die im Vierjahresrhythmus stattfindenden Bundeslager mit tausenden von

Teilnehmern sind wie Klassenfahrt hoch zehn. Daraus ergibt sich das einzige Mitgliederproblem, das die Pfadfinder kennen: Sie könnten noch viel mehr Kindergruppen füllen, doch fehlt es ihnen an jugendlichen Betreuern. Aller »Jugend führt Jugend«-Grundsätze zum Trotz macht es eben doch mehr Spaß, eigene Feten vorzubereiten, Freunde in aller Welt zu besuchen und abends gemeinsam zu singen, als einen allwöchentlich wiederkehrenden Kindergeburtstag zu organisieren.

Vielleicht liegt ein Geheimnis pfadfinderischen Erfolges im Aufsaugen, Assimilieren und Bewahren unterschiedlicher Jugendkulturen. Von Baden-Powells Ehrvorstellungen und seiner Waldläufermystik über Elemente der Ökologie- und Friedensbewegung bis hin zum aktuellen Bemühen um Anschluss an die Moderne: kein Bundeslager, auf dem nicht auch ein Computerzelt stünde; und die traditionelle Andacht am Sonntagmorgen heißt im Pfadi-Jargon ganz fortschrittlich »C-Impuls«.

Hinzu kommt ein programmatischer Internationalismus: Die Pfadfinder betrachten ihre Organisation als Instrument der Völkerverständigung und pflegten weltweite Kontakte schon lange bevor das Wort Globalisierung in aller Munde war. Vielleicht entsteht ihre Neugier auf das Fremde aus einem klaren Bewusstsein des Eigenen: Weil sie eine Heimat haben – weniger eine Wohnort- als eine Gruppenheimat –, sind sie so offen für Neues.

Auch die neuen Technologien werden dementsprechend in gruppenfreundlicher Weise gehandhabt. Das bedeutet Restriktionen für den Einsatz von Handys und Gameboys. Computer werden nicht für einsames Gedaddel verwendet, sondern für die gemeinsame Lagerorganisation – und zur Vernetzung: Inzwischen gibt es im Internet Pfadfinder-

Chats, die sich besonders im aktionsarmen Winter großer Beliebtheit erfreuen.

Pfadfinderei scheint, wenigstens in manchen Fällen, eine Art ganzheitliche Lebensweise zu sein, die sich nicht auf das korrekte Aufschichten des Feuerholzes reduzieren lässt. Die Attraktivität dieses Lebensentwurfs besteht in seinem Spannungsverhältnis zum Zeitgeist: nicht schnell, schick und teuer, sondern stetig und ernst gemeint, dabei ein bisschen wehmütig, romantisch und sehnsüchtig.

Stadtentdecker

Barbara Welzel ist Professorin für Kunstgeschichte an der Technischen Universität Dortmund – und eine hartnäckige Person. Andernfalls hätte sie kaum (mit einem Team von gleichgesinnten Kolleginnen und Kollegen) ein Projekt realisieren können, das Kindern einen Zugang zur Kunstgeschichte als Wissenschaft eröffnet – und ihnen gleichzeitig zeigt, wie man seine Stadt mit offenen Augen betrachtet, wie man anhand von Gebäuden und Kunstwerken ihre Geschichte liest. Welzel stieß zunächst auf Skepsis: Kinder und *Wissenschaft*? Kinder und *Kunstgeschichte*? Interessiert so etwas Zwölfjährige überhaupt? Verstehen sie es?

In vielen Workshops und Führungen mit Schülern erlebte die Professorin aber immer wieder, dass die Kinder Feuer und Flamme waren, wenn man ihnen die Augen für die Dinge öffnete, die sie jeden Tag sahen, ohne sie wirklich zu *sehen*. Unterstützt von den Serviceclubs der Stadt Hagen (Lions, Rotary, Zonta und weitere), von zahlreichen Privatpersonen und Unternehmen (die allesamt auf aufwendige Sponsoren-Logos und eigenen *benefit* verzichteten), konnte sie das Buch »Hagen erforschen. Eine Stadt als Laboratorium« herausgeben – und es war sogar möglich, das Buch weiträumig an Hagens Schüler zu verschenken.

Durch die Stadt Hagen, zu Beginn des 20. Jahrhunderts ein Kristallisationspunkt der Moderne, führt die fiktive Figur des Professor Phillip Valentin. Und der schreckt nicht davor zurück, den Kindern zunächst einmal zu erklären, was Wissenschaft ist: »Wissenschaft ist auf Empirie gestützte Hypothesenbildung«. Wie bitte? Überfordert diese Erklärung nicht sogar erwachsene Leser? Die museumspädagogisch erfahrenen Autorinnen lösen die schwer verständliche Formulierung wunderbar auf. Erstens Empirie: »Man beobachtet Dinge, die es gibt. Und man beschreibt sie möglichst genau: mit Worten, mit Zeichnungen, mit Fotos. Forscher schauen Gebäude, Kunstwerke und überhaupt alle kunstvoll gestalteten Dinge genau an. Weiterhin fahnden sie in Archiven, ob sie Dokumente (etwa einen Vertrag, eine Rechnung oder einen Brief) zu den Werken, ihren Künstlern und ihren Auftraggebern finden. Außerdem suchen sie nach alten Fotos. Im Vergleich kann man sehen, ob sich etwas verändert hat.«

Zweitens Hypothesenbildung: »Man probiert aus, welches die beste Geschichte ist, die man mit diesen Fakten und Dingen erzählen kann, ohne sie auszuschmücken und etwas dazu zu erfinden. In unserem Fall: Man überlegt, welches die jeweils beste Geschichte ist, die man zu den Gebäuden, zu den Kunstwerken, ihren Künstlern, ihren Auftraggebern und ihrer Zeit erzählen kann.«

Das Buch wolle eine Einladung sein, sagt Barbara Welzel: Man könne darin spazieren gehen, es weglegen und wieder zur Hand nehmen. Es solle anstiften zu Stadtwanderungen, zum »Spazieren-Gucken«, zum Fotografieren, zum Zeichnen, zur Gestaltung eines eigenen Stadtbuches. »Hier, im ›Hagener Impuls‹«, schreibt sie, »wurden neue Formen des Wohnens, der Stadtplanung, des Sammelns und Ausstellens, der Bildung und Buchgestaltung erprobt. Hier wurden Modelle geschaffen. (…) Hier haben Menschen nach Lösungen für ihre Zeit gesucht, die von uns natürlich nicht mehr eins zu eins übernommen werden können. Doch bleiben sie Ansporn.«

Das Buch bietet großartige Anregungen zur Aneignung der eigenen Umwelt. Lehrer müssten damit höchst erfreuliche Unterrichtseinheiten konzipieren können. Gewiss profitieren die Hagener Kinder am meisten davon, wenn sie direkt mit einem Kunsthistoriker auf Stadtentdeckung gehen können – aber allein losziehen können sie mit dieser Anleitung eben auch.

Es ist wohltuend, dass hier eine wissenschaftliche, mit privatem Geld unterstützte Initiative einmal nicht auf berufliche Verwertbarkeit von Informationen setzt, sondern darauf, dass Menschen ihre Geschichte kennen müssen, um ihre Gegenwart zu verstehen. Hagen habe einen ganz eigenen »Sound«, schreibt Barbara Wenzel. Und das gilt genauso für Kiel, Rostock, Osnabrück, Augsburg und so weiter. Das kunsthistorische Stadtentdecker-Projekt wird sich nicht überall realisieren lassen. Aber sicher gibt es noch andere Städte, in denen engagierte Wissenschaftler und kluge Spender aufeinandertreffen – um mit hohem Anspruch, ohne Herablassung und voller Respekt für die Neugier und das Verständnisvermögen der örtlichen Kinder die Stadt erforschbar zu machen und ihren Sound einzufangen.

Das »Dangerous Book for Boys«

Vor einigen Jahren schrieben die Brüder Conn und Hal Iggulden ein Handbuch für Väter und ihre Söhne, das *Dangerous Book for Boys*. Es handelt von vielen Dingen, die Väter und Söhne gleichermaßen interessieren dürften (und einige Töchter, die nicht rosa verseucht sind, sicher auch). Das Buch ist ein wahres Füllhorn von nichtkommerziellen Ideen zur Selbstbeschäftigung – wobei viele Projekte die Mithilfe eines handwerklich-technisch versierten Erwachsenen erfordern. Insofern ist es kein Ruhigstellungsinstrument für Kinder wie etwa die Nintendo DS. Es fordert aktiven Elterneinsatz, wenigstens an einigen Stellen.

»Wir hatten in unserer Jugend noch sehr viel mehr Zeit als Kinder heute«, schreiben die Autoren in ihrer Einleitung: »Doch auch im Zeitalter der Videospiele und Handys muss Zeit sein für Baumhäuser, Seemannsknoten und spannende Geschichten. Dieses Buch zeigt, wie man sich die Sonntagnachmittage und langen Sommertage zurückerobert: Wenn man weiß, was man mit ihnen anfangen kann, werden sie spannend und abenteuerlich.« Und für die Rückeroberung haben die Igguldens viele, viele Vorschläge – von Kristallzüchtung über die Orientierung in der Dunkelheit bis hin zum Fertigen von Pfeilspitzen aus Feuerstein. Das Buch propagiert eine ein wenig altmodisch anmutende *Haltung* für Jungen: Sie sollen keine quengelnden, pommesvertilgenden, couchsurfenden Möchtegern-Superhelden sein, nicht hyperaktiv, sondern aktiv, außerdem höflich, zuvorkommend, tapfer – nicht *cool*. Es erscheint kühn, solche Werte heute entschieden zu propagieren, aber die Käufer des Buches, das ein großer Erfolg war, haben sich offensichtlich nicht an ihnen gestört, sie haben verstanden, dass es hier sozusagen um Enid Blyton mit einem aufgeklärten Augenzwinkern geht. Und es ist durchaus angenehmer, sich vorzustellen, viele Jungen (und Mädchen) eiferten diesen Werten und Verhaltensmustern nach, als dem Repertoire der Monster und Actionhelden.

Auch dieses Buch beginnt erst einmal mit einer Liste von *Dingen*, die der Leser gut gebrauchen könnte – nennenswert viel Geld kostet davon aber nur das Schweizer Armeemesser. Darüber hinaus geht es um Taschentücher (»Du kannst es bei Rauch als Filter benutzen oder einem Mädchen anbieten, das weint. Aus größeren Taschentüchern kannst du sogar eine Armschlinge binden. Sie sind einfach wertvoll.«), Pflaster (keine Erklärung notwendig) oder Nadel und Faden (»Du kannst einem bewusstlosen Hund damit eine Wunde nähen oder ein zerrissenes T-Shirt ausbessern.«). Und dann gibt es unendlich viel selbst auszuprobieren, zu erforschen, zu basteln, zu lesen – das gefährliche Buch für Jungen endet mit einer klug zusammengestellten Liste von Büchern, die »jeder Junge gelesen haben sollte«. Die Autoren finden es *nicht* peinlich und *nicht* uncool, wenn ein Junge sich für seine Umwelt interessiert, wenn er historische Neugier besitzt und sich gern Rat von Erwachsenen holt. Insofern entwerfen sie ein absolutes Gegenmodell zu dem abgezockten »Alles-schon-gesehen«-Bild der coolen Konsumenten-Kids. (Dangerous Book for Boys, Conn und Hal Iggulden, cbj Verlag 2007, 304 Seiten, 19,95 Euro).

SV und Schülerzeitung

Die Schule bietet, trotz latenter Bedrängnis durch Unternehmen und Werber, immer noch einen weitgehend kommerzfreien Betätigungsraum mit vielen Beteiligungsmöglichkeiten für Kinder und Jugendliche. Gerade unter dem Gesichtspunkt, dass Kinder Gelegenheiten brauchen, um ihr tägliches Leben ein Stück weit selbst zu bestimmen und demokratische Verhaltensweisen einzuüben – vor allem Streit nach Regeln und Kompromiss –, ist es wichtig, dass Lehrer und Eltern das Engagement in der Schülervertretung (SV) unterstützen. Das ist kein Selbstläufer: Wenn es keine starken

Vorbilder dafür gibt, was man mit einem solchen Gremium erreichen kann, dann verkommt die SV leicht zum Fetenausschuss. Im Interesse der politischen Bildung ist es aber wichtig, dass dort sowohl über allgemeine politische Themen als auch über Schulangelegenheiten diskutiert und informiert wird. Schon Zehnjährige, die sich als Klassensprecher wählen lassen, können, bei richtiger Anleitung, wertvolle Erfahrungen machen: Wie es sich anfühlt, Verantwortung zu übernehmen. Wie schwer es sein kann, jemanden zu überzeugen, der anderer Meinung ist (und dass man manchmal mit dem Dissens leben muss). Vor allem aber, dass die Welt, die man vorfindet, *gemacht* ist – und dass man sie im Rahmen der geltenden demokratischen Regeln verändern kann. Das ist eine andere Botschaft als die »Du-hast-die-Wahl«-Beschwörung unterschiedlicher Schoko-Riegel-Hersteller.

Auch die Schülerzeitung wirkt in Zeiten des Internet wie eine Antiquität. Das ist sie aber nicht. Denn erstens gestalten Schüler, die eine Zeitung machen, tatsächlich ein Werkstück, das sie hinterher in der Hand haben. Zweitens erreicht dieses Werkstück eine genau eingegrenzte Öffentlichkeit – die, die es angeht, Mitschüler und Lehrer –, und für die Inhalte, die man in dieser Öffentlichkeit verbreitet, hat man einzustehen (löschen geht nicht). Drittens ist das selbsttätige Gestalten von Medien ein emanzipatorischer Akt, und wer sich daran versucht hat, wird andere Medienerzeugnisse weniger ehrfurchtsvoll zur Kenntnis nehmen. Deshalb sollten Eltern und Lehrer Schüler ermutigen, Schülerzeitungen – oder einen eigenen Schulsender – zu gründen, dafür zu recherchieren und zu schreiben. Für den Emanzipationseffekt, den sie versprechen, kann man meiner Meinung nach sogar Anzeigen der nächstgelegenen Eisdiele und des Schreibwarengeschäfts in Kauf nehmen.

Die hier erläuterten Beispiele zeigen ganz unterschiedliche Herangehensweisen, um Kinder stark und unabhängig zu machen und sie in ihrer Entwicklung zu urteilsfähigen Erwachsenen zu fördern. In ganz Deutschland gibt es unzählige großartige Initiativen, Museums- und Theaterprojekte, Musikschulen, Sportvereine und Kinderuniversitäten, die alle auf ihre Weise dafür kämpfen, die Kindheit zu einem Entwicklungsraum zu machen, nicht zu einem Kaufhaus.

Es ist in unserer Zeit üblich zu wünschen, die Menschen, die für ein solches Ziel arbeiten, wären besser vernetzt. Darin bin ich mir aber nicht sicher: Manches kann man voneinander lernen, manches ist doch allzu verschieden. Was aber Eltern und Lehrern enorm helfen würde, wäre ein besserer Überblick über qualitativ hochwertige, antikonsumistische Angebote in ihrer Region. Die britische Zeitung *Guardian* hat 2010 in einer großen Kampagne sechs Themenhefte mit überzeugenden Angeboten für Kinder herausgegeben – von Film und Literatur über Naturbegegnung und Sport bis zu historischen Festivals und Museen. Für Deutschland wäre das eine nachahmenswerte Initiative. Man könnte sich einen solchen Überblick natürlich auch in Form eines regionalisierten Internetportals vorstellen, doch Geld kostet beides – denn die Angebote müssen fachkundig bewertet sein, und es würde den ursprünglichen Absichten ja zuwiderlaufen, ausgerechnet ein nicht-kommerzielles Veranstaltungsportal von McDonald's finanzieren zu lassen. (Der *Guardian* verzichtete in seinen Magazinen komplett auf Werbung, nur die Rückseite der Hefte zierten Anzeigen des *National Trust*, einer gemeinnützigen Organisation, die sich der Bewahrung historischer Stätten, Gebäude und Gärten widmet.

BÜCHER ALS ABWEHRZAUBER

Wer liest, ist für den Konsumkapitalismus ein Totalausfall

Der beste Abwehrzauber gegen eine kommerzialisierte Kindheit ist das Buch. Wer liest, lernt denken; lernt, sich in andere Menschen hineinzuversetzen, mitzufühlen, Fremdes zu verstehen; lernt, aus abstrakten Zeichen innere Bilder zu produzieren; lernt (wenn er das Glück hat, mit anderen Menschen über das Gelesene sprechen zu können), wie man diese subjektiven Bilder in allgemeinverständliche Worte fassen kann, um sie wieder zu erzählen. Wer liest, hat die Chance, Luft zu holen und Distanz zu gewinnen – zu sich selbst und zur Welt. Wer liest, schaut hinter die Dinge. Wer liest, bewegt sich in einem werbefreien Raum. Das Buch blinkt nicht, es macht keinen Krach, es braucht keinen Strom, es fordert nur sehr selten dazu auf, etwas zu kaufen. Wenn es ein gutes Buch ist – eine spannende, eine lustige Geschichte, die in origineller Wortwahl und mit sprachlichem Witz erzählt wird –, dann zieht es seine Leser in den Bann, dann bietet es Gelegenheit zur Konzentration und Versenkung. Das ist viel wert in einer Zeit, da alle anderen Medien auf ständige Ablenkung aus sind, auf das Einfangen unserer Aufmerksamkeit, und uns – und unsere Kinder – mit immer stärkeren Reizen traktieren und mit immer kleineren Inhaltshäppchen abzuspeisen suchen.

Wie wichtig das Vorlesen dafür ist, dass Kinder zu selbstständigen Lesern werden (und welche Vorteile starke Leser in der Schule haben), ist in den vergangenen zehn Jahren in der Aufarbeitung der schlechten deutschen PISA-Ergebnisse fast bis zum Überdruss diskutiert worden. Und es hat sich sehr viel getan: Sicher mindestens einmal im Monat höre ich von einer neuen Vorleseinitiative, von Menschen, die sich mit Begeisterung gerade benachteiligten Kindern zuwenden und versuchen, ihnen Bücher nahezubringen. Auch von staatlicher Seite wird mehr getan als früher: So plant die Bundesbildungsministerin eine Ausweitung des bisher nur in einigen Bundesländern getesteten Programms »Lesestart«, das, nach englischem Vorbild, Neugeborene mit einem Bücherpaket begrüßt und für regelmäßige Leseberatung durch den Kinderarzt sorgen soll. Das alles ist großartig.

Ich glaube nur, dass wir in unserer neu entdeckten Begeisterung für die Leseförderung nicht vergessen dürfen, dass der Akt des Lesens ein *ästhetisches Verhalten* ist, das das Bewusstsein des lesenden Menschen verändert. Es geht eben nicht nur darum, innerhalb eines Ausbildungsweges funktionieren zu können und Textaufgaben zu verstehen. Es geht um Freude und innere Freiheit und Mitgefühl und Kritikfähigkeit. Und deshalb scheint es mir sehr wichtig, eine neue Diskussion über die Qualität der Kinder- und Jugendbücher zu beginnen. In letzter Zeit hat sich eine Art Kultur der »Niederschwelligkeit« etabliert: Hauptsache, die Kinder (und insbesondere die Jungen) lesen überhaupt noch – fast egal was. Der größere Teil der rund 7000 jährlichen Neuerscheinungen für Kinder und Jugendliche in Deutschland scheint dieser Philosophie zu folgen und präsentiert erbärmliche Geschichten voller Klischees, fragwürdiger Grammatik und peinlicher Jugendsprache. Auch der Buchmarkt ist ein Markt: Wenn alle Harry Potter toll finden, dann schießen Romane über Zauberschulen ins Kraut. Wenn Vampire das sind, was sich Mädchen von heute angeblich wünschen, dann landet noch der ambitionierteste Verlag irgendwann bei einem Spitzentitel über eine anorektische Vampirin mit Liebeskummer. Heerscharen von fabelhaften Zauberfeen und coolen Fußballkerlen halten die Regale in den Buchhandlungen besetzt.

Es wird Zeit, sorgfältig zu unterscheiden, welche Bücher *Bücher* sind – und welche Bücher bloße *Produkte*, konzipiert, um Kasse zu machen. *Echte* Kinder- und Jugendbücher werden geschrieben, weil sie die beste Form sind, in der ihre Autoren erzählen können, was sie zu erzählen haben. Da ich als Redakteurin auch für die Betreuung des Kinder- und Jugendbuchbereichs zuständig bin, habe ich immer wieder Gelegenheit, mit herausragenden Autoren zu sprechen. Und ganz einhellig sagen sie: Ich denke beim Schreiben überhaupt nicht darüber nach, ob die Kinder das verstehen oder ob es sie interessiert. Es interessiert *mich*.

Unechte Bücher hingegen sind am Reißbrett entworfen, schmeißen sich an die vermeintlichen Vorlieben einer *Zielgruppe* heran und montieren Versatzstücke, die gerade hoch im Kurs zu stehen scheinen. Gerade weil die echten Kinderbuchautoren nicht auf die Leser schielen, schreiben sie gute Bücher; gerade weil die professionellen Buchvermarkter ihre Zielgruppe in Wahrheit verachten und unterschätzen, produzieren sie schlechte.

Die *Harry Potter*-Romane der Britin J.K. Rowling – sicher jedenfalls Band eins bis vier – sind in diesem Zusammenhang ein interessanter Sonderfall. Ganz ohne Zweifel sind sie *echte* Bücher: getragen von einer originellen Idee, mehrschichtig, philosophisch, voll Witz und Ironie und sprachlicher Feinheiten. Es ist bekannt, dass Rowling am Anfang Schwierigkeiten hatte, ihr Manuskript bei einem Verlag unterzubringen, und dass zwölf Verlage es ablehnten, Begründung: Es sei zu lang, zu schwierig und zu anspruchsvoll für ein Kinderbuch. Welch historischer Irrtum! Hier war pure, kinderunterschätzende Ideologie am Werk Die betroffenen Verlage hat dieses Fehlurteil gerechterweise Millionen gekostet, sie verpassten einen der größten Bucherfolge aller Zeiten. Denn ganz offenbar war die Intelligenz der Geschichte ja kein Hinderungsgrund für inzwischen mehr als 450 Millionen Buchkäufer, sich darauf einzulassen. Vielleicht wäre es ökonomisch *vernünftig,* wenn die Kinder- und Jugendbuchverlage ihre Kunden ein wenig ernster nähmen.

Das Magische Must-Have

Tragisch an Potter ist natürlich, dass er ein verkaufter Held ist. Man mag der Autorin nicht gern vorhalten, dass sie nach allen Widrigkeiten des Anfangs ihren finanziellen Nutzen maximiert hat – aber trotzdem setzen Astrid Lindgrens Zurückhaltung, ihr großes Interesse an der Qualität von Verfilmungen ihrer Bücher und ihre Skepsis gegenüber Merchandising-Produkten hier die sympathischeren Maßstäbe. Lindgrens wie Rowlings Bücher regen zum Nach- und Weiterspielen an, und man braucht keine *Utensilien* um Pippi oder Harry zu werden – jedenfalls keine, die man kaufen müsste. Rowling aber hat eine wahre Flutwelle von Lizenzprodukten zugelassen. Plastikzauberstäbe, Plastikfiguren, Kostüme, Lego-Bausätze. Figuren. Figuren. Figuren. Spiele jeder Machart, Becher, Federtaschen – und die Filme. Sie sind von unterschiedlicher Qualität, aber keiner reicht an das literarische Vorbild heran. Und sie haben diese ein, zwei Jahre der Stille zerstört, als überall auf der Welt Kinder *Harry Potter* lasen, allein, versunken, hypnotisiert – und ihren Freunden davon erzählten, so dass das Buch ein Bestseller wurde, zunächst ganz ohne viel Marketing.

Es ist entscheidend, Kinder für die Faszination von Geschichten zu gewinnen, bevor die elektronischen Medien sie einfangen und sie mit ihren kurzfristigen Reizen (un)ruhigstellen. Das geht nur, indem man vorliest (und zwar deutlich über die Leselernphase in der Schule hinaus), und es geht nur, wenn man überzeugend ist. Das heißt: Wenn die Kinder merken, dass man die Bücher mag, die man da vorführt; und wenn sie sehen, dass man selbst sich mit einem Buch im Sessel wohlfühlt, dass man das Lesen genießt. Sonst werden sie einen mit Recht für einen Heuchler halten.

Und genau das ist der Grund, warum wir Eltern uns weigern sollten, unechte, dumme Bücher vorzulesen, die angeblich unseren Kindern gefallen, die wir selbst aber für lächerlich, albern, herablassend halten. Kleine Kinder haben ja zunächst gar keine eigenen Maßstäbe an Literatur, sie sind mehr als bereit, sich von ihren Eltern begeistern zu lassen. Warum eigentlich sollten wir sie für etwas begeistern, wovon wir selbst nichts halten? Warum sollten wir uns vor den Vermarktungskarren von Bob, dem Baumeister oder Lillifee spannen lassen, wenn es uns keinen Spaß macht und die Kinder etwas Besseres, Echteres mit Freuden akzeptieren würden? Mit der Faustregel: Ein gutes Kinderbuch gefällt niemals *nur* Kindern, kommt man recht weit bei der Auswahl von Kinderbüchern. Ich würde hinzufügen: Ein gutes Kinderbuch fordert nicht zum Eintritt in eine Produktwelt auf. Es schafft eine Welt im Kopf. (Mit der Potter-Problematik müssen wir jetzt irgendwie leben, die Bücher sind trotz allem gut.)

Ganz ohne zeitlichen Aufwand wird man die echten, die guten Kinderbücher nicht finden – aber es ist gut investierte Zeit, denn die Vorlesestunden in der Familie werden dadurch wesentlich vergnüglicher. Viele Buchhändlerinnen und Bibliothekare können bei der Buchauswahl ausgezeichnet beraten, sie haben in der Regel einen großen Überblick über

Klassiker und Neuerscheinungen. Einige Qualitätszeitungen bemühen sich kontinuierlich darum, Schneisen in den Neuerscheinungsdschungel zu schlagen. Es gibt Empfehlungslisten wie im *Dangerous Book for Boys* (die hauptsächlich Klassiker enthält) und klug zusammengestellte Vorschläge wie etwa »Was soll ich denn lesen?« oder »Schau mal!« von Monika Osberghaus. Bücher, die mit dem Deutschen Kinder- und Jugendbuchpreis oder mit dem Kinder- und Jugendliteraturpreis LUCHS der *Zeit* und Radio Bremens ausgezeichnet wurden, sollten generell nicht ganz schlecht sein. Und wer erst einmal angefangen hat, sich für nicht-kindische Kinderliteratur zu interessieren, der wird daran selbst viel Freude haben.

Da ich selbst in der LUCHS-Jury mitwirke, kommt es mir häufig so vor, als würden *alle 7000* Neuerscheinungen von den Verlagen als Leseexemplare in mein Büro geschickt (das ich dann alle paar Tage mit einem Schaufelbagger ausgraben muss). Das ist natürlich nicht so, aber man bekommt in dieser Funktion jedenfalls eine Menge Bücher zu sehen, echte und unechte. Auch bei den echten herrscht in der LUCHS-Jury, der neben mir die Bibliothekswissenschaftlerin Birgit Dankert, der Schriftsteller Hartmut El Kurdi und der Leiter des Funkhauses Europa bei Radio Bremen, Karsten Binder, angehören, natürlich nicht immer Einigkeit, im Gegenteil, es wird heftig diskutiert – schließlich spielen bei der Beurteilung von Literatur auch Geschmacksfragen und individuelle Vorlieben oder Abneigungen eine Rolle. Einig sind wir uns aber fast immer darüber, *was* wir für ein echtes Buch halten – und was für ein Produkt.

Ich möchte hier, stellvertretend für viele andere, eine Reihe von *guten* Kinder- und Jugendbüchern vorstellen, die mir in den vergangenen Jahren aufgefallen sind, die mir uneingeschränkt empfehlenswert erscheinen und die ein auffälliges

Kontrastprogramm formulieren zu der coolen Konsumwelt, die uns Werber und neue Medien anbieten. Sie porträtieren Kinder, die viel mehr sind als bloße Minikonsumenten.

Finnischer Wahnsinn mit Ella

Ausgesprochen witzig sind die *Ella*-Bücher des Finnen Timo Parvela. Vier Bände sind bisher erschienen, sie schildern den Weg von Ella, Pekka, Timo, Tiina, Hanna, Mika und einigen anderen Kindern durch die Grundschule. Obwohl Ella die Geschichte erzählt, lieben gerade Jungen zwischen acht und elf Jahren die *Ella*-Bücher. Das mag am ultratrockenen Humor des Autors liegen, der selbst lange Lehrer war, bevor er Schriftsteller wurde: Parvela weiß genau, was zwischen Klasse und Lehrer vorgehen kann, und er scheut keine Witze auf Kosten des Klassenvorstands – aber eben ohne ihn als Autoritätsperson zu untergraben, ohne ihn lächerlich zu machen. Die Kinder *mögen* ihren Lehrer, auch wenn er lästige Dinge von ihnen verlangt (wie das Einmaleins zu lernen) oder sich seltsam benimmt (indem er zwei Halbkojoten in einer Mietwohnung hält). In *Ella und der Superstar* (Hanser 2010) gerät Pekka, der begriffsstutzigste Junge der Klasse (und Sohn der Schuldirektorin) in Konflikt mit den Anforderungen des Matheunterrichts. Auf die Frage, wie viel sechs mal sieben sei, antwortet er: »Die Birke.«

»›Wie bitte?‹, wunderte sich der Lehrer. ›Ich kann das Einmaleins nicht‹, sagte Pekka. ›Dafür kenn ich mich prima mit Bäumen aus.‹ – ›Erst kommt das Einmaleins, dann die Bäume‹, sagte unser Lehrer. ›Entweder du lernst es, oder du bleibst sitzen. Damit kenn *ich* mich nämlich aus.‹«

Der Lehrer ist erst so humorlos, berichtet Ella, seit er wegen der zu Hause heulenden Kojoten (er hat sie von einer

Klassenfahrt nach Lappland mitgebracht) ständig Ärger mit seinem Vermieter hat: Am Tag tobt der, nachts die Kojoten. Deshalb starrt der Lehrer nur noch apathisch aus dem Fenster, kaut auf seinen Nägeln und hat den Unterricht auf zwei Themen reduziert: Das Einmaleins und Mietrecht.

Sitzen bleiben soll Pekka nicht, finden die Mitschüler. Er solle doch einfach das Einmaleins lernen, schlägt Hanna vor. »›Ich hab aber keine Lust‹, sagt Pekka. ›Ich werde sowieso ein Superstar.‹« Was denn ein Superstar tue, wenn der Lehrer ihm eine Rechenaufgabe stelle, wollen die anderen wissen. »›Nichts‹«, sagt Timo, das Klassengenie: »›Dafür hat er seinen Manager.‹« Timo übernimmt diesen Job bereitwillig.

Ohne auch nur im Ansatz zu moralisieren, bringt Parvela einen Aspekt der modernen Medienkultur auf den Punkt, den offenbar auch finnische Kinder früh absorbieren: die Vorstellung, man könne ein Star werden, ohne etwas zu können. Manager Timo will mit dem Lehrer einen Vertrag aushandeln, bevor »sein Klient« in der Klasse wieder auftritt. Seine Forderungsliste umfasst eine eigene Garderobe (damit Pekka sich für seine Auftritte vorbereiten kann), Erfrischungsgetränke (mindestens drei verschiedene Sorten, eiskalt), einen eigenen Eingang (wegen der aufdringlichen Fans) und hunderttausend Euro (inklusive Managergehalt). »›Das wäre jetzt das Gesamthonorar für die Auftritte meines Klienten bis zum Ende des Schuljahrs, die Fahrten zur Schule, Einmaleins und das Management. Für die nächste Klasse muss dann natürlich ein neuer Vertrag ausgehandelt werden.‹« Zur großen Enttäuschung der Klasse geht der Lehrer auf diesen durch und durch vernünftigen Vorschlag nicht ein.

Leser zwischen acht und elf verstehen schon gut die Ironie, mit der Parvela Pekkas Verhalten beschreibt (ohne dabei verletzend zu sein). Sie sehen, wie absurd die Vorstellung ist, sich im Unterricht managen zu lassen und ohne irgendeine Fähigkeit auf die Bühne zu streben – auf diese subtile Weise untergräbt das Buch die allgegenwärtige Medienbotschaft, so etwas könne doch funktionieren.

Der Lehrer hält durch und besteht auf dem Einmaleins, doch währenddessen verselbständigt sich der Starkult um Pekka, dem plötzlich Fans zujubeln, nur weil er *sagt*, er sei ein Superstar. Am Ende rettet ihn nur die Solidarität der ganzen Klasse vor der Peinlichkeit, tatsächlich öffentlich auftreten zu müssen, ohne etwas zu können. Und vor dem Sitzenbleiben bewahrt sie ihn schließlich auch noch. Timo Parvela übt Kritik an der zeitgenössischen Medienkultur und erreicht damit Grundschulkinder – und Eltern, die sich beim Vorlesen ziemlich sicher sehr amüsieren dürften. Geht doch.

Die Macht des Wortes

Auch der Australier Michael Gerard Bauer arbeitete viele Jahre lang als Lehrer, bevor er sich dem Schreiben zuwandte. Sein bei uns im Jahr 2008 erschienener Roman *Nennt mich nicht Ismael!* spielt ebenfalls in einer Schule und beschäftigt sich mit den Schwierigkeiten, die gerade Jungen damit haben, eine Rolle zu finden, die nicht von Medienbildern, Machogehabe und zur Schau gestellter Coolness geprägt ist. Coole Machos wie Barry Bagsley terrorisieren in dieser Geschichte freundliche, eher zurückhaltende Jungen wie den Helden, Ismael Leseur, und dessen Freunde Bill Kingsley und Orazio Zorzotto. Erst als der kleine, unscheinbare, absolut uncoole James Scobie in Ismaels Klasse kommt, wenden sich die Dinge zum Besseren: Scobie ist nämlich auf eine ganz andere Art souverän als der mobbende Bandenführer Bagsley. Er ist blitzgescheit, denkt doppelt so schnell wie seine Gegenspieler, hat vor nichts Angst und gibt die harten Jungs mit rhetorischer Leichtigkeit derart der Lächerlichkeit preis, dass deren Einfluss gegenüber den Mitschülern erheblich sinkt.

Michael Gerard Bauer führt hier eine alternative Art von männlicher Coolness vor: Die Gruppe um Ismael wird unter der Anleitung Scobies bejubelter Vizemeister beim städtischen Rhetorikwettbewerb. Es kommt nur darauf an, was Mode ist, was der Mehrheit als attraktiv erscheint, sagt Bauer mit dieser Geschichte: Und es kann durchaus erstrebenswerter sein, gut denken als gut hauen zu können. Auch in Bauers Schulwelt sind Lehrer keine lächerlichen Wichte, verständnislosen Zombies oder Spielverderber: Sie sind Identifikationsfiguren, sie nehmen Nöte einzelner Schüler wahr, sie begeistern sich und andere für ihre Themen, sie beziehen klar und eindeutig Stellung gegen Schüler, die andere mobben.

Wenn Scobie und Barry Bagsley zum verbalen Schlagabtausch antreten, dann ist das wahnsinnig komisch – und die Sympathien liegen eindeutig beim Geisteshelden. So kann man über die Schule, über Probleme des Heranwachsens und über Rollenidentitäten *auch* schreiben – wenn es nicht in erster Linie darum geht, Jugendliche gegen Erwachsene im Allgemeinen und Lehrer im Besonderen aufzuhetzen.

Tiefbegabt

Eine besondere Jungenfreundschaft schildert der Berliner Autor Andreas Steinhöfel in *Rico, Oskar und die Tieferschatten* (2007). Rico, der eine Teil dieses ungleichen Heldenpaares, ist »tiefbegabt«, wie seine Mutter es netterweise nennt: Er hat Lernschwierigkeiten, kann sich schlecht konzentrieren und ist schnell mit neuen Situationen überfordert. Trotzdem ist Rico ein sehr einfühlsamer Junge – er versteht gut, wie es der geschiedenen Nachbarin Frau Dahling geht, wenn sie ihr »graues Gefühl« hat. Oder wie sich sein Freund Oskar fühlt, ein viel jüngerer, hochbegabter Junge, der bei seinem lieblosen Vater trotz all seiner Klugheit sehr unglücklich ist. Gemeinsam überführen Rico und Oskar den Kidnapper »Mister 2000«, der überall in Berlin Kinder entführt und sie gegen ein vergleichsweise geringes Lösegeld (damit die Eltern es bezahlen können) wieder laufen lässt. Auch ein Geschäftsmodell.

In Steinhöfels Geschichte sind Jungen die Hauptfiguren, die es in jeder normalen Schulklasse schwer hätten: Weil sie anders sind, weil sie nicht einer bestimmten Norm von Männlichkeit und Abgebrühtheit entsprechen. Es ist faszinierend zu verfolgen, wie Steinhöfel Ricos erzählerische Perspektive durchhält – der Leser erfährt tatsächlich an keiner Stelle mehr als das, was dieser Junge mit seinem begrenzten Aufnahmevermögen versteht.

So ein Buch könnte unerträglich belehrend wirken – seid bloß nett zu dem armen Behinderten! –, aber Rico hat gar nicht so viel Nettigkeit nötig. Er ruht in sich, er kann durchaus witzig sein, und dadurch, dass er fast alles wörtlich nimmt, entlarvt er manche Albernheiten und Prätentionen der Erwachsenen. Steinhöfel erreicht, dass der Leser sich mit einem ausgesprochen untypischen Helden identifiziert – ein intensives Nonkonformismus-Erlebnis.

Sind Gorillas gute Eltern?

Zu meinen Lieblingsbüchern des Jahres 2010 gehört *Ich, Gorilla und der Affenstern* von der schwedischen Autorin Frida Nilsson. Das Buch gefiel uns in der Redaktion so gut, dass wir es zwölf Wochen lang in der *Zeit* vorab druckten. Nilsson erzählt realistisch, fügt ihren Geschichten aber meist ein surreales Element hinzu, das von den Figuren des Buches als normal akzeptiert wird. In diesem Fall hat das neunjährige Waisenmädchen Jonna zwar durchaus etwas dagegen einzuwenden, dass sie von einer riesenhaften Gorilladame adoptiert wird – aber nur, weil Gorilla wild und gefährlich und grimmig dreinblickt. Dass sie unordentliche Leggings trägt und einen klapprigen alten Volvo fährt, erstaunt Jonna nicht weiter.

Ob Jonna will oder nicht, sie muss zu Gorilla ziehen, die auf dem städtischen Schrottplatz einen kleinen Altwarenhandel betreibt. Es dauert lange, aber nach und nach gewinnt das Mädchen die Affendame lieb – ist hier doch zum ersten Mal jemand, der sich wirklich um sie kümmert und sich aufrichtig für ihre Bedürfnisse interessiert. Trotzdem hasst Jonna es, mit Gorilla in die Stadt zu gehen – einfach weil sie so ungewöhnlich aussieht, so schauderhaft angezogen ist und alle Blicke auf sich zieht. Doch schließlich machen sie und Gorilla sich einen Spaß daraus, Leute zu veralbern, die ihre Mitmenschen (oder Mitaffen) nur nach Äußerlichkeiten beurteilen. Und auf dem Schrottplatz entwickelt das Duo geradezu kriminelle Energie: Gegenüber potenziellen Kunden tut Gorilla immer so, als habe Jonna einen alten Kühlschrank oder ein Kinderfahrrad mit einem viel zu niedrigen Preis ausgezeichnet. Sie schimpft schrecklich mit dem Mädchen – und die geschockten Kunden sind aus lauter Mitleid bereit, völlig überhöhte Preise für den Schrott zu zahlen. Die Geschäfte laufen gut.

Ist es nicht unmoralisch, in einem Buch für Acht- bis Zwölfjährige solch fragwürdige Verkaufspraktiken als sympathisch dazustellen? Darauf würde Frida Nilsson vermutlich antworten, dass sie einen Roman geschrieben habe und kein pädagogisches Traktat – und dass ihre Leser sehr gut selbst wüssten, dass das, was Jonna und Gorilla da machen, nicht so ganz in Ordnung ist. Ihr herzergreifendes Theaterspiel wird ihnen auch fast zum Verhängnis, als korrupte Stadtvertreter nach Wegen suchen, um Gorillas Grundstück an sich zu bringen, weil sie dort ein Spaßbad errichten wollen. Sie versuchen, Gorilla mit der Androhung von Sorgerechtsentzug zu erpressen – und unglücklicherweise können mindestens 60 entsetzte Bürger der kleinen Stadt bezeugen, wie grauenhaft der Affe immer mit dem Mädchen umgegangen ist. Am Ende geht alles gut aus, Jonna und Gorilla entkommen und eröffnen in einem Campingwagen ein rollendes Antiquariat. Das Buch ist eine lebendige, herzliche, mitunter wahnwitzig komische Aufforderung, den Dingen auf den Grund zu gehen und sich nicht vom ersten Augenschein täuschen zu lassen. Nicht was Menschen, was Eltern (oder Affen) tragen und wie viel sie verdienen zählt, sagt Frida Nilsson ihren Lesern, sondern wie sie *wirklich* sind, ob sie einen verstehen, ob man ihnen vertrauen kann.

Nilsson lebt die antimaterialistische Philosophie, die aus ihren Kinderbüchern spricht: Die meiste Zeit des Jahres verbringt sie in einem bullerbü-roten Sommerhäuschen ohne fließendes Wasser und Strom, in den Wäldern nahe Örebro in Schweden. Dort arbeitet sie, dort hört sie auf die Stimmen und Geräusche der Natur um sich herum, die sie seit ihrer eigenen Kindheit liebt. Dass sie die Lizenz für Gorilla als Plüschfigur verkaufte, ist kaum vorstellbar. Aber sie würde das Klohäuschen himmelblau streichen, wenn sie den Eindruck hätte, dass das ihren Gästen vielleicht gefällt. Ehrlich gesagt hätte ich sehr viel lieber jemanden wie Frida als Miterzieherin, als die Damen und Herren von Warner Brothers.

Eine sympathische Welt ohne Markenfetischismus und Medienterror entwirft auch die junge norwegische Autorin Maria Parr. 2010 erhielt sie für ihren Roman *Sommersprossen auf den Knien* den LUCHS von *Zeit* und Radio Bremen. Parr erzählt die Geschichte von Tonje Glimmerdal, einem zehnjährigen Mädchen, das als einziges Kind in einem Tal gleichen Namens aufwächst, dem Glimmerdal. Ihr Vater ist Bauer dort, ihre Mutter fast immer abwesend, weil sie als Meeresforscherin auf den Ozeanen der Welt unterwegs ist. Sehr frei wächst das Mädchen auf, der Erziehungsstil ihres Vaters ist minimalinvasiv, aber keineswegs achtlos. Über die Stimmungen, auch den gelegentlichen Kummer seines Kindes, weiß er immer Bescheid. »Ich bin doch gar nicht traurig«, sagt Tonje einmal erstaunt, als es zum Mittagessen Elchklößchen gibt, normalerweise ein bewährtes Trost-Essen. Tonjes Vater kann sich zudem darauf verlassen, dass alle Erwachsenen des Glimmerdals über seine Tochter wachen.

Tonjes große Aufgabe besteht darin, ihren besten Freund, den alten Griesgram Gunnvald, mit seiner Tochter Heidi zu versöhnen, um die er sich – aus Gründen, die im Laufe der Geschichte nachvollziehbar, wenn auch nicht entschuldbar werden – viele Jahre lang nicht gekümmert hat. Parr konstruiert hier eine Parallele zu Johanna Spyris Roman *Heidi* von 1879: Hier wie dort geht es darum, ob diejenigen, die für Kinder sorgen, sie wirklich verstehen. Es geht darum, was Kindern zugemutet werden kann und was auf keinen Fall. Parrs Anforderungen an die Erwachsenen sind hoch, daran lässt die Autorin nicht den geringsten Zweifel. Ausgerechnet der alte Säufer Nils verkündet, wovon auch Parr selbst fest überzeugt ist: »Es ist niemals die Schuld des Kindes. Niemals.«

Mit diesem einen Satz wischt sie all die wohlfeilen Ausreden unserer »Was-kann-ich-denn-dafür«-Gesellschaft vom Tisch. Das mag den einen oder anderen erwachsenen Leser mit einem schlechten Erziehungsgewissen verdrießen – aber für Kinder ist Parrs Auseinandersetzung mit Themen wie Familie, Freundschaft, Natur, Heimat und den verschiedenen Sorten von *Mut* äußerst attraktiv. Wer so unverkabelt und frei lebt wie Tonje, der kann sich natürlich auch allein beschäftigen – und sei es, dass er mit dem schnellsten Rennrodel aller Zeiten in halsbrecherischer Fahrt vom höchsten Berggipfel bis hinunter auf die Autofähre rast, die Glimmerdal mit der Stadt verbindet. Tonje schlägt auch Saltos, wenn sie auf Skiern von einer Schanze springt – jedenfalls gelingt ihr das fast. Sie ist durch und durch cool, ohne *cool* zu sein.

Was im Leben wichtig ist

Das Jugendbuch wurde in den vergangenen Jahren stark dominiert von den Vampir- und Werwolfromanen der Amerikanerin Stephenie Meyer, die auch gern von Erwachsenen gelesen werden. Ob man diese Fantasy-Werke mag oder nicht, ist sicher in erster Linie Geschmackssache. Ein Einwand, der sich gegen sie (wie gegen die heftigst beworbenen jüngeren Bücher Cornelia Funkes) erheben lässt, ist höchstens, dass sie so viel Geld und Aufmerksamkeit der Verlage und Buchhändler binden. In die vermeintlich marktgängigste Fantasy wird zum Teil unverhältnismäßig investiert; die weniger prominenten Autoren müssen sich mit Mini-Vorschüssen zufriedengeben und können von Werbekampagnen nur träumen, selbst wenn ihre Bücher den jugendlichen Lesern mehr zu bieten haben als eine Vampirromanze ohne vorehelichen Sex.

Ein spannender Fall ist vor diesem Hintergrund der 2010 erschienene Roman der dänischen Autorin Janne Teller: Ohne großen PR-Rummel schaffte es *Nichts. Was im Leben wichtig ist* auf die *Spiegel*-Bestsellerliste. Das mag damit zu tun haben, dass Teller nicht irgendwelche leicht konsumierbaren Traumwelten erschafft, sondern direkt und konfrontativ jenen Materialismus angeht, der das Leben von Jugendlichen heute tatsächlich prägt. Ihr Roman spielt in Taering, einem gesichtslosen Kaff im dänischen Jütland. Die Helden der Geschichte, 12-, 13-Jährige Schüler einer 7. Klasse, haben bisher nie in Frage gestellt, wie das Leben zu laufen hat: Man geht zur Schule. Man macht gute Abschlüsse. Man sorgt dafür, dass etwas aus einem wird. Man gründet eine Familie. Man kauft ein Haus. Und so weiter. Als Zuckerbrot auf dem Weg zu diesem Ziel gibt es ein bisschen Teenager-Liebe. Und den einen oder anderen Konsumartikel.

Auf die Schüler wirkt es wie ein Schock, als sie erkennen, dass man sich auch weigern kann, so zu funktionieren: Ihr Klassenkamerad Pierre Anthon verlässt das Klassenzimmer, verlässt die Schule, verlässt den vorgezeichneten Lebensweg. Er setzt sich in den Pflaumenbaum vor dem Haus seiner Eltern und provoziert die anderen fortan mit großer existenzialistischer Geste: Sie sollten endlich einsehen, dass nichts im Leben wirklich von Bedeutung sei, sie sollten aufhören, sich anzustrengen – wofür denn schließlich?

Was die Klasse schier zur Verzweiflung treibt, ist die Tatsache, dass niemandem auf diese Provokationen eine geeignete Antwort einfällt. Solange niemand die Frage nach dem Sinn ihres Lebens gestellt hatte, ließ es sich leben. Nun geht das nicht mehr. Ein Gruppenwahn breitet sich aus. Heimlich, damit kein Erwachsener davon erfährt, errichten die Schüler eine Art Opferaltar in einem alten Sägewerk und bringen dort die Dinge dar, die ihr Leben bisher zu ordnen schienen: den Gebetsteppich des muslimischen Mitschülers. Das Kreuz aus der christlichen Kirche. Die dänische Flagge aus dem nationalkonservativen Elternhaus eines Jungen. Die Unschuld eines Mädchens. Den Finger eines begabten Gitarristen. Am Ende stirbt gar der Provokateur auf dem »Berg aus Bedeutung«. Man kann darüber streiten, ob dieser Exzess realistisch ist, ob heutige Jugendliche sich durch den Vorwurf der Sinnlosigkeit überhaupt irritieren lassen würden oder ob sie achselzuckend zum vollvernetzten Alltag übergingen. Aber die Reaktionen jugendlicher Zuhörer bei Tellers Lesungen sprechen Bände: Die radikal gestellte Frage, ob das Leben so sein muss, wie es ist, und ob es *reicht*, unauffällig zu sein, Geld zu verdienen und zu konsumieren, berührt die jungen Leute offenbar fundamental.

Der Roman will nicht zum Aufstand aufwiegeln. Aber er will seinen Lesern schon zeigen: Die scheinbare Alternativlosigkeit und Gesetzmäßigkeit unserer Lebensweise ist eine Illusion – auch wenn es klügere und menschlichere Veränderungsstrategien gibt als die der Siebtklässler von Taering.

Wenn du stirbst …

Eine wachsende Zahl gerade von amerikanischen Büchern setzt sich mit dem Phänomen der »Alpha-Mädchen« auseinander. Aus ihnen spricht ein ungeheurer Leidensdruck, der Hinweis auf ein geradezu vergiftetes Klima an amerikanischen Schulen: Die Mädchen fühlen sich getrieben vom Schlankheitswahn einer ganzen Gesellschaft, sie betrachten ihren eigenen Körper als Produkt, an dem sie gnadenlos arbeiten – durch kompromissloses Hungern, durch exzessiven Sport. Die richtige Kleidung ist kriegsentscheidend, das richtige Auto auch. Freundschaften und Liebesbeziehungen werden zu bloßen Ausstattungsmerkmalen: »Bin ich in der coolsten Clique?«, fragen die Protagonistinnen unausgesetzt, »Habe ich den attraktivsten Freund?«

Dieser ständige Konkurrenzkampf lässt sich offenbar nicht ertragen, wenn man die daraus entstehende Wut und den Druck nicht weitergeben kann: Die Alpha-Mädchen machen allen anderen, allen Uncoolen, allen weniger Begüterten das Leben zur Hölle. Noch schlimmer, als ein Alpha-Mädchen zu sein, ist es, keins zu sein.

Ein sehr gelungenes Beispiel für diese Art von kulturkritischem Roman ist *Wenn du stirbst, zieht dein ganzes Leben an dir vorbei, sagen sie* (2010) von Lauren Oliver. Eine Gruppe von vier Alpha-Mädchen steht im Zentrum dieser Erzählung: Samantha – Sam – Kingston und ihre Freundinnen Lindsay, Elody und Ally. Sie sind die tonangebende Gruppe an ihrer High School, wobei es Lindsay ist, die über Zugehörigkeit oder Verbannung entscheidet – Sam kann sich gut an entsetzliche Grundschulzeiten erinnern, als Lindsay sie noch nicht zu den Coolen zählte.

Das Leben der vier besteht aus Schulverachtung, Magersucht, Alkoholorgien am Wochenende, »Liebe« – und der Quälerei einer ganzen Reihe von schwächeren Opfern. Dabei nehmen die Mädchen sich gar nicht als böse wahr – nur ganz selten empfindet Sam leichte Skrupel –, sondern eher als Verkörperung des amerikanischen Zeitgeists: So ist die Gesellschaft eben, und du musst schneller, dünner, reicher und grausamer als die anderen sein, wenn du überleben willst.

Auf dem Heimweg von einer Party, auf der wieder einmal Alkohol und Demütigung im Zentrum der Abendunterhaltung stand, verunglückt Lindsays Wagen: »Dann passiert es«, berichtet Sams Stimme: »Der Augenblick des Todes ist voller Hitze und Lärm und Schmerzen, die schlimmer sind, als alles – ein Strom brennender Hitze, der mich in zwei

Teile zerfetzt, ein Sengen, Brennen und Reißen, und wenn Schreien ein Gefühl wäre, dann dieses. Dann nichts. (...) Ist das, was ich getan habe, wirklich so schlimm? So schlimm, dass ich es verdient hätte zu sterben? So schlimm, dass ich es verdient hätte, *so* zu sterben?

Ist das, was ich getan habe, so viel schlimmer als das, was alle tun? Ist es wirklich so viel schlimmer als das, was *ihr* tut? Denkt mal darüber nach.«

Sam wird eine eigenartige Gnade zuteil: nicht die Gnade, am Leben zu bleiben, aber die Gnade zu verstehen, was in ihrem Leben von Bedeutung war – und was vollkommen falsch. Sieben mal in Folge durchlebt sie den Tag ihres Todes, und immer klarer wird ihr dabei, was für ein Mensch sie hätte sein können, hätte sein *sollen*, wenn sie nicht blind mit dem Strom geschwommen wäre, stets froh, sich durch Konformität aus der Schusslinie zu halten.

Lauren Oliver zeichnet ein brutales Bild vom Leben amerikanischer Jugendlicher im 21. Jahrhundert; in deren Welt regieren Materialismus, Gefühlskälte, Rücksichtslosigkeit. Doch als sie Bilanz ziehen muss, ist Sam ähnlich brutal mit sich selbst. Gar nichts geht gut in dieser Geschichte. Aber Sam kämpft so sehr um Einsicht, dass da am Ende trotz allem nicht nur Schmerz ist, nicht nur nichts. Sondern auch Klang. Und Wärme. Und Licht.

So lebe ich jetzt

Auch Daisy ist ein anorektisches Alpha-Mädchen aus New York, die ihren Vater verachtet, ihre Stiefmutter hasst und glaubt, ohne Handy und Internet nicht leben zu können. Der Vater schickt sie zu Verwandten nach England, damit sich die Situation zu Hause entspannen kann. Und in England lässt die amerikanische Autorin Meg Rosoff zwei Dinge geschehen: Daisy wird von ihrer alleinerziehenden Tante, ihren Cousins und ihrer Cousine vollkommen überrascht. Und die westliche Zivilisation, wie wir sie kannten, endet.

So lebe ich jetzt erschien 2005 und ist einer der eindrucksvollsten Jugendromane der vergangenen Jahre. Er wurde mit dem LUCHS ausgezeichnet und für den Deutschen Jugendliteraturpreis nominiert.

Daisy weiß selbst nicht recht, was sie in England erwartet hatte – wahrscheinlich Idioten und Landeier. Stattdessen findet sie eine sensible, politisch interessierte, intellektuelle, musische Familie mit einem engen Beziehungsgeflecht vor, die sofort bereit ist, sie aufzunehmen – es gibt hier nichts von der Härte des New Yorker Alltags. Daisy ist begeistert vom ländlichen Leben mit Schafen und anderen Tieren. Sie verliebt sich in ihren Cousin Edmund. Doch die Idylle, die schöne Alternative zu ihrem bisherigen Leben, dauert nur kurz.

Dann bricht ein schwer erklärbarer Weltkrieg aus – Flughäfen werden geschlossen, Seewege abgeriegelt, Großbritannien von fremden – islamistischen? – Truppen besetzt. Daisys Tante sitzt in Oslo fest, wo sie an einer Friedenskonferenz teilgenommen hatte. Die Kinder müssen allein zurechtkommen. Telefon und Internet funktionieren nicht mehr, aber das britische Militär und die britische Verwaltung halten – mit dem Einverständnis der Besatzer – die öffentliche Ordnung aufrecht, verteilen Lebensmittel und Medikamente. Einige Wochen lang entgehen Daisy, Edmund, Oswald und die kleine Piper der Aufmerksamkeit der Erwachsenen – und erleben einen eigenartig glücklichen Sommer inmitten von – ja, was eigentlich? Es gibt Tod und Verwüstung, es gibt entsetzliche Terroranschläge in London und anderen Metropolen, aber dort, auf dem Land, sieht man vom Krieg einstweilen wenig.

Irgendwann bekommt die Bürokratie die Kinder auf ihren Radarschirm – und sorgt dafür, dass sie getrennt bei Armeeangehörigen untergebracht werden, die für sie sorgen sollen. Jetzt rückt auch das Grauen des Krieges nah, es gibt Hunger, Krankheit, tödliche Zwischenfälle mit Besatzungstruppen. Daisy und Piper wollen unbedingt nach Hause, und nur mit dem Allernötigsten ausgestattet, machen sie sich auf den Rückweg – Daisy hofft natürlich vor allem, Edmund zu finden. Es ist unglaublich, wie schnell man lernt, ohne Dinge auszukommen, die man zuvor für unverzichtbar hielt: Das lernt Daisy auf ihrer beschwerlichen Wanderung. Und ihr mager gehungerter Körper kommt ihr auf einmal grotesk vor, weil jetzt fast jeder Mensch so aussieht wie sie, nur nicht freiwillig.

Es ist nicht so, dass Meg Rosoff ihren Lesern droht – seid antimaterialistischer, sonst werdet ihr vielleicht vom Schicksal geschlagen –, es ist vielmehr so, dass sie zu einem Gedankenexperiment einlädt: Was hat Bestand, wenn unsere Gewissheiten erschüttert werden? Selbstverständlich haben die Menschen in der Not noch materielle Bedürfnisse, dringliche. Aber die irrwitzige Welt der *Sachen* reduziert sich plötzlich auf Nahrung, Kleidung, Werkzeug, ein Dach über dem Kopf – und Bücher. Kommunikation wird existenziell mit denen, die man kennt und liebt – Kommunikation mit irgendwelchen Facebook-»Freunden« hingegen spielt keine Rolle mehr.

Es sind Bücher wie die Romane Rosoffs oder Tellers, die es jungen Lesern erlauben, in Alternativen zum Bestehenden zu denken und die Welt nicht als fertig und verbindlich eingerichteten Ort zu betrachten. Nicht passive Akzeptanz legen sie nahe, sondern eigenständiges Denken – oder Handeln.

Das tut auch der Zukunftsroman *Little Brother* des amerikanischen Autors und Internetexperten Cory Doctorow, der bei uns 2010 erschienen ist.

Doctorows Helden entsprechen auf den ersten Blick dem Bild, das die Marketing-Strategen von coolen Jugendlichen zu zeichnen versuchen: gegen Schule, Lehrer und Erwachsene eingestellt, super-technikaffin und immer involviert in einem fröhlichen Online-Game. Doch der 17-jährige Marcus Yallow und seine Freunde sind keine konsumistischen *Nutzer* der modernen Technik, sie beherrschen sie. Sie können programmieren, sie sind der digitalen Umwelt nicht nur ausgeliefert, sondern sie gestalten sie.

Als ein gewaltiger Terroranschlag San Francisco erschüttert, ist die Yallow-Truppe gerade beim Schuleschwänzen, um die *real life*-Aufgaben irgendeines absurden Onlinespiels zu erfüllen. Dies und der Umstand, dass sie die Rucksäcke voller Elektronik bei sich haben, machen sie für die staatlichen Sicherheitsbehörden zu Hauptverdächtigen: Sie werden verhaftet, isoliert und gefoltert, damit sie Geständnisse ablegen. Doctorow kritisiert mit seiner Darstellung die verschärften Sicherheitsmaßnahmen und die Einschränkung der Bürgerrechte in Amerika nach den Anschlägen vom 11. September 2001. Und er sagt: Um sich wehren zu können, muss man die Technik der Unterdrücker verstehen.

Als Marcus Yallow aus dem Gefängnis freikommt – die »Beweise« hatten doch nicht gereicht –, sieht er, wie radikal seine Welt sich verändert hat: Im Namen der Terrorabwehr werden alle Bürger totalüberwacht, die Schüler im Klassenzimmer, die arbeitende Bevölkerung auf ihren Wegen durch die Stadt. Es gilt nicht länger die Unschuldsvermutung, es gilt der Generalverdacht. Marcus nimmt den Kampf auf: ein einzelner Teenager-Hacker gegen einen zerfallenden Rechtsstaat.

Das wahrhaft Rebellische an Doctorows Buch ist aber nicht allein der antitotalitäre Impuls der jungen Generation (die Älteren kommen einigermaßen schlecht weg und lassen die Selbstaufgabe der Demokratie allzu klaglos geschehen), sondern es ist die Aufforderung, sich von den bloßen Oberflächen der neuen Medien zu emanzipieren. Immer wieder wendet sich der Erzähler direkt an die Leser und fleht sie geradezu an, doch bitte zu durchschauen, welche Datenspuren sie durchs Internet ziehen, wie sie sich vor Ausspähung schützen und wie sie selbst programmieren können. Passive Ergebenheit gegenüber der Technik, lautet seine Botschaft, führt irgendwann zwangsläufig zu Überwachung und Unfreiheit.

Ist all dies nicht ein wenig *zu* moralisch: Die eindringliche Frage nach dem Sinn des angepassten Lebens, die siebenfache Todesstrafe für ein Zickenleben, der Weltkrieg als schreckliches Gegenbild zum vielleicht konsumversessenen, aber doch einstweilen friedlichen New York, der totalitäre Staat als Konsequenz mangelnder Technikkenntnisse? Ich denke nicht. Alle hier vorgestellten Romane sind literarisch von höchster Qualität; wer sie liest, bekommt nicht nur eine inhaltliche Botschaft vermittelt, sondern macht eine eigenständige ästhetische Erfahrung.

Alle diese Texte verändern den Blick. Alle diese Autoren können *erzählen*. Und warum soll es schlecht sein, dass sie von Alternativen erzählen, von moralischen Wahlmöglichkeiten, von der Gestaltbarkeit des Lebens? Die Gegenseite, die unechten Bücher, die Werbung und die Warenwelt erzählen doch auch eine Geschichte: dass die Welt genau so zu sein hat, wie sie ist. Dass eben nur der Einzelne dieser Welt vielleicht nicht genügt, weil er nicht erfolgreich, schlank oder schön genug ist. Dass *Dinge* glücklich machen. Dass es in Ordnung ist, sich unterhalten zu lassen. Aber allzu oft ist Unterhaltung eben *Unten-Haltung*. Deshalb geht es nicht um ein Haus (oder Kinderzimmer) voller Bücher. Es geht um ein Haus voller *guter* Bücher.

AGENDA 2020

Wie wir die Kindheit zurückerobern

Es ist schwer, ein fröhliches, unbeschwertes Familienleben zu führen, wenn man sich ständig schuldig fühlt. Und Schuldgefühle werden den modernen, gehetzten Eltern von heute gleich von mehreren Seiten eingeredet. Erstens müssen sie sich natürlich schuldig fühlen, weil sie so gehetzt sind, keine Zeit für ihre Kinder haben und ihnen öfter ein nichtsnutziges Playmobil-Set schenken, als ihnen vorzulesen. Zweitens müssen sie sich schuldig fühlen – und das sagen, wie wir gesehen haben, zynischerweise ausgerechnet die Marketing-Experten und Produktmanager –, weil sie nicht *nein* sagen können, weil sie ihren Kindern zu wenig Grenzen setzen, weil sie den Konsumterror nicht einhegen. Drittens müssen sie sich schuldig fühlen, wenn sie ihre Kinder nicht vom Babyalter an mit exklusiven Programmen fördern. Viertens aber auch, wenn sie sie überfordern. Fünftens müssen sich ganz besonders die schuldig fühlen, die versuchen, alles anders zu machen – die, die der Kinder wegen zu Hause bleiben, den Fernsehapparat verbannen, den Computer erst spät und nur für sinnvolle Nutzungen freigeben, kein abscheuliches Plastikspielzeug dulden und ihr Brot selbst backen. Denn sie gelten als beruflich unemanzipiert (Frauen), als kulturkonservativ, als aussteigerisch, irgendwie anstrengend und potenziell missionarisch (wenn sie auch eine Meinung zu Videospielen haben, die bei Freunden gespielt werden) und humorlos (denn Konsum macht ja Spaß).

Damit Menschen gute Eltern sein können, brauchen wir ganz andere Schuldzuweisungen. Ja, ja, ja, zuallererst sind die Eltern für das Wohlergehen ihrer Kinder verantwortlich – und wenn man sie nicht ständig mit neuen, absolut revolutionären Erziehungstheorien verwirrt und verunsichert, dann wissen die meisten von ihnen einigermaßen genau, was ihren Kindern guttut: liebevolle Zuwendung, Zuverlässigkeit, viel Gespräch, ausreichend Schlaf, gesundes Essen, frische Luft, Bewegung, Freunde, intellektuelle Anregung. Es *ist* nicht so sehr kompliziert. (Natürlich gibt es immer eine kleine Minderheit von Eltern, die diese Dinge nicht wissen oder denen das Wohlergehen des Nachwuchses vollkommen egal ist. Da kann nur der Staat helfen, mit Kindergärten, mit Ganztagsschulen, mit Herausnahme aus der Familie. Und die staatlichen Betreuungskräfte wissen dann so gut wie die meisten Eltern, was der kindlichen Entwicklung eher nützt und was ihr schadet.

Für neue Fronten!

Schuldig aber sollen sich künftig die fühlen, die jungen Eltern keine vernünftigen Arbeitszeitmodelle anbieten. Die Chefs, die Teilzeitarbeit verachten und vielsagend stöhnen, wenn der Vater eines Dreijährigen sich um 17 Uhr auf den Weg zum Kindergarten macht. Die Chefs, die das Wochenende und die Ferien nicht respektieren. Die Chefs, die nicht mit ergebnisorientierter Arbeit zurechtkommen und die von ihnen befehligten Arbeitnehmer ständig sehen müssen, um sich sicher zu fühlen.

Schuldig sollen sich all diejenigen fühlen, die Geld damit verdienen, dass sie es den Eltern schwer machen: die Spielzeugvermarkter, die dafür sorgen, dass kein Kind den

Pokémon entkommt. Die Werber, die immer ausgefeiltere Strategien für die Beeinflussung von Kindern ersinnen. Die Kinderkulturschaffenden, die Kinder gegen Eltern und Erwachsene aufhetzen. Die Anbieter dick machender Extra-Nahrungsmittel für Kinder. Die Produzenten von Bildschirmspielzeugen für Einjährige. Die Softwarehersteller, die danach trachten, in den werbefreien Raum Schule einzudringen. Die Fernsehmacher, die behaupten, wer seine Kinder nicht fernsehen lasse, der isoliere sie sozial.

Wir brauchen eine gedankliche Beweislastumkehr: Wer Produkte für Kinder anbietet und damit Geld verdienen will, steht moralisch in der Pflicht, ihre Nützlichkeit, wenigstens aber ihre Unschädlichkeit nachzuweisen. Es ist das natürliche Recht der Eltern, Computerspielen zu misstrauen, und es ist ihre Pflicht, die Spielzeit zu begrenzen, wenn sie beobachten, dass die Kinder durch langes Spielen nervös, unkonzentriert oder antriebsschwach werden. Es ist *nicht* ihre Pflicht, *wissenschaftlich zu beweisen,* dass Computerspiele im Allgemeinen diesen Effekt haben. Es reicht die Beobachtung am eigenen Kind.

Wir haben uns allzu lange von hoch bezahlten Interessenvertretern einreden lassen, ihnen läge nur das Wohl unserer Kinder am Herzen. Sie kennen unsere Kinder nicht einmal. Wir kennen sie. Wer wird es ernster meinen? Wir müssen unser Selbstvertrauen als Eltern zurückgewinnen. Wir müssen sagen (und das auch glauben): Nicht die Kinder wissen, was am besten für sie ist. Und auch nicht die Werber, die ihnen ihre Wünsche einzugeben suchen. Sondern die Menschen, die sie lieben, die für sie verantwortlich sind und die nichts an ihnen verdienen.

So ein sozialer Klimawandel ist leichter gefordert als verwirklicht. Ein flammender Appell ist schnell geschrieben, dieser hier zwischen halb neun und halb zehn Uhr morgens an meinem Schreibtisch zu Hause in Kiel. Ich glaube aber trotzdem, dass es vor allen konkreten Projekten und politischen Initiativen nötig ist, den Schalter im Kopf umzulegen: Niemand muss sich dafür rechtfertigen, dass er seine Kinder schützt. Rechtfertigen müssen sich vielmehr die, die sie als »Zielgruppe« angreifen.

Einige Beispiele für solches Umdenken habe ich in dem bereits zitierten, sehr lesenswerten Buch *Culture Jamming* des Kapitalismuskritikers Kalle Lasn gefunden, und sie sind nützlich, auch wenn sie nicht speziell mit Kindern zu tun haben. Lasn beschreibt, wie sehr Unternehmen versuchen, die Kunden *ihren* Bedürfnissen und Abläufen zu unterwerfen, statt wirklich für sie da zu sein. Da ist die Telefongesellschaft, die eine zu hohe Rechnung schickt. Auf Nachfrage räumt die Mitarbeiterin den Fehler ein und bittet darum, die Rechnung mit einem kleinen Anschreiben, das den Fall schildert, einzusenden. Das sei sicher der einfachste Weg, sagt Lasn: Aber eigentlich liege der Fehler bei der Telefongesellschaft, eigentlich sei es an ihr, sich die Mühe zu machen und dem Kunden umstandslos eine neue, korrekte Abrechnung zu schicken. Verlangen Sie das, rät Lasn, und seien Sie bereit, notfalls den Anbieter zu wechseln.

Bitten Sie die Frau aus dem Callcenter der Lebensversicherung oder der Telekommunikationsgesellschaft, die Sie zu Hause anruft, um *deren* private Telefonnummer, schlägt er vor: Sagen Sie, Sie hätten erst abends Zeit, zurückzurufen. Sie wird Ihnen die Nummer nicht geben – aber sie findet es in Ordnung, *Sie* zu Hause zu stören.

Ein deutsches Beispiel, für das mir leider noch keine Lasn-artige Gegenstrategie eingefallen ist, liefert die Deutsche Bahn mit ihren Regionalzügen, in denen man keine Fahrkarten mehr lösen kann. Der Kunde soll lieber den Zug verpassen, während er sich mit der abstrusen Software des Fahrkartenautomaten auseinandersetzt, als dass die Bahn einen zweiten Schaffner bezahlte. Unglücklicherweise wirft der *eine* Schaffner einen aus dem Zug, wenn man ohne Fahrkarte einsteigt – den Ärger und Umstand kann man selbst zum guten politischen Zweck nicht allzu oft auf sich nehmen.

Die geistige Welt der Kinderprodukte funktioniert ähnlich wie das Unterwerfungstrachten der Firmen: Sie suggeriert uns, Kinder wollten eben *cool* sein; würden eben immer jünger erwachsen, quengelten nun einmal nach den Dingen, die sie haben wollten; hätten nun einmal immer weniger Respekt vor Erwachsenen. Aber all das ist keineswegs natürlich. Es ist so, weil Unternehmen viel Geld dafür ausgeben, dass es passiert.

Was hilft gegen dieses kulturelle Klima? Zum einen Erwachsenen-Solidarität. Es ist wichtig, sich mit anderen Erwachsenen zu verbünden, die auf ihre Weise um die Kindheit kämpfen. Dazu gehören auch die Lehrer. Wir alle neigen zu dem Reflex, unsere eigenen Kinder gegen jeden Vorwurf, jede Ungerechtigkeit und jede zu hoch erscheinende Leistungsanforderung heftig zu verteidigen. Das ist normal. Aber vielleicht ist es an der Zeit, die Kinder bewusst zu mehr Respekt für die Lehrer zu erziehen – und ihnen auch selbst mehr Respekt entgegenzubringen. Sie sind immerhin wissenschaftlich ausgebildete Profis, die von Berufs wegen das Interesse der Kinder im Blick haben (ja, es gibt auch Gegenbeispiele) und die sich deshalb prinzipiell als Verbündete gegen die Kommerzialisierungswelle eignen – wenn man ihre Autorität nicht systematisch untergräbt.

Dann: Überlegen Sie mit Ihren Kindern gemeinsam, was *cool* eigentlich bedeutet. Einstmals war jemand cool, der einzigartig war, dem es gelang, durch Witz, Geschmack und Originalität einen *Look* und eine *Haltung* zu kreieren, die anders war als das, was die anderen hatten. Anders, und am besten nicht kopierbar. Das Wort hat einen totalen Bedeutungswandel durchgemacht: Heute heißt *Coolsein*, absolut genau so zu sein wie alle anderen. Die bloße Einsicht in diesen Bedeutungswandel wird Ihrem Kind noch nicht dabei helfen, *keine* Nikes oder *keinen* Abercromie & Fitch-Pullover zu wollen. Aber irgendwo muss Erkenntnis ja anfangen. Und vielleicht gelingt es Ihnen wenigstens, gemeinsam einige subversive Elemente in den angesagten Dresscode der dritten Klasse einzuschmuggeln.

Schluss mit dem Gequengel!

Für die seelentötendste, zerrüttendste, familienbedrohendste Folge des Konsumterrors hält der britische Autor Tom Hodgkinson das kindliche Gequengel: »Darf ich das haben? Darf ich das haben? Darf ich das haben?« Also genau jene Situation, die die Strategen vom Marketing mit Absicht herbeigeführt haben, über die sie sich die Hände reiben – und in der wir Eltern nun ruhig und freundlich »nein« sagen sollen. Hodgkinsons Rat wäre auch meiner: Man sollte den Zugang der Kinder zu Werbung beschränken (ich komme noch darauf) und man sollte mit Kindern Orte meiden, die geradezu die natürliche Umgebung des Gequengels sind: den Freizeitpark. Toys'R'Us. Die Innenstadt. Das Süßwarenregal im Supermarkt. Genau hier wird es allerdings schwierig, denn wer kann schon immer allein einkaufen gehen? Bei den *unverzichtbaren* Einkaufsexkursionen kann es hilfreich sein, vorher mit dem Kind gemeinsam einen Einkaufszettel zu entwerfen. Dabei wird es auch normale Nahrungsmittel vorschlagen, hat ein Gefühl von Beteiligt-Sein und Wirksamkeit und kann leichter akzeptieren, dass man sich an den so gefassten Beschluss nachher auch hält.

Kinder quengeln nicht nur im Kaufrausch, sie quengeln auch zu Hause: »Mit ist laaangweilig!« Nach Hodgkinsons Vermutung quengelt derjenige am meisten, der sich am unwirksamsten fühlt: Wenn Kinder sich nicht gut beschäftigen können und wenig selbst tun dürfen, steigt demnach die Quengelfrequenz. Hodgkinson plädiert deshalb dafür, Kindern von Anfang an nicht jedes Mal gleich ein Unterhaltungsprogramm vorzusetzen, wenn sie Unmut äußern – ihnen aber gleichzeitig viel zuzutrauen und sie vor allem an Haushaltsarbeiten zu beteiligen. »Führt die Kinderarbeit wieder ein!«, fordert er fröhlich: Besser könne man Kindern gar nicht zeigen, dass man sie ernst nähme und dass sie selbst etwas bewirken könnten. Da es mir selbst schon gelungen ist, absolut unerträgliche sechsjährige Quengler von der unwiderstehlichen Faszination des Möhrenschälens zu überzeugen, halte ich diese Strategie für ziemlich einleuchtend.

Kinder sind so lange Kinder, wie wir sie lassen – sie haben keinen erkennbaren Vorteil davon, immer früher erwachsen zu werden und mit sieben Jahren ihre Barbie zu verschmähen. Es ist nicht leicht, hier gegenzusteuern, weil der kommerzkulturelle Mainstream in eine ganz andere Richtung geht, und weil Kinder sich *natürlich* an ihren Altersgenossen orientieren. Niemand will, dass das eigene Kind abseits steht. Aber man muss den Prozess nicht auch noch selbst vorantreiben. Sechsjährige brauchen keine Kinderdisco. Und schon gar keine Stringtangas und Stöckelschuhe. Zehnjährige Jungs brauchen keine »Freundin«, außer um gemeinsam mit ihr Fußball zu spielen und zu klettern. Zwölfjährige Mädchen brauchen keine Hormonbehandlung, wenn sie ihre

Regelblutung noch nicht haben. Also: machen Sie so etwas nicht, kaufen Sie so etwas nicht, unterstützen Sie Ihren freundinlosen Zehnjährigen. Sagen Sie anderen Eltern, was Sie von der Bedrängung der Kindheit halten. Seien Sie selbstbewusst: Ihnen geht es um die Entwicklungszeit, die Ihr Kind braucht. Der anderen Seite geht es um die Optimierung von Umsätzen.

Abschalten!

Die meisten quengelrelevanten Werbebotschaften bringt, in Gestalt von Serien und Spots, das Fernsehen ins Haus. Allein das ist ein guter Grund, den Fernsehkonsum von Kindern zu begrenzen. Das geht leichter, wenn das Kind keinen Fernsehapparat im eigenen Zimmer hat. Und noch leichter, wenn es im ganzen Haus keinen gibt. Nun werden viele Eltern selbst nicht auf diese Form der Entspannung verzichten wollen – und das auch ist der einzige überzeugende Grund, Kinder gelegentlich fernsehen zu lassen: weil alles andere unrealistisch wäre. Weil man beim Fernsehen schwerer als beim Trinken von Alkohol vermitteln kann, dass man selbst es offenbar genießt, es dem Kind aber vorenthält.

Wenn die Eltern fernsehen wollen, können sie nur versuchen, ihren Kindern eine vernünftige und souveräne Haltung zu vermitteln: Der Fernsehapparat wird nicht automatisch eingeschaltet, wenn jemand nach Hause kommt, quasi als Übersprungshandlung, sondern nur bewusst, weil man eine bestimmte Sendung sehen will. Er steht in einem Familienzimmer, und man einigt sich über die Sendungen, die ein- (und auch wieder aus-!) geschaltet werden. Eltern schauen sich möglichst viele Sendungen mit ihren Kindern gemeinsam an (und wenn die Kindersendungen unerträglich dämlich sind, sucht man etwas anderes aus). Fernsehen ist niemals wichtiger als mit Freunden zu spielen oder rechtzeitig ins Bett zu gehen. Und so weiter.

In der Praxis wird das meist schwerer sein als in der Theorie, aber das macht nichts. Wichtig ist nur, dass man auf keinen Fall in die Falle der Gegenseite läuft: Kinder *brauchen* Fernsehen für gar nichts. Es gibt keine Studien, die belegen, dass Kinder, die ohne Fernsehen aufwachsen, geistig, körperlich und seelisch schlechter entwickelt sind als ihre Altersgenossen. Es gibt wahrscheinlich gar keine Kunstgeschichte- und vermutlich nicht einmal Medienpädagogik-Professoren, die ihre Kinder stundenlang fernsehen lassen. Diejenigen, die ihre Kinder am längsten fernsehen lassen (und darüber *gibt* es Studien), sind die, die am wenigsten wissen und in unserer Gesellschaft am hilflosesten sind.

Das Fernsehen zeigt unglaublich viel mehr Schund als Großartiges. Es stiehlt Kindern die Zeit, es raubt ihnen den Schlaf; es will immer nur an sie verkaufen; es nagelt sie bewegungslos in einer Position auf dem Sofa fest; es hält sie drinnen, wenn sie draußen sein könnten. Es ist, anders als das Lesen, eine passive Aktivität: Während man beim Lesen aus Zeichen Bedeutung und aus Bedeutung innere Bilder erzeugen muss, ist beim Fernsehen alles schon fertig, vorgegeben, festgelegt. Das Fernsehen antwortet nicht. Die wenigen Filme und Serien, die ein Kind *wirklich* kennen muss, um in der Schule mitreden zu können (und glauben Sie den Mobbing-Mythos nicht: den verbreitet die Fernsehindustrie), kann ein Videorekorder aufzeichnen. Wer sich vom laufenden Programm befreit, befreit sich auch von Werbung.

Die Gründe *dafür*, dass Kinder fernsehen, haben alle mit Erwachsenen zu tun: dass wir selbst kein anderes Vorbild geben können. Oder dass wir einen elektronischen Babysitter brauchen. Die Kinder aber, die gemeinsam mit Freunden eine Plankenbrücke über einen Bach bauen, die auf dem Sofa in die Lektüre der *Schatzinsel* versunken sind oder die auf dem Hof ein Pony striegeln, sind garantiert nicht unglücklich, weil sie in diesem Moment nicht vor dem Bildschirm sitzen.

In Amerika ist die nationale *TV-Turn-Off-Week* eine populäre Protestaktion gegen die Belagerung des Lebens durch den Bildschirm. Schwer vorstellbar, dass eine vergleichbare Initiative bei uns Erfolg hätte – aber vielleicht ist der Leidensdruck hierzulande einfach noch nicht groß genug. Die Fernsehzeiten, zumindest von Kindern, sind in Deutschland immer noch »konservativ«, verglichen mit den USA. Das ist gut, das sollte so bleiben. Vielleicht macht es trotzdem Spaß, ganz autonom in der Familie gelegentlich einen *TV-Turn-Off-Day* zu planen.

Mehr freie Zeit!

Kinder, besonders natürlich die Kinder berufstätiger Eltern, brauchen eine ordentliche, zuverlässige, *nette* Betreuung. Was sie nicht brauchen, sind Terminkalender, die Manager beschämen. Es ist unverzeihlich, jede wache Minute eines Kindes zu verplanen: Wann soll es sich langweilen und auf Ideen kommen? Wann soll es lesen? Wann soll es sich darum bemühen, dass ein Nachbarskind sein Freund wird? Wenn Berufstätige heute unter irgendetwas leiden, dann unter dem *Tempo* ihrer Arbeit, unter Multitasking und Zeitdruck. Die Trendkrankheit unserer Zeit ist der Burn-out. Wir organisieren den Alltag unserer Kinder genau so schlecht wie unser eigenes Berufsleben.

Wenn Ihr Kind unbedingt Japanisch lernen möchte, dann lassen Sie es Japanisch lernen – aber nicht, weil Sie insgeheim hoffen, es könne später Projektleiter bei Nintendo werden. Wenn Sie Musik für etwas Wunderbares halten, dann lassen Sie Ihr Kind Violine lernen – aber nicht, weil Sie darauf spekulieren, es werde dann leichter in die Studienstiftung des Deutschen Volkes aufgenommen. Sparen Sie all das Geld für Unterrichtsstunden und »Überholspurkinder«-Programme und geben Sie es für einen netten Studenten oder eine pfiffige Studentin aus, die nachmittags da sind, wenn Ihr Kind seine Ruhe hat. Die Spaß daran haben, sich mit Kindern zu unterhalten. Die vorlesen. Die – natürlich – ein kluges Verhältnis zu den neuen Medien haben. Die manchmal einfach nur aufmerksam in der Nähe sind, wenn alle Reihenhauskinder draußen durch die Gärten toben. Die gelegentlich unter Beteiligung des Kindes die Waschmaschine anstellen oder einen Kuchen backen. Vieles von all dem kann auch in guten Ganztagskindergärten stattfinden, die es mit dem Frühförderwillen nicht übertreiben. Aber es ist für Menschen, das wissen wir doch von uns selbst, auch schön, über freie, unstrukturierte, selbstbestimmte Zeit zu verfügen. Also sollten wir sie wenigstens den Kindern gönnen. Der aberwitzigste Tausch hieße: viel Geld gegen keine Zeit.

Gut schlafen, viel schlafen

Zur freien Zeit gehört auch die Schlafenszeit. Ausreichender Schlaf ist gut für Kinder. Schlafmangel ist schlecht für Kinder. Im Bett fernzusehen oder abends lange Computer zu spielen, hindert am Schlafen. Also gehören Spielkonsole und Fernsehgerät nicht ins Kinderzimmer. Der Schlafbedarf eines Siebenjährigen richtet sich nicht nach dem Selbstbild, das die Werbewirtschaft ihm verpassen will – deshalb mag es *uncool* sein, ihn um sieben Uhr abends ins Bett zu schicken, aber nicht falsch. Ausgeschlafene Kinder sind angenehmer im Umgang, weniger quengelig, weniger zappelig, konzentrierter. Also tun sich Eltern selbst einen großen Gefallen, wenn sie für eine gute Schlafroutine sorgen – sie werden seltener in Quengelstress geraten und seltener in die Versuchung, diesen Stress mit einem Ruhigstellungskauf zu überwinden.

Kinder wissen nicht immer, dass sie müde sind, sie fühlen sich nur unruhig, unwohl, angespannt. Erwachsene müssen versuchen zu sehen, wann Kinder müde werden. Dann ist es nicht Zeit für einen weiteren Reiz, für noch eine Serie oder noch eine Pizza, sondern für Ruhe. Routine und Verlässlichkeit machen es Kindern einfacher, gern ins Bett zu gehen – wenn das unweigerlich jeden Abend um sieben geschieht, und wenn es dann sogar eine Gutenachtgeschichte gibt, wirkt es wie ein recht angenehmes Naturgesetz.

Einigermaßen zuverlässige Einschlafzeiten sind auch für die Eltern wichtig: Sie können dann endlich etwas lesen. Miteinander sprechen. Wein trinken. Sich mit Freunden treffen. Das auf den ersten Blick mit ein wenig Mühe verbundene Ins-Bett-bring-Ritual entpuppt sich bei näherem Hinsehen als weitaus nervenschonender als zweieinhalb Stunden Dauerquengelei und Viertelkompromiss, nach denen auch die Erwachsenen wie tot ins Bett fallen. Wehren wir uns gegen alles, was Kindern den Schlaf raubt – es ist weder in unserem noch in ihrem Interesse. Dazu ist es aber auch wichtig, dass Eltern und Institutionen einander gegenseitig unterstützen: Lehrer schlagen sich häufig mit übermüdeten Kindern herum und klagen verständlicherweise über die Unvernunft von deren Eltern. Aber welches Signal senden eigentlich Gymnasien an ihre künftigen Schüler aus, die Vorstellungsabende für Fünftklässler, also für Neun- und Zehnjährige, in der Zeit von 20 bis 22 Uhr stattfinden lassen? Dass es für Zehnjährige in Ordnung sei, erst um halb elf ins Bett zu kommen? Und dass sie wirklich selbst beurteilen können, welche Schule gut für sie sein wird? Das ist ja schon für Erwachsene schwer genug zu prognostizieren.

Das aufgeräumte Kinderzimmer

Den Hersteller einer Transformer-Figur aus Plastik, die blinkt und brüllt, interessiert es in erster Linie, diese Figur zu verkaufen, und höchstens in zweiter Linie, was ein Kind später damit anfängt. Objektiv betrachtet ist es für den Hersteller sogar gut, wenn es *nicht* allzu viel damit anfangen kann: Dann will es – hoffentlich – früher etwas Neues haben. Zwei Faktoren, die die glückliche, langfristige Beziehung zu einem Spielzeug von außen bedrohen, sind Überfluss und Unordnung. Es ist naheliegend: Wenn kein Spielzeug Seltenheitswert hat, wenn alles in dreifacher Ausführung vorhanden ist, wenn ich stets bekomme, was ich will – dann ist es weniger wahrscheinlich, dass mir Dinge ans Herz wachsen. Dann langweile ich mich schneller. Dann brauche ich wieder etwas. Anderes. So erzeugt Überfluss den Wunsch nach immer mehr.

Etliche Kindergärten begegnen diesem Problem inzwischen mit dem pädagogischen Konzept der »spielzeugfreien Zeit«: Das Spielzeug wird, in Absprache mit den Kindern, für einige Wochen in den Urlaub geschickt. Offenbar sind diese Experimente recht erfolgreich. Die Kinder beschäftigen sich mehr miteinander, sie erzählen mehr, sie spielen draußen – dass ihnen *Dinge* fehlen, scheint sie nicht besonders zu stören.

Also: Die Kinder brauchen nicht noch mehr Spielzeug – auch wenn wir auf Dienstreise waren und uns schuldig fühlen. Noch mehr Spielzeug verdirbt ihnen die Freude an dem Spielzeug, das sie schon haben.

Aber für das Spielzeug, das sie schon haben, brauchen Kinder Ordnung. Das klingt spießig, preußisch. Die medienseitige (und die antiautoritäre) Vermutung lautet eher, dass Kinder von Natur aus unordentlich seien – und dass jeder, der sie zum Aufräumen anhalte, sie unterdrücken wolle. Wer einmal Babys oder Kleinkinder dabei beobachtet hat, wie sie mit Hingabe Klötze ordnen, muss zweifeln, ob das stimmt. Es ist eher so, dass die Ordnungsvorstellung eines Vierjährigen nicht unbedingt der eines Schauwerbegestalters entsprechen muss – und dass die Dimensionen eines ganzen, riesigen, vollgestopften Spielzimmers, das er allein aufräumen soll, den Vierjährigen natürlich überfordern.

Einfacher geht das mit weniger Sachen – und mit der Unterstützung eines Erwachsenen, der mit dem Kind gemeinsam überlegt, wo die Dinge wohnen sollen, was wichtig ist und was unwichtig, wer in der Mitte sitzt und wer am Rand. Ordnung und Greifbarkeit machen Spielzeug bespielbar – ein über den Zimmerfußboden ausgebreiteter Teppich aus Plastikteilchen regt zu gar nichts an außer zu Verzweiflung. Trotzdem gibt es einen unglaublich starken linksliberalen Reflex gegen das »aufgeräumte Kinderzimmer«. Das wurde mir klar, als ich einmal das eindeutig negative Urteil eines wichtigen Kollegen über meinen Vorschlag für das Layout eines Kindermagazins hörte: »Das sieht ja aus wie ein aufgeräumtes Kinderzimmer«, sagte er voller Abscheu. Darf ich verraten, dass besagter Kollege immer einen vorbildlich aufgeräumten Schreibtisch hat? Er ist ein ordentlicher Mensch. Er hat gern Platz und alles schnell zur Hand. Er kann Prioritäten setzen. Warum gönnt dieser reizende Mensch den Kindern keine aufgeräumten Zimmer? Warum gönnen die Macher von Kindermagazinen und Kinderfernsehprogrammen ihnen kein klares Layout, keine ruhige, saubere Schnitttechnik? *Damit* es in ihren Köpfen unordentlich bleibt?

Auch das noch: Manieren

Ähnlich schlecht angesehen wie die Ordnung sind die Manieren. Den Antiautoritären galten sie als äußerer Zwang, als Verstellung, als Unterdrückung der natürlichen Lebensäußerungen des Kindes. Fast-Food-Hersteller, deren Produkte mit den Fingern gegessen werden, halten ebenfalls wenig von ihnen.

Nun bestand der Prozess der Zivilisation schon immer darin, dass die Menschen lernten, manche natürlichen Lebensäußerungen zu unterdrücken – sich zum Beispiel nicht ins Tischtuch zu schnäuzen, auf dass der andere nicht peinlich berührt werde. Manieren können zur bloßen Etikette gerinnen, aber eigentlich geben sie der Rücksicht Ausdruck, die nötig ist, wenn man auf engem Raum zivilisiert zusammenleben will. Das bedeutet natürlich manchmal Entsagung und Bedürfnisaufschub – man grapscht nicht quer über die Teller von anderen hinweg nach dem Brot, sondern bittet darum –, und insofern sind Manieren den Verfechtern der kommerziellen Kinderkultur ein Dorn im Auge. Sie wollen ja Grapscher heranziehen.

Insofern ist eine gewisse Besinnung auf Manieren in unserer Gesellschaft beinahe ein revolutionärer Akt, auf jeden Fall richtet er sich gegen den kulturellen Mainstream. Es ist auch gar nicht so schwer, Kindern zu erklären, dass es bei jedem Benehmen letztlich darum geht, die Kränkung des anderen zu vermeiden. Kein Kind möchte selbst gern gekränkt werden – warum soll sich also die Mutter, die ein aufwendiges Mittagessen gekocht hat, von besagtem Kind kränken lassen, indem es das Essen für »eklig« erklärt? (Dass man niemanden sechs Stunden lang vor einem Teller mit sehniger Leber sitzen lässt, wie es der amerikanische Autor Jonathan Franzen in seinem Roman *Die Korrekturen* beschrieben hat, versteht sich von selbst.) Die Anstandsregeln des Alltags müssen Eltern natürlich vorleben, ermutigen und immer wieder auf das Kind rückbeziehen: Du möchtest *auch* wahrgenommen werden, wenn du etwas sagst, du möchtest *auch* begrüßt werden; du möchtest *auch*, dass man sich bei dir entschuldigt, wenn man dich gekränkt hat; du möchtest *auch*, dass man dir für ein Geschenk oder einen Gefallen dankt; du möchtest *auch*, dass dein Freund pünktlich zum Spielen kommt; du möchtest *auch*, dass Erwachsene höflich mit dir sprechen.

In einer kleinen Schule in Norwegen sah ich an vielen Wänden Schilder mit drei Grundregeln, die die Kinderbuchautorin Maria Parr, die ich dort auf einer Lesereise begleitete, für mich übersetzte. Erstens: Wir rennen nicht in den Gängen. Zweitens: Hier sprechen wir mit unserer Drinnen-Stimme. Drittens: Wir sind höflich zu den Erwachsenen.

Komplizierter muss ein Manieren-Kodex in vielen Fällen gar nicht sein; dieser formuliert alle Rücksicht, die in der gegebenen Situation nötig ist. Die Marketing-Fraktion diskreditiert Manieren und den Respekt vor Erwachsenen *nicht*, weil sie den tiefen inneren Bedürfnissen der Kinder Geltung verschaffen möchte, sondern weil sie die Erwachsenen als Wächter, die zu Bedürfnisaufschub und Rücksichtnahme mahnen, unbedingt unschädlich machen muss. Wer für Manieren eintritt, ist also kein Reaktionär. Er ist ein Antikapitalist.

Ein politisches Programm

Eine Wende in den Köpfen kann das Familienleben wieder einfacher und angenehmer machen: Es ist nicht allein oder in erster Linie die Verantwortung von Eltern, ihre Kinder einigermaßen unbeschadet durch das Minenfeld der Marketing-Strategien zu bringen. Es ist vielmehr die Pflicht der Unternehmen, sich verantwortungsvoll zu verhalten, wenn sie an Kinder verkaufen wollen. Tun sie es nicht, dann brauchen wir politische Mehrheiten, die dazu bereit sind, ihnen verantwortungsvolles Verhalten per Gesetz zu verordnen.

Familienpolitik ist eine gesellschaftliche Aufgabe: Wir alle müssen ein Interesse daran haben, dass Menschen in Deutschland gern Kinder großziehen. Rund zehn Jahre lang haben sich die familienpolitischen Anstrengungen auf den Ausbau der Kinderbetreuung und auf das Elterngeld konzentriert. Beides sollte die Vereinbarkeit von Familie und Beruf gerade für Frauen erleichtern. Beides ist nötig, aber beides macht eben nicht das ganze Leben aus: Es ist ebenso wichtig, wie eine Gesellschaft ihre Kinder sieht. Sind sie für die Mehrheit nur Stückgut, das wegorganisiert wird, während beide Eltern schuften? Sind sie *human resources*, intensiv zu Recht zu fördernder Fachkräftenachschub? Sind sie egozentrische, impulsive, Haben-haben-haben-Konsummonster, die die Nachfrage in Gang halten?

Oder sind sie kleine Menschen mit einer *Würde*? Menschen, die »zur vollen und harmonischen Entfaltung ihrer Persönlichkeit in einer Familie und umgeben von Glück, Liebe und Verständnis« aufwachsen sollen, wie es die UN-Charta über die Rechte des Kindes einigermaßen anrührend formuliert? Jedes Kind, heißt es dort weiter, müsse umfassend und auf ein individuelles Leben in der Gesellschaft vorbereitet und im Geist »des Friedens, der Würde, der Toleranz, der Freiheit, der Gleichheit und der Solidarität« erzogen werden. Natürlich ist das die Prosa von internationalen Großabkommen. Aber sie klingt so viel menschenfreundlicher als der heimliche Lehrplan für die coolen, angeblich so konsumkompetenten *Kids*.

Und wenn wir mit unseren Erziehungsvorstellungen eher in Richtung der UN-Charta als in Richtung der McDonald's-Reklame tendieren, dann heißt das zweierlei für die kommenden zehn Jahre Familienpolitik. Erstens: Nachdem es gelungen ist zu erreichen, dass Frauen stärker am Erwerbsleben beteiligt sind, geht es jetzt darum, es Frauen *und* Männern leichter zu machen, weniger zu arbeiten. Es geht um flexible Arbeitszeiten, um Teilzeitregelungen wie im öffentlichen Dienst, um Arbeitszeitkonten, Auszeiten und eine Unternehmenskultur, in der man sich wundert, was Eltern kleiner Kinder nach 17 Uhr im Betrieb zu suchen haben. Ein Kind, das umgeben von Glück und Liebe aufwachsen soll, muss seine Eltern jedenfalls gelegentlich einmal sehen, und das möglichst nicht, wenn sie sich gerade einen Blackberry an jedes Ohr halten.

Zweitens muss die gesellschaftliche Mehrheit die Eltern in ihrem Bemühen unterstützen, die kommerziellen Einflüsse auf ihre Kinder einzuschränken. Es ist unsolidarisch, individuelle Eltern mit dieser kaum zu bewältigenden Aufgabe allein zu lassen. In diesem Zusammenhang wäre nachzudenken über ein absolutes Verbot von Fernsehwerbung, die auf unter 12-Jährige zielt, wie in Schweden und Norwegen, oder an ein generelles Werbeverbot im Umfeld von Kindersendungen (wie in Österreich oder Dänemark). Denkbar wäre es zudem, auf Kinderwerbung eine Steuer zu erheben. Ein regulativer Zweck von Steuern ist es ja, unerwünschtes Verhalten zu verteuern (Alkohol, Tabak, Benzinverbrauch).

Die Werbesteuer könnte dazu verwendet werden, öffentliche, nicht-kommerzielle Kinder-Freizeitangebote und wissenschaftlich unabhängige Medien- und Werbe-Wirkungsforschung zu finanzieren.

Aus den USA stammt ein weiterer interessanter Vorschlag: eine Offenlegungspflicht in Bezug auf Werber und Marktforscher. Unternehmen oberhalb einer bestimmten Umsatzgrenze würden dazu verpflichtet, bei jedem Produkt für unter 12-Jährige die Namen derer zu nennen, die dafür Marktforschung getrieben und die entsprechenden Werbemittel gestaltet haben. Außerdem würden die Firmen verpflichtet, alle ihre Werbe*formen* offenzulegen, entweder in einem Aufdruck auf der Verpackung oder mit einem Hinweis zu Beginn einer Sendung: Wird für dieses Produkt mit Methoden des *product placement* geworben? Gibt es »virales Marketing«, bei dem Jugendliche für Geld als Schulhof-Trendsetter eingesetzt werden?

Eine Unabhängigkeitspflicht wäre zudem zu etablieren für alle Gutachter der Freiwilligen Selbstkontrolle der Film- und Spieleindustrie: Sie dürfen in keinem Abhängigkeitsverhältnis zu den Unternehmen oder ihren Interessenverbänden stehen.

Der wichtigste Bereich, den es politisch vor der Unterwanderung durch Werbetreibende zu schützen gilt, sind die Schulen und Kindergärten. Hier sind besonders die Kultusministerien gefragt – und diese müssen auf der Hut sein, welchen Unternehmen sie durch »Kooperationen« ein Siegel der Unbedenklichkeit geben. Ein Spielehersteller wie Nintendo hat in Schulen absolut nichts zu suchen. Es wäre die Bankrotterklärung eines der reichsten Länder der Erde, wenn wir uns keine werbefreien Schulen leisten würden. Das Gleiche gilt für Unterrichtsmaterialien: Von Firmen gesponserte oder gar verfasste Materialien dürfen in Schulen nicht verwendet werden. Hier sollten Lehrer eine Selbstverpflichtung eingehen, solche Materialien auch nicht ergänzend in den Unterricht einzuführen. Bestehende Ländergesetze, die, wie zum Beispiel in Berlin, Produktwerbung in Schulen zulassen, wären zu korrigieren.

Und eine weitere Selbstverpflichtung wäre erstrebenswert: Medien sollten einen bestimmten Programm- oder Textanteil der Berichterstattung nichtkommerziellen, pädagogisch wertvollen Freizeitangebote widmen. Das ist erstens eine Unterstützung für die Eltern, die nach solchen Angeboten suchen; zweitens ein Stück Qualitätskontrolle; drittens sichert es den Bestand von Projekten und Initiativen, die meist auf öffentliche Förderung angewiesen sind.

Die Unternehmen investieren große Summen in den Ausverkauf der Kindheit. Es ist die Pflicht einer kritischen Öffentlichkeit – besonders der Presse –, den davon Betroffenen und den Repräsentanten einer nichtkommerziellen Gegenkultur Raum für Widerspruch zu geben. Nicht wer die heimlichen Miterzieher aus dem Haus verbannen oder ihren Einfluss zumindest kontrollieren will, darf in dieser Gesellschaft unter Stress geraten. Sondern nur derjenige, der einem Kind etwas verkaufen will, was es nicht braucht. Es wäre ein fortschrittliches und ein notwendiges politisches Projekt, den Stress anders zu verteilen. Messen Sie Parteien und politische Repräsentanten daran, ob sie es sich zu eigen machen.

In einer Geschichte aus dem 19. Jahrhundert erzählt der Italiener Carlo Collodi von einer Holzfigur, die erst stumm und starr ist, dann aber lebendig wird, sich bewegt und spricht. Die Figur heißt *Pinocchio*, und um ihre Seele liefern sich gute und böse Kräfte einen Kampf: Sein »Vater«, der Tischlermeister Geppetto, will, dass Pinocchio zur Schule geht, dass er lernt, Dinge versteht, vernünftig wird, und das

Gleiche möchte Pinocchios gute Fee. Auf der anderen Seite stehen die Rattenfänger eines hedonistischen Lebensstils, die alle Kinder ins »Spielzeugland« locken wollen, weg von Lehrern und Büchern. Es gelingt Geppetto nicht, Pinocchio zu beschützen: Der folgt den Verführern in sein Verderben.

Eine Minute im Spielzeugland gleicht Monaten in der wirklichen Welt. Einer der kleinen grauen Esel, die Pinocchio in dieses Paradies bringen, warnt die kleine Holzfigur vor dem bösen Herrn des Spielzeuglandes: »Er ist darauf versessen, alle Kinder dorthin zu fahren. Er will nicht, dass die Kinder in die Schule gehen und lernen. Er mag die Lehrer nicht. Er hasst alles, was mit Schule zu tun hat – er hat seinerzeit mit seinem Lehrer schlechte Erfahrungen gemacht«, heißt es in der wunderschönen Neuerzählung der Geschichte von Christine Nöstlinger. »Im Spielzeugland gab es nur Kinder. Lachende, schreiende, quietschende, Purzelbaum schlagende Kinder. Sie spielten mit Bällen, fuhren Rad, ritten auf Holzpferden, spielten Fangen und Blinde Kuh, waren verkleidet wie im Karneval und winkten Pinocchio und den Buben auf dem Wagen zu.«

Collodi hat, vor fast 130 Jahren, ein Bild für das gefunden, was die Marketing-Strategen und Werber von heute bei denen zu erreichen versuchen, die sie *Kids* oder *Tweens* nennen – unseren Kindern. Sie sollen zu lachenden, schreienden, quietschenden Konsumenten gemacht werden, für immer. Wir können das nicht zulassen. In der – zeitgemäß hochmoralischen – Erzählung von Pinocchio werden nämlich alle Bewohner des Spielzeuglandes über kurz oder lang zu Eseln.

LITERATUR

Studien

JIM-Studie 2010
Jugend, Information, (Multi-)Media
Basisuntersuchung zum Medienumgang 12- bis 19-Jähriger
Medienpädagogischer Forschungsverband Südwest, Stuttgart 2010

KIM-Studie 2008
Kinder und Medien, Computer und Internet
Basisuntersuchung zum Medienumgang 6- bis 13-Jähriger
Medienpädagogischer Forschungsverband Südwest, Stuttgart 2008

KIM-Studie 2010
Kinder und Medien, Computer und Internet
Basisuntersuchung zum Medienumgang 6- bis 13-Jähriger
Medienpädagogischer Forschungsverband Südwest, Stuttgart 2010

PISA 2009 Ergebnisse
Was Schülerinnen und Schüler wissen und können
Band 1, Hauptbericht
OECD 2010

16. Shell Jugendstudie
Jugend 2010
Fischer Taschenbuch Verlag 2010

Trend Tracking Kids 2010
Ergebnis zu High interest Themen bei 6- bis 19-jährigen Kindern und Jugendlichen in Deutschland, iconkids&youth
München

Weiterführende Literatur

Terri Apter: The Myth of Maturity. What Teenagers Need from Parents to Become Adults, W.W. Norton & Company, New York/London 2002

Asfa Wossen Asserate: Manieren, Eichborn Verlag, Frankfurt am Main 2003

Benjamin R. Barber: How Markets Corrupt Children, Infantilize Adults and Swallow Citizens Whole, W.W. Norton & Company, New York/London 2007

Max Barry: Jennifer Government, Abbacus, London 2003

Axel Dammler u.a.: Marketing für Kids und Teens. Wie Sie Kinder und Jugendliche als Zielgruppe richtig ansprechen, Verlag Moderne Industrie, Landsberg 2000

Axel Dammler: Verloren im Netz. Macht Internet unsere Kinder süchtig? Gütersloher Verlagshaus, Gütersloh 2009

Gene Del Vecchio: Creating Ever-Cool. A Marketer's Guide to a Kid's Heart, Pelican Publishing, Gretna (USA) 1997

Gene Del Vecchio: The Blockbuster Toy! How to Invent the Next Big Thing, Pelican Publishing, Gretna (USA) 2003

Karen E. Dill: How Fantasy Becomes Reality. Seeing Through the Media Influence, Oxford University Press, Oxford 2009

Donata Elschenbroich: Die Dinge. Expeditionen zu den Gegenständen des täglichen Lebens, Verlag Antje Kunstmann, München 2010
Tom Hodgkinson: The Idle Parent, Penguin Books, London 2010
Petra Larass (Hrsg.): Kindsein ist kein Kinderspiel. Das Jahrhundert des Kindes (1900-1999), Verlag der Frankeschen Stiftungen zu Halle 2000
Kalle Lasn: Culture Jam. How to Reverse America's Suicidal Consumer Binge – and Why We Must, Harper Collins, New York 1999
Diane E. Levin/Jean Kilbourne: So Sexy So Soon. The New Sexualized Childhood and What Parents Can Do to Protect Their Kids, Ballantine Books, New York 2008
Martin Lindstrom: Brandchild. Remarkable insights into the minds of today's global kids and their relationships with brands, Kogan Page Ltd., London 2005
Susan Linn: Consuming Kids. Protecting Our Children from the Onslaught of Marketing & Advertising, Anchor Books, New York 2005
Susan Linn: The Case for Make-Believe. Saving Play in a Commercialized World, The New Press, New York/London 2008
James U. McNeal: Kids as Customers. A Handbook of Marketing to Children, Lexington Books, Lanham 1992
Sue Palmer: Toxic Childhood. How the Modern World is Damaging Our Children and What We Can Do about it, Orion, London 2006
Neil Postman: Das Verschwinden der Kindheit, Fischer Taschenbuch Verlag, Frankfurt am Main 1983

Neil Postman: Wir amüsieren uns zu Tode. Urteilsbildung im Zeitalter der Unterhaltungsindustrie, Fischer Taschenbuch Verlag, Frankfurt am Main 1988

Mark J. Penn: Microtrends. The small forces behind tomorrow's big changes, Twelve, New York/Boston 2007

Sybil Gräfin Schönfeldt: Knigge für die nächste Generation, Rowohlt Taschenbuch Verlag, Hamburg 2003

Juliet B. Schor: Born to Buy. The Commercialized Child and the New Consumer Culture, Scribner, New York/London 2004

Alissia Quart: Branded. The buying and selling of teenagers, arrow books, London 2003

Ein paar gute Bücher für junge Leser

Michael Gerard Bauer: Nennt mich nicht Ismael! Hanser Verlag, München 2008

Cory Doctorow: Little Brother, Rowohlt Taschenbuch Verlag, Hamburg 2010

Frida Nilsson: Ich, Gorilla und der Affenstern, Gerstenberg Verlag, Hildesheim 2010

Lauren Oliver: Wenn du stirbst, zieht dein ganzes Leben an dir vorbei, sagen sie, Carlsen Verlag, Hamburg 2010

Maria Parr: Sommersprossen auf den Knien, Cecilie Dressler Verlag, Hamburg 2010

Timo Parvela: Ella und der Superstar, Hanser Verlag, München 2010

Meg Rosoff: So lebe ich jetzt, Carlsen Verlag, Hamburg 2008

Andreas Steinhöfel: Rico, Oskar und die Tieferschatten, Carlsen Verlag, Hamburg 2008
Janne Teller: Nichts. Was im Leben wichtig ist, Hanser Verlag, München 2010